Ann Bancroft, geboren 1955 in den USA, war die erste Frau in der Geschichte der Polarexpeditionen, die sowohl zum Nordpol als auch zum Südpol gelangte. 1995 wurde sie in die National Women's Hall of Fame aufgenommen. Sie lebt bei St. Paul in Minnesota.
Liv Arnesen, geboren 1953 in Norwegen, sorgte 1994 für Schlagzeilen, als sie als erste Frau allein auf Skiern den Südpol erreichte. Sie lebt in der Nähe von Oslo.

Seit ihrer historischen Antarktis-Durchquerung haben Arnesen und Bancroft weitere gemeinsame Expeditionen unternommen. Noch im gleichen Jahr führten sie 16 Schülerinnen auf den 6222 Meter hohen Nevado Chinchey in Peru und waren im Kajak in der antarktischen See unterwegs.

Mehr über die derzeitigen Abenteuer der beiden Frauen erfah-
unter www.yourexpedition.com

Bibliografische Information Der Deutschen Bibliothek

Die Deutsche Bibliothek verzeichnet diese Publikation in der Deutschen Nationalbibliografie; detaillierte bibliografische Daten sind im Internet über http://dnb.ddb.de abrufbar.

NATIONAL GEOGRAPHIC ADVENTURE PRESS
Reisen · Menschen · Abenteuer
Die Taschenbuch-Reihe von
National Geographic und Frederking & Thaler

1. Auflage September 2006, erstmals im Taschenbuch

Titel der Originalausgabe: No Horizon is so far
erschienen bei Perseus Books LLC., New York

Aus dem Amerikanischen von Ilse Rothfuss
Text: Liv Arnesen, Ann Bancroft und Cheryl Dahle
Fotos: Liv Arnesen, Ann Bancroft
Lektorat: Irene Rumler, München
Umschlaggestaltung: Dorkenwald Grafik-Design, München
Herstellung: Büro Sieveking, München
Druck und Bindung: Clausen & Bosse, Leck
Printed in Germany

ISBN 3-89405-281-3
www.frederking-thaler.de

Das Papier wurde aus chlorfrei gebleichtem Zellstoff hergestellt.

LIV ARNESEN & ANN BANCROFT

MIT CHERYL DAHLE

NUR DEN HORIZONT IM BLICK

Zwei Frauen in der Antarktis

Aus dem Amerikanischen
von Ilse Rothfuss

NATIONAL GEOGRAPHIC
FREDERKING & THALER

Ich lernte zu wandern. Ich lernte, was jedes träumende Kind wissen muss: Kein Horizont ist so fern, dass man ihn nicht erreichen oder hinter sich lassen kann.

BERYL MARKHAM

1902–1986, englische Pilotin, die als erster Mensch den Atlantik von London nach Nordamerika allein überflogen hat.

Inhalt

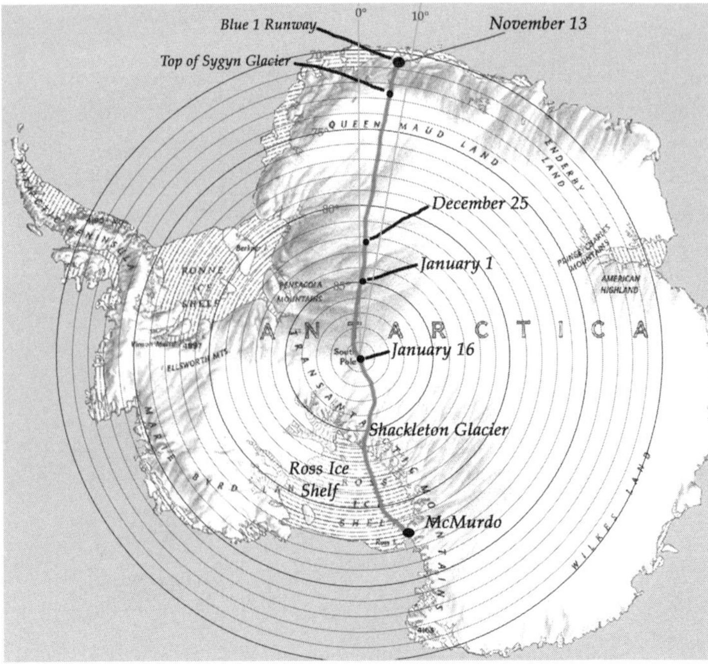

Die Bancroft-Arnesen-Route über den antarktischen Kontinent, November 2000 – Februar 2001

Rechte Seite: Die Bancroft-Arnesen-Route den Shackleton-Gletscher abwärts

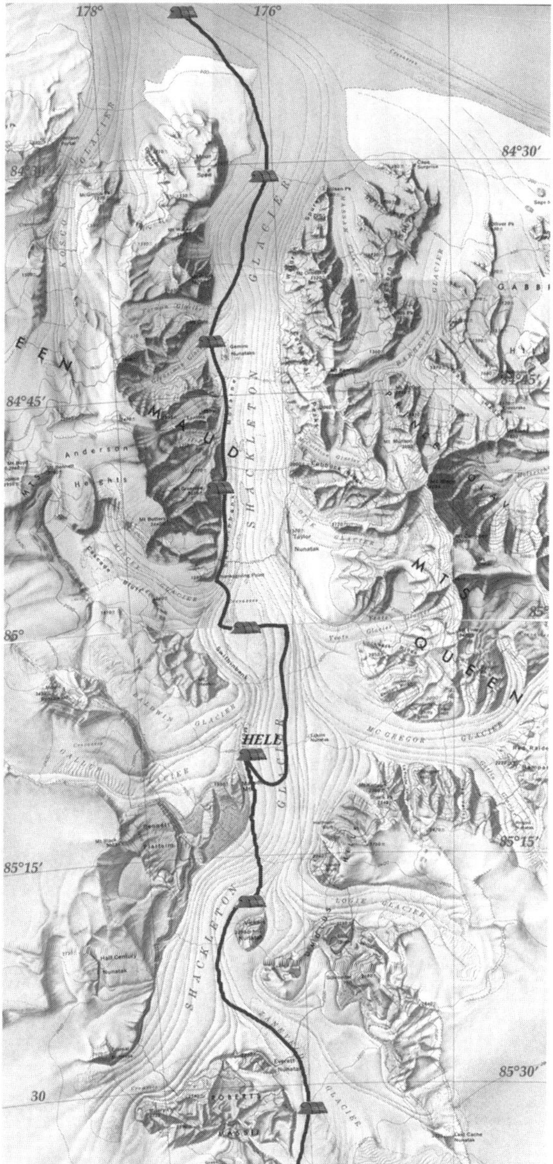
178°
176°
84°30′
84°45′
85°
85°15′
85°30′
30
SHACKLETON
GLACIER
QUEEN MAUD MTS
Anderson
Heights
BALDWIN GLACIER
MC GREGOR GLACIER
Taylor Nunatak
Half Century Nunatak
Last Cache Nunatak
ROBERTS
MASSIF

1 Die Hölle

Bei jeder Expedition gibt es einen kritischen Punkt, an dem man als Abenteurer aus seinem inneren Chaos herausfinden und die Kraft zum Weitermachen aufbringen muss. Manchmal findet man den Willen dazu nicht durch ein bestimmtes Ereignis, sondern in Form einer Gleichung, bei der jeder Schritt auf einem vorgegebenen Weg ins Kalkül gezogen werden muss. Die eigentliche Reise bei jeder Expedition ist eine Reise des Geistes. Um dieses Terrain zu erkunden, braucht man keine körperliche Fitness oder Muskelkraft, sondern Charakter. Die Frage, wo man seine geheimen Motivationsreserven findet, ist wie ein Lackmustest für die menschliche Natur. Ist es der Ruhm, der dich treibt? Oder die Liebe zur Familie oder der Wettkampf? Oder die Schönheit einer unwegsamen Welt, die dein Tod sein könnte? Denn der Wille zum Durchhalten beschränkt sich nicht nur auf die nächsten hundert Schritte, die man hinter sich bringen muss; es kommt darauf an, Zugang zu den Kräften zu finden, die dem Leben einen Sinn geben – das, was einem am allerwichtigsten ist. Der Erfolg einer Expedition (oder des Lebens überhaupt) beruht nicht auf roher Muskelkraft, ja nicht einmal auf Ausdauer, sondern auf geistiger Widerstandskraft: der Fähigkeit, auch unter den schlimmsten Strapazen die Freude am Leben nicht zu verlieren.

Am 7. Februar 2001 waren Ann und Liv an diesem kritischen Punkt angelangt.

ANN

Ich war noch nie in meinem Leben einem körperlichen und psychischen Zusammenbruch so nah. Meine Knie schmerzten entsetzlich, so dass ich bei jedem Schritt am liebsten laut aufgestöhnt hätte. Der Schmerz war mein ständiger Begleiter geworden und trieb mir oft Tränen in die Augen, die dann in meiner Schutzbrille zu Eis erstarrten. Die Temperatur betrug –26 °C, aber durch den rauen Wind kam es mir viel kälter vor. Jeder ungeschützte Körperteil wäre hier in weniger als einer Minute zu Eis erstarrt. Ich sehnte mich nach dem vergleichsweise warmen Winter in Minnesota zurück, den ich jetzt verpasste. Die antarktische Kälte war eine Qual für die frische rosa Haut auf meinen Wangen, die sich unter der intensiven Sonneneinstrahlung und in der bitteren Kälte geschält hatten. Aber wenigstens spürte ich meine Füße noch. Und wie! Bei jedem Abwärtsschritt knallten meine Zehen in die Stiefelspitzen. Ich wusste aus Erfahrung, dass sie am Abend, wenn ich die Socken auszog, dicke lila Klumpen wären. In ein paar Tagen würde ich alle meine schwarz verfärbten Zehennägel verlieren. Aber das war immer noch besser als Erfrierungen.

Ich hätte gern die Skier angeschnallt, aber das Eis war hier zu uneben und rutschig. Stattdessen band ich mir Metallspikes – Steigeisen – unter die Schuhsohlen, um mehr Halt zu haben. Liv und ich hatten an diesem Tag unsere 115 Kilo schweren Schlitten bereits acht Stunden lang über das Eis gezogen. Wir hatten knapp elf armselige Kilometer zurückgelegt. An guten Tagen, wenn der Wind stark genug war, dass wir Segel und Skier nehmen konnten, schafften wir 100 Kilometer oder mehr an einem Tag. Aber daran war heute nicht zu denken. Erst gestern Abend hatte ich in mein Tagebuch geschrieben: »Trotz der Schmerzen von meiner Verletzung bin ich heute zuversichtlich. Ich habe das Gefühl, durchhalten zu können. Wir werden es schaffen!« Zwölf Stunden später sah alles ganz anders aus.

Dabei sollte das der leichte Teil der Reise sein. Wir befanden uns auf dem Shackleton-Gletscher, einem gefrorenen Eisstrom, benannt nach dem Entdecker, den Liv und ich schon als kleine Mädchen verehrt hatten. Ich war zwölf, als ich zum ersten Mal von den Abenteuern des Polarforschers Ernest Shackleton las. Shackletons Antarktis-Durchquerung im Jahr 1914 war zum Scheitern verurteilt, aber er verlor keinen einzigen unter seiner Obhut stehenden Mann, als er auf dem Eis überwinterte und schließlich eine todesmutige Fahrt mit dem Rettungsboot riskierte, um Hilfe zu holen. Es war ein packendes Drama, das sich vor vielen Jahrzehnten auf dieser eisigen, unwirtlichen Bühne abgespielt und mich dazu bewogen hatte, dieselbe Route zu wählen – nicht, um sie zu erforschen, denn der weiße Kontinent ist längst entdeckt, sondern um eine Reise in mein Inneres anzutreten. Ich wollte feststellen, welche verborgenen geistigen und körperlichen Kräfte ich unter derart extremen Bedingungen mobilisieren konnte. Shackleton hatte mich dazu gebracht, meinen Traum zu verwirklichen und die Antarktis zu durchqueren, aber jetzt sah es so aus, als würde der Gletscher, der nach ihm benannt ist, diesem Traum ein Ende bereiten.

Ich hatte seit Wochen die Kilometer bis zu diesem Gletscher gezählt, weil ich dachte, dass wir dort glatten Schnee und sanft abfallendes Terrain vorfinden würden. Außerdem hatten wir auf mehr Wind gehofft, so dass wir die letzten Kilometer segeln konnten. Und nun entpuppte sich der Shackleton-Gletscher als einer der zermürbendsten Abschnitte der ganzen Reise.

Wir hatten bisher zahllose Gletscherspalten erlebt, gewaltige Risse im Eis, die sich manchmal zu Schluchten ausweiten und mehrere hundert Meter, ja sogar etliche Kilometer tief sind. Aber hier waren es keine Spalten, sondern Schwindel erregende Schächte, Gräben, Krater. Sie waren breiter als unsere 1,80 Meter langen Fiberglasschlitten, die Eiskämme dazwischen hingegen kaum ein paar Fuß breit. Diesen Spalten auszuweichen war ungefähr so, als wollte man einen Fluss überqueren, indem man von Stein zu Stein hüpft. Mit dem Unterschied, dass unsere »Steine« aus blankem Eis bestanden und unser »Fluss« an vielen Stellen mindestens vier Meter tiefe senkrechte Wände hatte. Wir sprangen weiter von Kamm zu Kamm, immer in der Hoffnung, dass das Gelände besser werden würde. Alle paar Minuten rutschte einer der beiden Schlitten in eine Spalte. Manchmal konnte ihn eine allein herausziehen, aber oft mussten wir uns gegenseitig helfen, und das bedeutete, dass eine von uns sich aus dem Gurtzeug herausquälen musste. Wir kämpften um jeden halben Meter. Zu allem Übel gaukelten uns die riesigen Distanzen und das flache Licht in Antarktika etwas vor. Immer wieder schien es, als würde das Eis vor uns verheißungsvoll eben, aber wenn wir an die Stelle kamen, mussten wir feststellen, dass es genauso zerklüftet war wie die Trichter, durch die wir uns gerade gekämpft hatten.

Ich wusste, dass Liv auch Schmerzen hatte. Eine Fingerspitze an ihrer rechten Hand hatte sich gelb verfärbt und war dem Erfrieren nah. Liv hatte ihre Hand am Morgen in Haferbrei gebadet, um wieder etwas Gefühl in den Fingern zu bekommen. Aber ihre Laune war noch viel schlechter als ihr körperlicher Zustand. Es war ihr egal, dass das Eis ein Loch in die Seite ihres Schlittens gerissen hatte. Durch das Loch war ein Essensbeutel zu sehen.

Der Zeitdruck war zermürbend. Wir hatten nur noch 15 Tage, um die Antarktis-Durchquerung zu beenden und den McMurdo-Sund zu erreichen, wo uns das Schiff abholen sollte. In dieser Zeit mussten wir noch über 800 Kilometer zurücklegen. Wenn wir unsere Deadline überschritten, würden wir in den Winter hineingeraten, und dann wären die Wetterbedingungen zu riskant für uns und das Schiff. Schon jetzt wurden die Pausen zwischen den blizzardähnlichen Stürmen merklich kürzer. Es war ein Glück, dass wir den Shackleton-Gletscher nicht ein paar Tage früher erreicht hatten, als der Schneesturm jegliche Sicht nahm, denn sonst hätten wir leicht in eine dieser heimtückischen Spalten stürzen und uns Arme und Beine brechen können oder Schlimmeres.

Wir mussten unbedingt schneller vorwärts kommen. Aber das war unmöglich, solange das Eis nicht glatter wurde. Und der Wind uns im Stich ließ. Wenn es so weiterging, war unsere Reise zum Scheitern verurteilt. Es war, als würden wir von Anfang bis Ende vom Pech verfolgt.

Knirsch! Ich spürte, wie etwas unter meinem rechten Fuß absprang. Mein Steigeisen war zerbrochen. Jetzt musste ich anhalten und kostbare Zeit mit dem Reparieren vergeuden, sofern überhaupt noch etwas zu machen war. Ich rief Liv, die ein paar Schritte vor mir war, und wir hielten zu einer Essenspause an. Trotz der vielen Kleidungsschichten und winddichten Parkas dauerte es nur wenige Minuten, bis unsere durchgeschwitzten Körper vor Kälte schlotterten.

Wir tranken heiße Energiedrinks aus der Thermosflasche und aßen Schokolade, ohne ein Wort zu wechseln; wir waren zu erschöpft zum Reden. Ich dachte an die Schülerinnen, die wir vor unserem Aufbruch in Kapstadt besucht hatten, an die norwegischen Kinder, die Briefe an unser Basislager in Minneapolis schrieben, die Kinder in Ecuador, die uns moralisch unterstützten, indem sie jeden Tag joggten, um nach und nach dieselbe Wegstrecke zurückzulegen, die wir hinter uns brachten, und uns auf diese Weise quasi zu begleiten. Ich sah die hoffnungsvollen Gesichter der Kinder vor mir, ein Anblick, der mich die ersten 1600 Kilometer über das Eis begleitet hatte. Jetzt verfolgte er mich. Von unserem Team in Minneapolis wussten wir, dass über drei Millionen Kinder unsere Reise im Internet verfolgten, dass sie unseren Stimmen auf Tonband lauschten, wenn wir über Satellitentelefon den neuesten Stand durchgaben, dass sie sich an dem Online-Unterrichtsprojekt beteiligten, das wir ins Leben gerufen hatten. Wie sollte ich diesen Kindern jetzt klar machen, dass ich es einfach nicht schaffte? Schließlich war es der

Sinn der Sache gewesen, ihnen zu zeigen, dass Träume wahr werden können. Was wäre das für eine Botschaft, wenn ich jetzt aufgeben und meinen lebenslangen Traum, die Antarktis zu durchqueren, begraben würde? Elf Jahre lang hatte ich die nötigen Gelder beschafft, geplant und gehofft. Das hier war meine letzte Chance. Und jetzt sah es so aus, als würde ich es vielleicht doch nicht schaffen. Der Gedanke, wie enttäuscht die Kinder wären, schnürte mir die Kehle zu und schmerzte schlimmer als meine Knie.

Liv

Ich war überzeugt, dass Ann wütend auf mich ist. Es war meine Idee gewesen, näher an der Gletschermoräne entlangzugehen, dichter am Rand, wo das Eis glatter ist, wie ich dachte. Doch das war ein Irrtum. Das Gebiet, durch das wir uns jetzt quälten, war noch zerklüfteter als unser Ausgangspunkt. Wir steckten an einer Stelle fest, an der zwei andere Gletscher auf den Shackleton trafen. In geschmolzenem Zustand wären diese Gletscher ein Gewurle aus wirbelnden Wellen und Stromschnellen gewesen. Hier waren dieselben Kräfte am Werk, mit dem Unterschied, dass die Wirbel vereist waren. So weit das Auge reichte, nichts als verkeilte Eisflüsse.

Bevor wir aufbrachen, hatte ich mit den Australiern gesprochen, die den Gletscher vor zwei Jahren aufwärts, also in entgegengesetzter Richtung, überquert hatten. Das war im November, im antarktischen Frühsommer, als alles, was wir jetzt vor uns sahen, mit mehreren dicken Schneeschichten bedeckt war. Außerdem bekommt man beim Aufwärtsgehen ein klareres Bild von dem Gelände, das vor einem liegt. Ann und ich waren die Einzigen, die den Gletscher jemals von oben nach unten überquert hatten. Wir kamen am Ende des antarktischen Sommers an, als dieses Gebiet wegen der 24-stündigen Sonneneinstrahlung seit drei Monaten im Schmelzen war. Es hatte sich drastisch verändert.

Trotzdem haderte ich mit mir, dass ich diesen Weg ausgesucht hatte, ärgerte mich über den Zeitverlust und hatte vor allem die Nase voll von meinem Schlitten. Die Zugstange, eine kurze Titanleiter, die den Schlitten in einem bestimmten Abstand hinter mir in der Spur hält, war zerbrochen, kurz bevor wir uns auf den Weg gemacht hatten, so dass ich jetzt ein Seil zum Ziehen nehmen musste. Der Schlitten konnte daher ungehindert hin und her schlingern oder mich mit voller Wucht erwischen. Beim Abwärtslaufen jagte er hinter mir her und knallte mir gegen die Beine, wenn ich nicht schnell genug beiseite sprang. Er wurde für mich zu einem Lebewesen, einem wilden Tier, das mir auflauerte und meine schwachen Momente abpasste. Manchmal spürte ich, wie er hinter mir herumtanzte, am Seil zerrte wie ein wildes Pferd. Ich wurde extrem hellhörig für das Geräusch, das die Kufen auf dem Eis machten, wenn der Schlitten zum Angriff überging. Ich konnte genau sagen, ob er von links oder von rechts kam, und dann – hopp! – sprang ich im letzten Moment zur Seite. Dann glitt er besiegt und grollend an mir vorbei und lauerte auf die nächste Gelegenheit, mich in eine Spalte zu stoßen. Ich hätte das blöde Ding am liebsten selbst hineingeworfen. Ständig träumte ich davon, wie er dort unten mit Getöse in tausend Stück zerschellte. Manchmal war ich kurz davor, ihn einfach loszulassen; aber ich verscheuchte diese finsteren Gedanken, indem ich an die guten Sachen dachte, die auf dem Schlitten verstaut waren und die mich so viele Tage am Leben erhalten hatten: meine Fleecejacke, mein warmer Daunenschlafsack, der Kocher und die heiße Schokolade, die wir becherweise tranken. Ganz zu schweigen von unserem Zelt.

Nachdem Ann ihr Steigeisen repariert hatte, gingen wir noch über zwei Stunden weiter. Dann hielten wir an, weil wir mit CNN ein Interview via Satellitentelefon vereinbart hatten. Aber da etwas Brandeiliges dazwischenkam, wurde unser Interview abgeblasen.

Für mich war es ein eigenartiger Gedanke, dass die ganze Welt dank moderner Technik so leicht für uns erreichbar war und trotzdem kein Flugzeug hier hätte landen können, um uns zu retten, wenn Ann und ich uns in dieser Gegend verletzt hätten. Das Gelände war zu uneben. Wir waren ständig in Kontakt und dennoch total isoliert. Als Ann aufgelegt hatte, schaute sie mich an, und ich merkte, dass sie völlig fertig war. Ich war froh, dass das Interview geplatzt war. Ich weiß nicht, ob Ann es verkraftet hätte, unsere brenzlige Lage vor Tausenden von Fernsehzuschauern zu erörtern. Wir wussten nicht, wie wir weitermachen sollten. Wir hatten zu viel Zeit in diesem Schlamassel verloren. Ich plädierte dafür, gleich hier zu kampieren. Vielleicht sah alles wieder besser aus, wenn wir eine Mütze voll Schlaf bekommen hatten.

Wir stellten unser Tunnelzelt auf einem Kamm auf, der kaum breiter war als das Zelt selbst. Anns Klappe ging auf eine tiefe Spalte hinaus. Wir hatten nur vier Eisschrauben, um das Zelt zu verspannen, und suchten nach Steinen, die der Gletscher zutage gefördert hatte, und nach Eisblöcken, um es zu beschweren, damit der Wind es nicht wegfegte (und uns damit), falls ein Sturm aufkommen sollte. Ann sammelte Eis, um Trinkwasser zu schmelzen, während ich den Kocher anzündete, um das Abendessen zu machen. Wir aßen heiße Suppe und je eine Dose zerstoßene Kartoffelchips, gefolgt von einem gefriergetrockneten Fischgericht und der unvermeidlichen Schokolade. Erschöpft und mutlos, wie wir waren, tauften wir den Ort, an dem wir so unversehens gestrandet waren, »die Hölle«.

Am Abend schauten wir zu, wie die hoch stehende antarktische Sonne kaum merklich sank und der Himmel sich rosa färbte, ein klarer Hinweis, dass der Winter im Anzug war. Die Sonne geht im Sommer nie unter, so dass die Abendstunden einem endlosen Flirt zwischen Sonne und Horizont gleichen, die sich, wie zwei Liebende, über die ganze Breite eines Raums hinweg anhimmeln, ohne sich je zu berühren. Ein paar Wolkenfetzen färbten sich violett, und hinter den Gipfeln der weiß gekrönten Berge tauchten saphirblaue Streifen auf, zwischen denen riesige Gletscher hingen. Gleich hinter den runden schwarzen Buckeln des Matador (der Berg heißt so, weil er an eine Torero-Mütze erinnert) leuchtete sogar ein bisschen Rot in den Felsen auf. Ich hätte diesen antarktischen Himmel nicht gegen tausend Sonnenuntergänge in der Karibik eintauschen mögen, denn in Antarktika gibt es nichts zwischen einem selbst und dem Himmel – keine Bäume, keine Häuser, keine Masten, keine Stromleitungen. Man kann Hunderte von Kilometern weit zum Horizont sehen, wo der Himmel unter den Füßen mit dem Eis verschmilzt. Man geht in den Himmel, so wie man auf Schnee und Eis geht.

Selbst die bedrohlich zerklüfteten Spalten um uns herum reflektierten Licht und Schatten in prachtvollen Mustern. Das ist das Paradoxe an diesem Kontinent, der zugleich so schön und so gefährlich ist. Ann schaute mich an, und ich wusste, dass sie dasselbe dachte. Sie lächelte und sagte: »Wer hätte gedacht, dass die Hölle so schön sein kann?«

2 Verwandte Seelen

Liv

Wenn ich daran zurückdenke, wie ich Ann kennen gelernt habe, so hatte ich damals nicht das Gefühl, einer Fremden gegenüberzustehen. Ich kann mich nicht erinnern, dass es die mindeste Scheu oder Verlegenheit zwischen uns gegeben hätte. Und ich glaube fast, dass es wirklich so war. Wir sind uns so ähnlich, dass unsere erste Begegnung wie ein Wiedersehen mit einer alten Freundin war – als schlüpfte man in einen neuen Mantel, der so perfekt sitzt, dass man das Gefühl hat, ihn schon tausendmal getragen zu haben. Aber Erinnerungen können trügen: Ann gehört inzwischen so untrennbar zu meinem Leben, ist so sehr ein Teil von mir, dass ich mir einfach nicht mehr vorstellen kann, wie es war, als ich sie noch nicht kannte.

So jedenfalls habe ich unsere erste Begegnung im Gedächtnis. Es war im Oktober 1998. Im Flughafenterminal von Minneapolis drängten sich die Leute und umarmten ihre Lieben, die, wie ich, mit dem Flug aus Norwegen gekommen waren. Ich trat an den Rand des Menschenstroms, der sich durch den Zoll schob, und spähte in die Menge. Wer von diesen Leuten mochte Ann sein? Immer mehr wiedervereinte Freunde und Verwandte verließen die Ankunftshalle, und ich stellte meine mit Pinguinstickern beklebte Tasche ab und wartete. Wartete eine Ewigkeit. Die Menge lichtete sich, und ich suchte mir einen Sitzplatz und sagte mir grinsend: »Wie wollen wir zusammen die Antarktis durchqueren, wenn wir es noch nicht mal schaffen, uns am Flughafen zu finden?«

Als ich im Frühsommer aus Svalbard in der Arktis zurückgekommen war, wo ich eine Tour geführt hatte, wartete Anns Brief auf mich. Sie fragte mich, ob ich Lust hätte, bei ihrer Antarktis-Expedition mitzumachen. Ich hatte schon von Ann und ihren Reisen gehört, bis dahin aber nicht gewusst, dass sie früher Lehrerin gewesen war, genau wie ich. Ich habe zehn Jahre lang Sport und Literatur unterrichtet, Ann vier Jahre lang Sport- und Sonderpädagogik. Falls wir es schafften, würden wir als erste Frauen die Antarktis durchqueren. Weit mehr faszinierte mich allerdings ihr Vorschlag, einen Online-Lehrplan für Kinder zu entwickeln, der auf unserer Expedition basierte und ihnen Mut machen sollte, ihre eigenen Träume zu verwirklichen. Ich spielte schon seit Jahren mit dem Gedanken, ein Kinderbuch über ein ähnliches Thema zu schreiben. Ich liebe Antarktika, und die Aussicht, wieder dorthin zu kommen, war verlockend, aber im Endeffekt bin ich ins Flugzeug gestiegen, weil mir der Gedanke gefiel, andere Menschen mit unserem Abenteuer aufzurütteln.

»Liv?« Im Zollbereich hielt sich nur noch eine Person auf, die jetzt vortrat und mir schüchtern die Hand reichte. Ann war klein (1,65 Meter) und trug ein locker sitzendes, graues Kostüm. Sie wirkte schmal und zierlich, und ich fragte mich spontan: Ist sie auch stark genug für so ein Unternehmen? Als wir am nächsten Tag spazieren gingen, waren meine Zweifel schnell verflogen. Ann ist zwar klein, aber durchtrainiert und kräftig. Sie hat haselnussbraune Augen und glattes, schulterlanges Haar, das sie später, bevor wir aufbrachen, abschneiden ließ. Ich stand auf und gab ihr entschlossen die Hand. Ihr Händedruck war kräftig, aber ihre leise Stimme verriet, wie aufgeregt sie war. Ich spürte sofort ihre Wärme und Vitalität. Ich nickte und erwiderte lächelnd: »Sie müssen Ann sein.«

Ich hatte keine feste Vorstellung davon, wie Ann sein würde. Ich hoffte nur, dass sie nicht gerade ein Publicity-Freak oder eine Quasselstrippe war oder mehr in das Spektakuläre einer Expedition verliebt als in das Unternehmen selbst. Das alles hatte ich im Lauf der

Jahre kennen gelernt, wenn ich auf der Suche nach Expeditionspartnern war. Gute Partner sind schwer zu finden. Ich habe Expeditionsteilnehmer erlebt, die sich viel lieber vor der Kamera produzierten, als ihre eigentlichen Aufgaben zu erfüllen. Andere, die robust und zäh wirkten, konnten das schlechte Wetter und das Abgeschnittensein nicht verkraften und brachen beim ersten Härtetest völlig zusammen, so dass die anderen Mitglieder des Teams sie jeden Morgen aufwecken, anziehen und auf die Skier stellen mussten. Inzwischen kannte ich mich gut genug, um zu wissen, dass ich keine Lust hatte, 100 Tage mit einem Partner übers Eis zu marschieren, der pausenlos redete. Für mich liegt die Faszination der entlegenen Wildnis vor allem in der Einsamkeit, in der ich ungestört meinen Gedanken nachhängen kann. Ich hatte bisher noch nicht viele Amerikaner erlebt, die sich mit dieser Art von Stille anfreunden können. Was im Übrigen nicht heißt, dass ich eine Einsiedlerin bin. Seit ich 1994 allein am Südpol war, werde ich oft für menschenscheu oder ungesellig gehalten. Und manche Leute sind ganz perplex, dass ich nicht nur grunzen kann, wenn ich irgendwo auftrete und einen Vortrag über meine Reisen halte. Tatsächlich habe ich die Tour zum Südpol nur deshalb allein gemacht, weil ich keinen Partner gefunden habe, der mitkommen wollte. Die Männerexpeditionen wollten keine Frau in ihrem Team, und die professionellen Skiläuferinnen, die ich ansprach, hatten keine Lust, monatelang bei extremer Kälte in der Antarktis zu kampieren.

Natürlich hatte auch Ann ihre Kriterien für die Wahl eines Expeditionspartners, und ich wusste, dass die nächsten Tage für uns beide ein Test sein würden. Was uns verband, war der Wunsch, anderen Menschen zu zeigen, dass Träume wahr werden können, wenn man sich mit aller Kraft dafür einsetzt. Die Frage war nur, ob wir dazu geschaffen waren, dieses Ziel gemeinsam zu erreichen.

Die einstündige Fahrt zu Anns Haus verging wie im Flug. Wir redeten über unsere früheren Reisen, über unsere Familien, unsere Arbeit als Lehrerinnen, und wie sich zeigte, konnten wir auch miteinander schweigen, ohne dass wir uns unbehaglich fühlten. Ann lebt in einem schönen Holzhaus in Scandia, einer ländlichen Region nördlich der Twin Cities, wo sie viele Möglichkeiten zum Wandern, Kajak- und Skifahren hat, drei Sportarten, die ich auch sehr gern mag. Als wir in die Schotterstraße zu ihrem Anwesen einbogen, ging mir durch den Kopf, dass das hier genauso gut der Weg zu meinem eigenen Haus am Stadtrand von Oslo sein könnte, so vertraut erschien mir ihr Zuhause.

Anns Hunde, Chica und Blue, zwei Huskie-Labrador-Mischlinge, begrüßten uns an der Tür mit Schlabberküssen und folgten uns auf den Fersen, als wir das lichtdurchflutete Haus betraten. Ann stellte mich ihrer Lebensgefährtin Pam vor, die mit ihren blonden Haaren und den blauen Augen viel »norwegischer« aussah als ich, wenn man von ihrer Größe absieht – ungefähr 1,55 Meter. Ann hatte mir auf der Fahrt gesagt, sie hätte mich deshalb nicht gleich erkannt, weil sie nach einer großen Blondine Ausschau gehalten hatte. Und ich habe kurzes, dunkles Haar. (Wir hatten einander nur auf Fotos in voller Montur gesehen, und da waren unsere Gesichter von Parkas, Mützen und Skibrillen verdeckt.) Erst als Ann die Pinguinaufkleber auf meiner Tasche sah, wusste sie, dass ich es sein musste. Außerdem war ich die Letzte, die noch am Zoll herumstand.

Ann hatte mir nicht gesagt, dass sie mit einer Frau zusammenlebt, ehe sie mich mit Pam bekannt machte. Ich war einfach davon ausgegangen, dass sie mit einem Mann zusammenlebt – nur weil ich mit einem verheiratet bin –, was natürlich etwas naiv war. Dass Pam kein »Sam« war, kam daher etwas überraschend, war aber kein Thema für mich. Es störte mich ebenso wenig, mir ein Zelt mit Ann zu teilen, wie es mich gestört hatte, mit einem Mann im selben Zelt zu schlafen, als ich 1996 an einer Männerexpedition auf den Mount Everest teilnahm. Wenn ich später ab und zu auf diesen Punkt angesprochen wurde, machte ich mich einfach darüber lustig und sagte: »Da habe ich nichts zu befürchten, denn Ann steht nur auf Blondinen.«

Ann

Als ich Liv am Flughafen abholte, war ich ein nervliches Wrack. Es hing sehr viel davon ab, dass ich eine Partnerin für diese Expedition fand, und eine Ersatzkandidatin gab es nicht. Frauen sind nun mal dünn gesät in der Welt der Polarreisen, vor allem Frauen, die bereit (oder im Stande) wären, eine derart strapaziöse Durchquerung mitzumachen – über 3850 Kilometer auf Skiern und zu Fuß, mit voll beladenen Proviantschlitten im Schlepptau, und das bei Temperaturen von bis zu -37 °C. Ich hatte mich bereits zu der Expedition verpflichtet, mein zweiter Anlauf, Antarktika zu durchqueren. Das erste Mal war ich 1993 mit drei anderen Frauen aufgebrochen. Wir schafften die Hälfte der Strecke und waren die erste reine Frauenexpedition, die den Südpol erreichte. Das Schlimmste war für mich, dass wir nicht etwa aufgaben, weil wir körperlich am Ende gewesen wären – nein, uns ging schlicht das Geld aus. Wir konnten die Versicherung für den zweiten Teil der Reise nicht aufbringen, geschweige denn im Notfall einen Bergungsflug bezahlen – der hätte ungefähr 400 000 Dollar gekostet. Aus den Sponsorengeldern, auf die ich gehofft hatte, wurde leider nie etwas. Für mich stand daher fest, dass unser Unternehmen diesmal nicht an Geldmangel scheitern durfte. Über ein Brainstorming mit ein paar geschäftstüchtigen Freunden hatte ich einen Unternehmer gefunden, der mir half, ein fünfköpfiges Team anzuheuern, das die Expedition finanzieren und auf den Weg bringen sollte. Wir hatten noch keinen Namen für unsere Firma und auch keine Partnerin, die mich begleiten würde; aber wir spürten irgendwie, dass in dieser Truppe ein ungeheures Potenzial steckte.

Von Liv wusste ich, dass sie alles mitbringt, was man für diese Reise braucht. Sie hatte bereits einen Alleingang zum Südpol gemacht und mit einer anderen Frau Grönland durchquert. Die Frage war nur, ob sie an einem zweiten Antarktisabenteuer interessiert war. Und wenn ja, ob sie es mit mir zusammen bestehen wollte.

Ich bin ziemlich schüchtern, und so fiel es mir nicht leicht, einer Fremden zu schreiben und ihr von meinem Traum zu berichten – nicht dem Traum von der Durchquerung Antarktikas, denn dass sie den verstehen würde, wusste ich; sondern dem Traum, mit unserer Expedition andere Menschen, vor allem Kinder, anzusprechen. Mir ging es nicht nur darum, als erste Frau mit einer Partnerin die Antarktis zu durchqueren und damit in die Geschichte einzugehen, sondern ich wollte mithelfen, die Welt zu verändern. Ich krümmte mich innerlich, wenn ich mir vorstellte, was Liv sich bei meinem Brief gedacht haben muss – zumal es unser erster Kontakt war. Als ich am Flughafen auf sie zuging, war ich ganz krank vor Schüchternheit. Liv war groß (ungefähr 1,75 Meter), hatte blaue Augen und kurze, dunkle Locken. Sie war sehr beeindruckend mit ihren hohen Wangenknochen und ihrer schlanken, geschmeidigen Figur, und ich fand, dass sie wie eine Königin aussah. Ich brachte kaum ein Wort heraus, sagte etwas so Geistreiches wie: »Oh, hallo – Sie müssen Liv sein.« Aber insgeheim dachte ich: Kann ich dir vertrauen?

Nach einem köstlichen Abendessen, das Pam zubereitet hatte und das wir mit norwegischer Schokolade abrundeten, ging Liv aus dem Zimmer, um ihren Mann Einar in Oslo anzurufen. Ihre Stimme drang zu Pam und mir herein, während wir den Tisch abräumten. Liv sprach Norwegisch, und natürlich verstand ich kein Wort. So gesehen, hätte sie mich für verrückt erklären und ihrem Mann mitteilen können, dass sie es gar nicht erwarten könne, nach

Norwegen zurückzukehren. Aber irgendwie wusste ich, dass sie das nicht tat.

Das ganze Wochenende gingen wir mit den Hunden in der Umgebung spazieren. Wir redeten viel über unseren Lehrerberuf, unsere Familien und – erstaunlicherweise – kaum über die Antarktis. Dass das eine Gemeinsamkeit war, wussten wir. Wir wollten herausfinden, was uns außerdem noch verband.

Eine der Geschichten, die mir Liv an diesem Wochenende erzählte, handelte von ihrer ersten großen literarischen Enttäuschung. Sie war etwa zwölf, so alt wie ich, als sie anfing, Bücher über die großen Polarreisen zu lesen. Zunächst verschlang sie die Tagebücher des norwegischen Entdeckers Roald Amundsen, der als Erster den Südpol erreichte, dann folgten die Abenteuer des Engländers Ernest Shackleton, der eine Antarktis-Durchquerung versucht hatte. Gleichzeitig las sie Bücher über Frauen, die Geschichte geschrieben hatten, wie zum Beispiel Marie Curie. Liv, die ein scheues und verschlossenes Mädchen war, vergrub sich in ihren Büchern und durchlebte mit jeder Faser ihres Herzens die Abenteuer ihrer Heldinnen. Schon als Kind musste sie erleben, dass das, was ihr am meisten Spaß machte – Entdeckungsreisen, Outdoor-Sport –, offensichtlich Männersache war. Verglichen mit der TV-Serie *Hardy Boys* war *Nancy Drew* langweilig und zahm, und Liv suchte jetzt gezielt nach Büchern über Frauen, die dasselbe wollten wie sie. Gab es denn keine abenteuerlustigen Frauen auf der Welt, über die man etwas in Erfahrung bringen konnte?

In der Schulbibliothek stieß sie auf ein Buch mit dem Titel *Amor on Skis*. *Mor* heißt auf Norwegisch Mutter, und Liv dachte, es ginge um die Abenteuer einer skibegeisterten Mutter. Livs Mutter war selbst eine gute Skiläuferin. Liv war bereits 17, als sie ihre Mutter zum ersten Mal bei einem Skirennen besiegte. Aber das Buch war ein glatter Reinfall, denn es handelte natürlich von »Liebe auf

Skiern« – ein triefender Kitschroman, in dem es um Mädchen ging, die sich in Ski laufende Männer verliebten.

Ich musste lachen, als Liv mir erzählte, wie enttäuscht sie war. Ich hatte als junges Mädchen genug ähnliche Erfahrungen gemacht; ich litt darunter, dass ich so ganz andere Bedürfnisse und Wünsche hatte als meine Freundinnen und überhaupt alle Menschen um mich herum. Ich glaube, Liv und ich fühlten uns beide als Außenseiter. Was wir vom Leben wollten, war so ausgefallen, dass wir eine gute Portion Sturheit brauchten, um das zu werden, was wir heute sind.

Die erste Chance, meine Dickköpfigkeit in etwas Positives zu verwandeln, bekam ich im ersten Jahr in der Highschool. Ich hatte kurz zuvor von einer privaten an eine öffentliche Schule gewechselt und musste zu meiner Enttäuschung feststellen, dass es dort praktisch keinen Mannschaftssport für Mädchen gab. Etwa zur selben Zeit kam eine neue Bestimmung heraus, die besagte, dass Männer- und Frauensport am College und an der Universität gleichermaßen gefördert und bezuschusst werden müsse. Für mich war das ein Signal, dass auch meine Highschool endlich aufwachen und die Zeichen der Zeit erkennen musste. Außerdem wollte ich später am College Mannschaftssport machen, und wie sollte ich mich qualifizieren, wenn ich in den nächsten zwei Jahren nicht spielen konnte? Kurz entschlossen trommelte ich im Turnunterricht ein paar Mädchen zusammen und brachte ihnen Basketball bei. Ich war Trainer, Mannschaftskapitän und Spieler in einer Person und manchmal auch noch Schiedsrichter. Ich kaufte

T-Shirts in unseren Schulfarben, holte mir einen Eimer Farbe und malte zu Hause im Keller Zahlen darauf: Das waren unsere Mannschaftstrikots. Dann rief ich alle Privatschulen in der Gegend an und organisierte Wettkämpfe. Wir wurden jedes Mal vernichtend geschlagen. Aber wir hatten eine Spielleidenschaft entfacht, die den

Schulvorstand schließlich dazu brachte, Leichtathletik für Mädchen, Basketball und etwas später auch Tennis zu finanzieren. Liv lachte, als ich ihr von meinen selbst gemachten Trikots erzählte, aber sie konnte verstehen, was mich dazu getrieben hatte.

Außer unserer Dickköpfigkeit und unserer Leidenschaft für Expeditionen verband uns auch die Vorstellung, dass die Touren, die wir machten, einem höheren Zweck dienen sollten als nur der Abenteuerlust. Ich erzählte Liv von der Will-Steger-Expedition, an der ich 1986 teilgenommen hatte: sieben Männer, 49 Hunde und ich als einzige Frau. Als wir nur noch knapp fünf Tagesmärsche vom Pol entfernt waren, unterhielt ich mich mit Paul Schurke, einem der Mitverantwortlichen. Zu diesem Zeitpunkt wussten wir, dass wir es schaffen würden; wir waren dem Ziel so nah, dass uns jetzt nichts mehr aufhalten konnte. Aber wir hatten beide ein flaues Gefühl im Magen und wussten nicht, woher diese Leere kam. Erst als ich wieder in meiner Schule war und mir erzählen ließ, wie begeistert die Lehrer und Kinder mein Abenteuer verfolgt hatten, fiel bei mir der Groschen. Die Leere kam daher, dass ich kein anderes Ziel als meinen Ehrgeiz hatte. Und da schwor ich mir, dass ich eine Möglichkeit finden würde, die Kinder mitzunehmen, falls ich je wieder an einer Expedition teilnehmen sollte.

Liv

Eine der häufigsten Fragen, die mir zu meinen Antarktisreisen gestellt werden, ist das Warum. Warum reist man an einen Ort, der so eisig, unwirtlich und karg ist? Warum riskiert man Erfrierungen, Verletzungen und sogar den Tod, nur um mit den Skiern eine Linie über einen blanken Eissockel zu ziehen? Ich kann nur sagen, es lässt sich nicht erklären. Man kann dieses Gefühl nicht in Worte fassen. Ich weiß, dass meine Antarktis-Besessenheit mit meiner Liebe zur Natur zusammenhängt. Ganz gleich, ob ich eine Skiwanderung im

Wald bei meinem Haus in Oslo mache oder in einem Kajak durch die Fjorde meiner Heimat paddle, ich finde dort eine Schönheit und ein tiefes Einssein mit der Natur, die mir Frieden geben. Ich bin kein religiöser Mensch, aber was ich in solchen Momenten empfinde, gleicht den Gefühlen, die religiöse Menschen oft beschreiben: eine Ehrfurcht, die allem einen Sinn verleiht. Wenn ich in der Wildnis bin, weiß ich, warum ich existiere, worauf es im Leben ankommt und wer ich bin.

Wenn man mich fragt, warum ich nach Antarktika gehe, ist das in gewisser Weise, als würde man einen Dichter fragen, warum er Gedichte schreibt, oder einen Maler, warum er malt. Ich glaube, dass jeder Mensch das Bedürfnis hat, etwas zu schaffen, bestimmte Aspekte seiner Persönlichkeit in seinem Handeln auszudrücken. Und meine Stärke sind nun mal der Sport, das Wandern in der Natur und meine geistige Widerstandskraft. Für mich ist eine Expedition ein Kunstwerk, das auf einer Leinwand aus Schnee, Luft und Zeit geschaffen wird. Herausgefunden habe ich das im Prinzip auf ähnliche Weise wie die meisten anderen Leute, die sich nach einem Beruf oder einer Betätigung umsehen, für die sie geschaffen sind – sei es unterrichten, Kinder aufziehen, ein Unternehmen leiten oder Klavier spielen. Wenn man seine wahre Bestimmung gefunden hat, erübrigt sich die Frage nach dem Warum. Dann ist es einfach undenkbar, dass man dieses Ziel *nicht* verfolgt. In meinen Augen gibt es keinen schlimmeren Verrat an sich selbst, als die Fähigkeiten, die man hat, nicht zu nutzen. Wenn ich nicht auf den Ruf Antarktikas gehört hätte, wäre das ein solcher Verrat an mir selber gewesen.

Wenn ich an meine Kindheit zurückdenke, bin ich überzeugt, dass es meine Bestimmung war, zum Südpol zu gehen. Ich war zwölf, als ich meine Leidenschaft für die Geschichte der Erforschung der Polargebiete entdeckte. Mein Vater, ein Bauunternehmer, war mit Renovierungsarbeiten an Fridtjof Nansens Villa Polhøgda am Stadtrand von Oslo beschäftigt. Nansen wird in Norwegen als Nationalheld verehrt, so wie George Washington oder John Adams in den USA. Er war ein berühmter Polarforscher, der 1888 die erste Grönland-Expedition auf die Beine stellte und später eine wichtige Rolle bei der Befreiung Norwegens von der schwedischen Herrschaft spielte. In seinem Haus befindet sich heute ein Umweltinstitut, und als ich mit meinem Vater dort war, ließ mich der Hausmeister in Nansens Arbeitszimmer unter dem Dach. Ich saß an seinem Schreibtisch, der noch genauso war, wie er ihn verlassen hatte – mit Brille, Notizen und Papieren übersät. Ich nahm seine Stifte und malte ein Bild; und wenn ich aus dem Fenster schaute, sah ich dieselbe Landschaft wie er vor vielen Jahren. Ich fühlte mich klein und unbedeutend am Schreibtisch des großen Entdeckers. Aber gleichzeitig spürte ich, wie mein Ehrgeiz sich regte. Wer weiß, vielleicht würde ich eines Tages auch etwas Großes vollbringen?

Nach diesem Besuch verschlang ich Bücher über berühmte Entdecker, als Erstes die Geschichte von Roald Amundsens Expedition zum Südpol, später Berichte über Shackleton, Nansen und andere. Am anderen Ende der Welt las Ann dieselben Bücher und verliebte sich ebenfalls in die Antarktis. Shackletons gescheiterte Antarktis-Durchquerung von 1914 faszinierte uns, weil er sich nicht nur als kühner Entdecker gezeigt hatte, sondern als guter Menschenführer. Nur eine Tagesreise vom Kontinent entfernt, wurde sein Schiff, die *Endurance*, im Packeis eingeschlossen. Die 28-köpfige Mannschaft überwinterte auf dem Eis, bis das Schiff schließlich, nachdem es zehn Monate festgefroren war, vom Packeis zermalmt und zerstört wurde. Ein paar Monate später brachen die Eisschollen auf und die Männer flüchteten in die unversehrt gebliebenen Rettungsboote. Nach sechs erbärmlichen Tagen im Eismeer, mit wenig Trinkwasser und Essen, erreichten sie Elephant Island. Von dort brach Shackleton zu einem Abenteuer auf, das heute als eine der größten Leistungen in der Geschichte der Seefahrt gilt: Er segelte fast 1300 Kilometer durch die turbulentesten Gewässer der Welt, um Hilfe zu holen, bis er schließlich am Westufer der Insel South Georgia landete. Dort überquerte Shackleton mit zwei Männern ein Gebirge – 35 Kilometer durch das unerforschte Landesinnere –, um zu einem kleinen Walfanglager auf der anderen Seite der Insel zu gelangen. Er stellte eine Bergungsmannschaft auf die Beine und rettete die ganze Mannschaft, die er auf Elephant Island zurückgelassen hatte.

Keiner der Männer, die unter Shackletons Kommando standen, kam bei der Aktion ums Leben, während die *Aurora*, die den Auftrag hatte, Shackletons Leute nach der erfolgreichen Überquerung des Ross-Eisschelfs zu bergen, drei Besatzungsmitglieder verlor. Die *Aurora* erlitt dasselbe Schicksal wie die *Endurance*: Sie wurde auf der anderen Seite Antarktikas vom Packeis im Rossmeer eingeschlossen.

Shackleton war für mich damals ein Held – nicht nur, weil er es geschafft hatte, seine Leute heil zurückzubringen, sondern weil er diese Aufgabe mit so viel Wärme und Menschlichkeit erfüllte. Er schweißte seine Crew zu einer Gemeinschaft zusammen, in der alle Männer, vom Schiffsoffizier bis zum einfachen Matrosen, gleich behandelt wurden. Er organisierte Hunderennen und Singabende in einer improvisierten Kneipe, um seine Männer bei Laune zu halten. Aber vor allem gab er niemals auf und bewies damit eine beispiellose Tapferkeit und Seelenstärke, wenn man bedenkt, welchen Gefahren und Strapazen er und seine Männer ausgesetzt waren.

Bei unseren Gesprächen über Shackleton und andere Entdecker stellten wir fest, dass es uns beide faszinierte, wie die Antarktis Shackleton auf die Probe gestellt und was sie aus ihm herausgeholt hatte. Schon als Kinder hatten wir davon geträumt, eines Tages ebenso auf die Probe gestellt zu werden und zu erfahren, was in uns steckt.

Am Montag nahm ich Liv in unser Büro mit, um sie mit den anderen bekannt zu machen. Es herrschte das übliche Chaos: Musik, Gelächter, lautes Stimmengewirr. Wir hatten im vierten Stock eines umgebauten alten Lagerhauses eine Ecke für unser sechsköpfiges Team gemietet. Es war ein Speicherraum, in den wir ein paar Wände eingezogen und die Möbel so gestellt hatten, dass jeder eine Art Zimmer hatte. Aber es war alles noch ziemlich provisorisch. Wir hatten ein Sammelsurium von geborgten Schreibtischen und ramponierten Stühlen. Es war kein Vorzeigebüro, aber es gehörte uns. Wir hatten bereits eine Sammlung von Pinguinen in allen Ausführungen und Größen – ausgestopft, aufblasbar, aus Porzellan oder Plastik. Der Flur vor der Toilette war unser Dart-Salon, und man musste klopfen, wenn man aus dem Klo herauswollte, sonst riskierte man, dass einem ein Auge ausgeschossen wurde.

Als ich mit Liv über die knarzenden Holzböden ging, durchfuhr mich, wie jedes Mal, ein freudiger Schreck: Was machten alle diese Leute hier? Ich konnte es immer noch nicht glauben, dass meine neuen Mitarbeiter ihre sicheren Arbeitsplätze aufgegeben hatten, nur um mich aufs Eis zu bringen. Aber inzwischen wusste ich, dass sie sich alle genauso wie ich mit Haut und Haaren diesem Traum verschrieben hatten. Und als erfahrene Expeditionsleiterin war mir klar, dass dieses Projekt für jeden von ihnen zugleich auch eine Reise nach innen bedeuten würde.

Der 38-jährige Charlie Hartwell, unser jungenhaft wirkender Geschäftsführer, war das Marketing-Genie unserer Truppe. Er brachte einen Harvard-Abschluss und jahrelange Erfahrung als Manager in amerikanischen Unternehmen mit. Außerdem hat er ein großes Herz. Nach seiner Heirat ging er mit seiner Frau ein Jahr nach Kenia, wo die beiden ein Nonprofit-Unternehmen in den Armenvierteln Nairobis gründeten. Charlie, der Träumer, schüttelte brillante

Marketingpläne aus dem Ärmel, um dann im nächsten Moment aufgelöst zu einer Sitzung zu hetzen, mit flatterndem Hemd, zerzausten, schwarzen Locken, einem Kaffeefleck auf der Krawatte und Turnschuhen an den bloßen Füßen. Wir liebten beides an ihm, seine Schrullen wie seine brillante Seite. Das war eben Charlie.

John Tuttle, 32, unser Technikexperte, ist ein wandelndes Schweizer Taschenmesser. Er gehört zu den Leuten, die einfach alles reparieren, vom Rasenmäher bis zum Computer. Aber er hat noch viel mehr zu bieten: Er ist Geologe, Sänger bei einer hiesigen Folkgruppe, Erbe der traditionsreichen Gedney Pickle Company im Mittelwesten und Gitarrenbauer. Als John dem Team beitrat, brachte er eine alte Gitarre mit, die er hergerichtet hatte, um sie im Büro aufzuhängen. Er hatte das Schlagbrett durch ein neues ersetzt, das die Form von Antarktika hatte. Es war der Auftakt zu einer Sammlung alter Instrumente, die von da an im Büro auftauchten – eine Harmonika, ein Banjo, eine alte Geige. Bei jeder Gelegenheit gab es spontane Jamsessions. Und für mich war es der erste Hinweis darauf, wie dieses Projekt in andere Lebensbereiche meiner Mitarbeiter hineinwirken würde. Ich lernte bald auch ihre Ehepartner und Kinder kennen, und wir wurden alle eine große Familie, zusammengeschweißt durch die Begeisterung für dieses Abenteuer.

Als weitere Verstärkung stieß die 33-jährige Anne Atwood zu uns, eine energische Rothaarige mit Sommersprossen. Anne führt ein Leben am Rand des totalen Chaos. Sie ist Mutter von drei Jungen, die sie neben ihrem stressigen Berufsalltag großzieht. Je mehr sie zu tun hat, desto unerschöpflicher werden ihre Energien. Anne Atwood hat jahrelang Marketing für die Firma Rollerblade gemacht und bringt daher Verständnis für ausgefallene Sportarten mit. Außerdem war sie froh, an einem Frauenprojekt mitarbeiten zu können, nachdem sie jahrelang in einem Sportbereich tätig war, der von halbwüchsigen Jungen beherrscht wird. Beim Vorstellungsgespräch versicherte sie mir, wenn Charlie und ich sie einstellen würden, bestehe keine Gefahr, dass unsere Reise an Geldmangel scheitern würde, so wie die erste Frauenexpedition. Und der energische Zug um ihren Mund verriet mir, dass sie Recht behalten würde.

Stan Oleson war der erste Mitarbeiter, den Charlie und ich einstellten. Anfangs begriff ich nicht, warum Charlie zuerst einen Anwalt haben wollte. Das ergab keinen Sinn für mich, bis ich Stan kennen lernte. Stan, 46, hatte eine steile Karriere im Bereich Unternehmensrecht gemacht, aber jetzt wollte er etwas Kreativeres ausprobieren. Er war ein erstklassiges Allround-Talent, setzte Verträge auf, schüttelte Entwürfe für die Website aus dem Ärmel und diskutierte mit Charlie über unternehmerische Fragen. Stan ist ganz anders, als man sich einen typischen Wirtschaftsanwalt vorstellt. Mit ihm kann man Pferde stehlen, er ist lustig und gesellig und liebt Blödeleien und sentimentale Witze, hat aber zugleich eine tief spirituelle Ader. Ich glaube, er ist Buddhist, ein Mensch, dessen Sensibilität stark von der Protestbewegung der 60er-Jahre geprägt ist. Stan hat bei uns nicht nur einen kreativeren Job, sondern ein Zuhause gefunden, eine Entdeckung, die in den folgenden Monaten noch sehr wichtig für ihn werden sollte, als seine eigene einsame Reise begann.

Kristi Russo, 37, war die perfekte Glucke, die uns unorganisierte Küken herumscheuchte und bei der Stange hielt und dafür sorgte, dass wir den Zeitplan einhielten. Als Kristi zum ersten Vorstellungsgespräch für die Stelle als Sekretärin und Rechercheurin erschien, wusste sie mehr über mich als Charlie und Stan, die sie ins Kreuzverhör nehmen sollten. Sie überreichte uns sogar eine Kopie von Charlies Geschäftsplan, in der alle Grammatik- und Orthografiefehler mit rotem Leuchtstift angestrichen waren. Charlie wusste sofort, dass sie die Richtige für unser Team war.

Ich glaube, Liv war überrascht und beeindruckt, als sie sah, dass ich ein richtiges Unternehmen mit richtigen Angestellten auf die

Beine gestellt hatte. In Expeditionskreisen ist man eher daran gewöhnt, seine Touren mit so gut wie nichts zu machen. Man bettelt oder borgt sich die Ausrüstung zusammen, die man braucht. Wir müssen uns im Allgemeinen um alles selber kümmern. Aber diesmal würde es anders ablaufen, und es war ein großer Luxus, eine Expedition mit einem Team von hoch motivierten Business-Profis zu planen.

Liv war kaum fünf Minuten im Büro, als John sie auch schon zum Dartspielen abschleppte, während Anne Atwood sie über ihre Stieftöchter ausfragte und Charlie ihr mit seinen Marketing-Strategien die Ohren voll quasselte. Später sagte mir Liv, sie habe die Energie im Raum regelrecht spüren können – die Euphorie und Begeisterung, mit der diese Leute an das Projekt herangingen. Auf dem Weg zum gemeinsamen Mittagessen warf Stan mir einen fragenden Blick zu, die Handflächen nach oben gekehrt, als wollte er fragen: »Und? Macht sie nun mit oder nicht?«

Ich wartete, bis Liv mir den Rücken zukehrte, verzog dann das Gesicht und zuckte mit den Schultern. Ich hatte keine Ahnung.

Liv

Ich hatte nicht das Bedürfnis, nach Antarktika zurückzukehren. Meinen Kindheitstraum hatte ich mir bereits erfüllt, indem ich allein zum Südpol gegangen war, und damit auch meinen Mumm bewiesen. Als ich damals nach Norwegen zurückkam, wurde ich gefragt, ob ich vorhätte, eine zweite Expedition dorthin zu machen. Ich verneinte es. Meine Tour war so gut verlaufen, dass eine zweite nur enttäuschend sein konnte. Und doch war ich jetzt hier und dachte über eine Wiederholung nach. Je länger ich in Minneapolis blieb, desto mehr Gründe fand ich, meinem Vorsatz untreu zu werden.

Nach meinem Alleingang zum Südpol schrieb ich ein Buch mit dem Titel *Nice Girls Don't Ski to the South Pole*. Die Arbeit an diesem

Buch war eine der schwierigsten Aufgaben, die ich je zu bewältigen hatte. Ich bin ein introvertierter Mensch, und es fiel mir nicht leicht, über meine Gefühle zu schreiben und zu erklären, warum ich diese Tour unternahm. Kurz vor dem Aufbruch war ein mir sehr nahe stehender Mensch gestorben, und es kostete mich große Überwindung, über meinen Schmerz zu sprechen und darüber, wie er sich auf meine Motivation auswirkte. Ich weiß noch, dass ich an einem besonders schwarzen Tag zu meiner PR-Beraterin Wanda sagte, ich hätte keine Lust mehr. Vergiss es. Aus. Ich wollte das Buch nicht fertig schreiben. Wanda war wütend auf mich. »Liv«, sagte sie, »weißt du, wie viele Frauen ihr Leben lang auf ein solches Buch warten? Du musst es fertig schreiben. Du musst.« Ich hielt das für übertrieben, wollte sie aber nicht enttäuschen und quälte ich mich irgendwie durch den restlichen Text. Das Echo, das mein Buch in Norwegen fand, war unglaublich. Ich bekam immer wieder Briefe von Frauen, die mir schrieben, seit sie gelesen hätten, was ich mit 41 geschafft habe, würden sie auch an neue Möglichkeiten für sich selber glauben. Viele von ihnen machten eine neue Ausbildung, und einige schrieben sogar, sie hätten die längst fällige Scheidung in die Wege geleitet. Ich begriff allmählich, was für eine enorme Wirkung meine Erfahrungen auf andere Menschen hatte. Und dieser Aspekt war genauso wichtig und bewegend für mich wie die Touren selbst.

Während ich nach einer Möglichkeit suchte, diese Wirkung noch gezielter einzusetzen, unterhielt ich mich mit Schülern an dem Gymnasium, an dem ich zehn Jahre lang norwegische Literatur unterrichtet hatte. Ich sprach über meine Erfahrungen und bat sie um Vorschläge, wie ich junge Menschen in ihrem Alter an meinen Expeditionen teilhaben lassen und ihnen damit neue Impulse geben könnte. Die Schüler hatten eine Menge Ideen, und am häufigsten kehrte der Aspekt wieder, dass ich mit kleineren Kindern anfangen müsse, denn bei Schülern in der Oberstufe sei es bereits »zu spät« –

ein Gedanke, der mich heute noch amüsiert. Nach diesem Gespräch bekam ich einen Brief von einem Jungen. Er schrieb: »Als ich Ihnen zuhörte, war mir plötzlich klar, dass mich niemand zwingen kann, Rechtsanwalt zu werden, so wie mein Vater.«

Seither weiß ich, warum ich das alles auf mich genommen habe – die Reisen nach Grönland und zum Südpol, meine langjährige Lehrtätigkeit. Alles fügte sich zusammen. Ich musste nur einen Weg finden, wie ich meine Erfahrungen einsetzen konnte, um Kinder zu eigenen Abenteuern zu motivieren. Aber wie soll man das in einen Lehrplan packen? Es war sinnlos, ein Buch für Teenager zu schreiben, weil die Zielgruppe, die eine solche Ermunterung am dringendsten braucht, nicht gerade zu den eifrigsten Lesern zählt. Ich schleppte dieses Problem schon viele Monate mit mir herum, als Anns Brief eintraf.

Ich war sofort sehr angetan von ihrem Vorschlag, besonders von dem Online-Aspekt. Und die Idee gefiel mir immer besser, je mehr ich die Frau kennen lernte, die sich dahinter verbarg. Bei einem der Gespräche, die wir auf unseren Spaziergängen führten, erfuhr ich auch, warum Ann sich so leidenschaftlich für pädagogische Themen engagiert. Sie wollte schon immer Lehrerin werden, weil sie spürte, dass sie für diesen Beruf geschaffen ist. Aber sie hatte es nicht leicht, denn für sie als Legasthenikerin war Lesen und Schreiben ein ständiger Kampf. Sie kam sich dumm vor in der Schule, war langsamer als andere Kinder. Nur im Sport hatte sie die Möglichkeit, etwas zu leisten und Anerkennung zu finden. Auf dem College verheimlichte sie ihre Legasthenie, weil sie sich dafür schämte. Keiner ihrer Professoren und Freunde ahnte, wie schwierig es für sie war, im Unterricht mitzukommen. Für ihr Lehrerdiplom musste sie im letzten Semester einen bestimmten Notendurchschnitt erreichen. Beim ersten Anlauf fiel sie durch, durfte die Prüfung aber im nächsten Semester wiederholen. Ihr Studienberater legte ihr nahe, auf Hockey und jeden anderen Sport zu verzichten und sich ganz auf die Prüfungsfächer zu konzentrieren, weil er nicht begriff, dass Sport das Einzige war, was Ann in der Schule über Wasser hielt. Sie fiel zum zweiten Mal durch, und das College wollte ihr keine dritte Chance geben. Weil Ann ihre Legasthenie verschwiegen hatte, konnte sich niemand erklären, warum sie den Notendurchschnitt nicht erreichte; oder warum sie sich nicht mit dem College-Abschluss begnügte (den sie geschafft hatte) und ihr Vorhaben, Lehrerin zu werden, aufgab – was für Ann undenkbar gewesen wäre. Sie rief ihre Eltern an und eröffnete ihnen, dass sie nun wohl doch nicht Lehrerin werden könne. Ohne ihr Wissen telefonierten ihre Eltern mit dem Tennistrainer ihrer alten Highschool, der zugleich Vertrauenslehrer war. Er kannte einige Professoren am College. »Sie können sich nicht vorstellen, wie zäh dieses Mädchen ist. Wenn Sie ihr noch eine Chance geben, wird sie nicht locker lassen, bis sie es geschafft hat. Bitte lassen Sie es sie noch mal versuchen.« Und Ann bekam ihre Chance. Beim dritten Anlauf schaffte sie es.

Wie Anns Beispiel zeigt, gibt es im Leben immer wieder Augenblicke, wo alles auf der Kippe steht, wo sich jemand für uns einsetzt und unserem Leben eine neue Wendung gibt. Als Lehrerin hatte Ann die Möglichkeit, die kritischen Punkte im Leben ihrer Schüler zu entdecken, an denen sie tatsächlich etwas bewegen konnte. Mit diesem Gedanken ging sie an die Planung der Expedition heran. »Ich bilde mir nicht ein, dass ich die Welt verändern kann, indem ich das hier mache«, sagte sie, »aber vielleicht können wir ein, zwei Kinder oder auch Erwachsene verändern, wenn wir sie daran teilhaben lassen. Ich betrachte mich immer noch als Lehrerin, nur ist die Klasse viel größer.«

Von da an war für mich klar, dass ich die Expedition mitmachen würde. Eigentlich war mir schon nach den ersten Stunden mit Ann klar, wie meine Entscheidung ausfallen würde. Ich rief damals meinen Mann an und schilderte ihm meine ersten Eindrücke. Ich erzählte ihm von Ann und ihren Ideen. Er sagte mir auf den Kopf zu, er sei überzeugt, dass ich mich bereits entschieden hätte.

Am Ende meines einwöchigen Besuchs in Minnesota gab Stan für das ganze Team eine Party in seinem Haus. John, der ein fantastischer Musiker ist, und Stan, der Witzbold der Truppe, hatten einen Song für den Abend geschrieben. Es war ein Riesenspaß. Ich wusste, dass alle auf meine Ankündigung warteten. Aber an ihrer guten Laune konnte ich ablesen, dass sie meine Antwort bereits kannten. Nach dem Abendessen holte ich eine Flasche norwegischen Aquavit (Lebenswasser) hervor, und wir stießen auf meine Teilnahme an der Expedition an. Dann verkündete ich, was ich Einar bereits am ersten Tag gesagt hatte: Ich hatte nicht nur meine nächste Expedition gefunden, sondern zugleich eine *søstersjel*, eine verwandte Seele.

3 Ein Weg, mit Eis und Geld gepflastert

Die Durchquerung, zu der sich Ann und Liv im Oktober 1998 verpflichteten, gilt als eine der strapaziösesten Landrouten der Erde. Bis 1998 hatten keine zehn Expeditionen in der Geschichte der überlieferten Polarreisen erfolgreich den antarktischen Kontinent durchquert. Die genaue Zahl bleibt umstritten, weil in Expeditionskreisen seit jeher erbittert darüber debattiert wird, was als »echte« Durchquerung gilt. Bei einigen Zählungen bleiben Expeditionen mit Motorfahrzeugen oder Hunden unberücksichtigt; bei anderen gelten reine Festlandsockel-Durchquerungen oder Expeditionen nicht, bei denen vorab Proviantdepots auf dem Eis angelegt wurden.

Fest steht, dass Ernest Shackleton 1914 auf seiner Forschungsreise mit der glücklosen *Endurance* als Erster eine Durchquerung versuchte, die mit einem grandiosen Debakel endete: Die gesamte Mannschaft war fast zwei Jahre im Packeis eingeschlossen. Doch keiner der Männer, die unter Shackletons Obhut standen, kam dabei ums Leben. Die erste erfolgreiche Durchquerung gelang erst 40 Jahre später, 1957: die British Commonwealth Transantarctic Expedition von Vivian Fuchs und Edmund Hillary, die mit »Schneekatzen« ausgerüstet war, großen Fahrzeugen mit Panzerketten für Schneegelände. Will Steger, Co-Leiter bei Anns Hundeschlitten-Expedition zum Nordpol, organisierte 1999 auch eine Durchquerung der Antarktis mit Hundeschlitten. Nur drei Expeditionen hatten bisher erfolgreich Skisegel eingesetzt – rechteckige oder dreieckige Segel, mit denen man den Wind einfängt und sich auf Skiern ziehen lässt –, um ohne Hunde oder Motorfahrzeuge auszukommen: Reinhold Messner zusammen mit Arved Fuchs (nicht verwandt mit Vivian Fuchs) 1990; Børge Ousland bei seinem Alleingang 1997; und schließlich die beiden Belgier Alain Hubert und Dixie Dansercour 1997/98. Beim Segeln kann man auf Skiern Geschwindigkeiten von bis zu 50 Stundenkilometern erreichen. An keiner geglückten Durchquerung waren jemals Frauen beteiligt. Zudem war die Route, die Ann und Liv gewählt hatten, bisher nur ein einziges Mal begangen worden. Sie war etwa 1100 Kilometer länger als die übliche Route, die den Kontinent an seiner schmalsten Stelle quert. Wenn Ann und Liv ihr Vorhaben gelänge, wäre das die längste Ski-Expedition, die jemals von Frauen unternommen wurde.

Es klingt absurd, aber bis zum Jahr 1969 hatten nicht einmal amerikanische Wissenschaftlerinnen »Zutritt« zu Antarktika. Die National Science Foundation (NSF), die heute die meisten amerikanischen Forschungsprojekte in Antarktika koordiniert, verweigerte Frauen die Teilnahme. Und die US-Marine lehnte es aus unerfindlichen Gründen ab, Frauen aufs Eis zu fliegen. Zwar hatten die Frauen einiger Walfangkapitäne und Entdecker ihren Fuß auf Antarktika gesetzt – über hundert Jahre nachdem der erste Mann dorthin gekommen war –, aber erst 1956 reiste eine Frau nach Antarktika, um dort ein eigenes Projekt durchzuführen: die russische Meeresgeologin Marie V. Klenowa, die mit einem Team sowjetischer Ozeanografen Teilbereiche der antarktischen Küstenlinie kartografierte.

Dass Frauen in der Antarktis nichts verloren hätten, begründete man zu Beginn des 20. Jahrhunderts damit, dass das »schwache Geschlecht« den harten Bedingungen der Eiswüste nicht gewachsen sei. Später kam der Einwand hinzu, Frauen brächten die eingeschworene Männerwelt in der Antarktis durch ihren Hang zu Intrigen und Nörgeleien und durch die sexuelle Provokation, die sie darstellten, aus dem Gleichgewicht. Noch in den 70er-Jahren war das Fehlen »frauengerechter Einrichtungen« für manche Länder Grund genug, die Zulassung von Frauen zu beschränken oder ganz zu verbieten. Wenn man bedenkt, wie zäh und hartnäckig Frauen kämpfen mussten, um ihre »Antarktis-Tauglichkeit« unter Beweis zu stellen, ist es nicht verwunderlich, dass Anns und Livs Expedition 2000/01, so unglaublich es auch klingt, die erste Antarktis-Durchquerung war, die je von Frauen unternommen wurde.

Anns und Livs Route sollte in Queen-Maud-Land, dem norwegischen Sektor Antarktikas, beginnen. Sieben Nationen erheben Anspruch auf Teile des antarktischen Kontinents, wobei die größten Gebiete von Norwegen und Australien beansprucht werden. Die USA erheben theoretisch keine Territorialansprüche auf Antarktika, obwohl sie dort mehrere Forschungsstationen unterhalten, unter anderem die Amundsen-Scott-Station am Südpol. Mit dem Internationalen Antarktischen Vertrag von 1959 haben sich alle 44 unterzeichnenden Nationen verpflichtet, den Kontinent nur für friedliche Zwecke zu nutzen und ihre Forschungsergebnisse untereinander auszutauschen. Aber abgesehen von den 29 Forschungsstationen ist der Kontinent weiterhin unbewohnt – aus gutem Grund. Alles in allem leben in den Sommermonaten von November bis Februar, wenn die Sonne 24 Stunden am Tag scheint, rund 4000 Wissenschaftler, Forscher und Angestellte in Antarktika. Im Sommer erhält das Gebiet um den Südpol mehr Sonneneinstrahlung als der Äquator im selben Zeitraum. Im antarktischen Winter verschwindet die Sonne jedoch für mehrere Monate vollständig, und die Durchschnittstemperatur sinkt auf -50 °C.

Antarktika ist der kälteste, windigste, im Durchschnitt höchste und – trotz Eis und Schnee – auch trockenste Kontinent der Welt. Das Gelände ist ebenso spektakulär wie gefährlich. Einer der gängigsten Irrtümer im Hinblick auf die Antarktis ist die Vorstellung, dass der Kontinent aus einer einzigen, flachen Eisplatte besteht. Nichts ist weiter von der Wahrheit entfernt. Das Transantarktische

Gebirge zieht sich quer durch den Kontinent, und ein Großteil der Küstenlinie ist mit Bergen gesäumt. Da die Höhenunterschiede zwischen dem Meeresspiegel und 5100 Meter variieren, würden Ann und Liv große Teile ihrer Route in extremer Höhe zurücklegen müssen. Das meiste Festlandeis hat der Wind zu Sastrugi geformt – ein bis zwei Meter hohen Eiskämmen, die den Boden aussehen lassen wie einen gefrorenen, wild bewegten Ozean. Etwa elf Prozent der Landmasse bestehen aus gewaltigen, über 200 Meter dicken Eisschelfen, die sich von den Rändern her hereinschieben. Das Eis, das den Inlandsockel bedeckt, ist an manchen Stellen über 4570 Meter dick. Man stelle sich eine Schlucht vor, doppelt so tief wie der Grand Canyon an seinem tiefsten Punkt, die bis oben hin mit Eis gefüllt ist. Kein Wunder, dass in Antarktika über 70 Prozent der Süßwasservorräte unseres Planeten lagern.

Sich auf einem solchen Terrain mit 30 Stundenkilometern und mehr vorwärts zu bewegen – das Mindesttempo, wenn man in der kurzen Sommerzeit ausreichend viele Kilometer zurücklegen will – ist in vieler Hinsicht gefährlich. Wenn ein Segler in vollem Tempo auf einen der rampenähnlichen Eiskämme auftrifft, kann es passieren, dass er samt seinem Schlitten in die Luft geschleudert wird. In anderen Regionen lauern tiefe Spalten unter dem Oberflächeneis – der Schnee reicht aus, um den Abgrund zu kaschieren, aber nicht, um das Gewicht eines Skiläufers oder Proviantschlittens zu tragen.

Für die Expedition stünde eine kurze Zeitspanne von weniger als 100 Sommertagen zur Verfügung. Bei einer Strecke von 3200 Kilometern wären Ann und Liv auf die katabatischen Winde (Fallwinde) angewiesen, um Antarktika schnell genug zu durchqueren. Beide Frauen setzten ihre ganze Hoffnung auf das Skisegeln, einen wenig bekannten Sport, der von ein paar Fans in den kälteren Regionen Europas und der USA ausgeübt wird. Das Rechtecks- oder Dreieckssegel wird an einem Steuerbügel befestigt, den der Skiläufer auf halber Höhe zwischen Hüfte und Schultern hält. Der Bügel ist mit einem um Hüfte und Beine geschnallten Gurtzeug verbunden, das einem Klettergeschirr ähnelt, damit nicht das volle Gewicht des Skifahrers auf den Armen lastet. Aber der Sport verlangt trotzdem enorme Körperkräfte, vor allem im Becken- und Rückenbereich, sowie Erfahrung im Skilaufen. Bei Wendemanövern muss man die Skikanten in den Schnee stemmen und gleichzeitig den Steuerbügel so bewegen, dass man den Wind einfängt und in die richtige Richtung gezogen wird. Ann und Liv hofften, im Durchschnitt bis zu 50 Kilometer am Tag zu schaffen; bei diesem Tempo könnten sie den Kontinent vor dem Wintereinbruch durchqueren und hätten noch einen guten Sicherheitspuffer.

Doch die zwölf Monate Segel- und Konditionstraining waren bei weitem der leichteste Teil der Vorbereitungen. Viel schwieriger war es, Sponsoren zu finden, die mehrere zehntausend Dollar dafür hinlegen würden, dass sie Anns und Livs Zelt, die Segel und Jacken mit ihren Logos voll pflastern durften. Charlie Hartwell und Anne Atwood waren überzeugt, dass das Projekt bei den Medien auf großes Interesse stoßen und folglich eine lohnende PR-Investition für jedes Unternehmen sein würde, das sich daran beteiligte. Aber trotz der zugkräftigen Mischung aus Idealismus und potenziellem Marketingvorteil konnte man den Sponsoren als Gegenleistung für ihre Dollars keine neuen Kundenströme garantieren. Die Investition ließ sich nur mit unkalkulierbaren Faktoren wie einem besseren Markenimage rechtfertigen und nicht mit handfesten Dollargewinnen.

Ein paar Wochen vor Livs Besuch ging das Team mit der PR-Agentur *Haberman and Associates* drei Tage lang in Charlies Hütte am See in Klausur, um die Zukunft der Firma und die Expedition zu besprechen. Sie kreierten dafür das Motto »*Promoting the achievement of dreams*« (Für die Verwirklichung von Träumen) und nannten die

Gesellschaft *yourexpedition* – eine Hommage an die Menschen, die vielleicht den Mut finden würden, selbst aufzubrechen, wenn sie erlebt hatten, wie Ann und ihre Skipartnerin (hoffentlich Liv) mit ihrer Antarktis-Durchquerung Geschichte schrieben.

Als das Team wieder in Minneapolis war, begann die »Expedition vor der Expedition« – die mühselige Aufgabe, finanziell und logistisch den Weg für das Antarktisabenteuer zu bahnen. Wie bei jeder tatsächlichen Reise war der Weg mit Hindernissen gepflastert und von Triumphen begleitet; manchmal war das Team der Verzweiflung nahe, dann wieder fühlte es sich unschlagbar.

Für Stan Oleson, den flippigen Anwalt aus Iowa, begann wenige Wochen nach Livs Besuch eine sehr persönliche Reise. Er hatte seit Monaten Rückenschmerzen, was für ihn mit seinen 1,90 Metern nichts Ungewohntes war. Aber die Schmerzen wurden immer schlimmer. Als Stan am Dienstag vor Thanksgiving aufwachte, gehorchten ihm die Beine nicht mehr, und er konnte nicht mehr allein gehen. Er kam ins Krankenhaus, und am Nachmittag teilte ihm der Arzt das Ergebnis des Kernspintomogramms mit: Stan hatte einen pflaumengroßen Tumor, der sich um einen seiner mittleren Rückenwirbel gelegt hatte. Die Biopsie bestätigte, dass er bösartig war.

Selbst im ersten Schock unmittelbar nach der Diagnose verlor Stan seinen Humor nicht. Das Erste, was er im Büro zum Besten gab, war seine Krankenhaus-Odyssee an diesem fatalen Dienstag. Stans Frau Kate hatte keinen Parkplatz direkt vor dem Krankenhaus gefunden und setzte Stan am Tor ab. Auf sie gestützt, schlurfte er zu einer Säule, an der er sich festhielt, bis sie den Wagen geparkt hatte. Dann kämpften sich die beiden mühsam durch die Krankenhaustüren, Stan immer auf seine zierliche, 1,75 Meter große Frau gestützt. Als sie die ersten automatischen Doppeltüren bewältigt hatten, kam ihnen ein Mann mit einem Gipsbein entgegen, einen Stock in der

Hand und den Arm in der Schlinge. Er warf einen Blick auf das wackelige Paar und fragte Stan: »Kann ich Ihnen irgendwie helfen, Sir?« Das Hilfsangebot des eingegipsten Fremden war so absurd, dass Stan und Kate ihren Humor wiederfanden und in schallendes Gelächter ausbrachen.

Ann war nicht nur erschüttert, als sie die Hiobsbotschaft vernahm, sie bekam auch ein schlechtes Gewissen. Stan hatte einen gut dotierten Posten als Firmenanwalt bei Pillsbury aufgegeben, um bei *yourexpedition* mitzumachen. Es lag nah, dass er jetzt, wo er mit einer so schweren Krankheit geschlagen war, seine Entscheidung bereuen würde. Doch als Stan nach einiger Zeit mit der Bestrahlung begann, zeigte sich, dass er bei *yourexpedition* gut aufgehoben war. Der Krebs hatte seine Wirbelsäule so stark geschädigt, dass er erst wieder gehen lernen musste; wochenlang kam er mit einem Gehwagen ins Büro und konnte nur winzige Schrittchen machen. Es war eine große Erleichterung für Stan, dass er sich in der freundlichen Atmosphäre des kleinen, eingeschworenen *yourexpedition*-Teams erholen konnte. »Wenn ich mir vorstelle, dass mir das bei Pillsbury passiert wäre«, sagte er einmal zu Ann. »Hier muss ich mich nicht verstellen und dauernd gute Miene zum bösen Spiel machen. Ihr seid wie eine Familie für mich.«

Stans Krankheit schweißte das Team noch enger zusammen und rückte die gemeinsame Aufgabe in ein neues Licht. Der Tod, von dem Stan so plötzlich bedroht war, relativierte die Arbeit aller – sie war eben doch »nur ein Job« –, führte ihnen aber zugleich vor Augen, wie wichtig es ist, seine Träume zu verwirklichen. Ann erlebte hautnah, wie das ganze Team Stan in seinen schweren Phasen selbstverständlich unterstützte, und das bestärkte sie in der Überzeugung, dass es nicht der Zufall war, der diese Menschen zusammengeführt hatte.

Als ich 1989 daranging, Geld für meine erste Frauenexpedition in die Antarktis aufzutreiben, brauchte ich vier Jahre und hatte trotzdem nicht die volle Summe beisammen. In unzähligen Gesprächen mit potenziellen Sponsoren kämpfte ich gegen die Zweifel an, die mir als Frau entgegengebracht wurden. Niemand hielt es für möglich, dass vier Frauen ohne Hunde in der Antarktis überleben können. Einige Unternehmen verlangten, dass wir einen Mann in unser Team aufnehmen; erst dann seien sie überhaupt gesprächsbereit. Einmal griff ein Geschäftsführer allen Ernstes über den Konferenztisch, befühlte meinen Bizeps und meinte, ich sei wohl nicht kräftig genug, um einen Schlitten durch die Antarktis zu ziehen. Ich war so perplex, dass ich nicht wusste, ob ich lachen oder den Kerl zum Armdrücken herausfordern sollte. (Liv erzählte mir später, dass sie Ähnliches erlebt hatte, als sie Geld für ihre Tour zum Südpol aufzutreiben versuchte. Einmal wurde sie, die damals bereits Grönland allein durchquert hatte, von einem Manager gefragt: »Haben Sie denn überhaupt schon mal einen Schlitten gezogen, meine Liebe?«)

Trotz der fehlenden finanziellen Unterstützung konnten wir auf den starken Rückhalt von Tausenden von Kindern und Lehrern zurückgreifen, die für uns Stimmung machten. Wir finanzierten die Expedition größtenteils mit dem Verkauf von T-Shirts und Postern. Bis heute ist meine American Women's Expedition (AWE) zum Südpol die einzige große Expedition, die meines Wissens ohne Firmen-Sponsoring zustande kam. Am Ende hatte ich 450 000 Dollar Schulden, die ich sieben Jahre lang mithilfe der anderen Expeditionsteilnehmerinnen abstottern musste. Die Schuldentilgung war wie eine zweite Expedition. Ich ließ mich nicht unterkriegen, und schließlich bekamen alle ihr Geld. Aber ich weigerte mich strikt, ein neues Wagnis einzugehen, ehe ich nicht alle Schulden beglichen hatte.

Was mir bei dieser ersten Reise in aller Deutlichkeit vor Augen geführt wurde, sind die enormen wirtschaftlichen Barrieren, die uns Frauen daran hindern, unsere Fähigkeiten auszuleben und die Aufgaben zu erfüllen, für die wir geschaffen sind. Ich weiß, dass es meine Bestimmung war, diese Expeditionen zu machen. Und ich wurde sieben Jahre lang daran gehindert, eine zweite Durchquerung zu versuchen, weil ich bis zum Hals in Schulden steckte. Bei meinen Geldbeschaffungsaktionen lernte ich Frauen kennen, die mit denselben Problemen zu kämpfen hatten wie ich, und allmählich wurde mir der Zusammenhang zwischen Geld und einer bestimmten Einstellung klar. Wenn ich früher auf dumme Vorurteile stieß (»Frauen können so etwas nicht« – »Sie sind viel zu klein« – »Frauen gehören nicht in die Antarktis«), ignorierte ich sie einfach. Diese Miesmacher konnten von mir aus sagen oder denken, was sie wollten, ich zog mein Projekt trotzdem durch. Aber heute weiß ich, dass wir keine Chance hatten, jemals zum Zug zu kommen, solange die Leute, die so dachten, den Daumen auf dem Geldsack hatten. Mir wurde endlich klar, dass die wirtschaftlichen Barrieren viel unüberwindlicher waren als alle Vorurteile, auf die wir stießen – eine Tatsache, an der meine erste Durchquerung gescheitert war. Diesmal schwebte mir daher nicht nur ein besseres Finanzierungsmodell vor, sondern ich wollte zugleich eine solide Finanzierungsgrundlage erschließen und anderen Frauen, die nach mir kommen würden, den Weg ebnen. Wenn ich große Konzerne dazu bewegen konnte, mich zu sponsern, brauchte die nächste Frau nicht in einem Besprechungszimmer zu sitzen und sich sagen zu lassen: »Kein Unternehmen hat je für eine Frau ein derartiges finanzielles Risiko auf sich genommen.« Es bestärkte mich in der Überzeugung, dass es einen anderen Weg geben musste, diese Gelder aufzutreiben, und dass ich ihn finden würde. Oder dass ich einen Geschäftspartner finden würde, der mir dabei half.

Charlie Hartwell war dieser Partner. Als er mir bei unserem ersten Treffen seine Marketingideen unterbreitete, wusste ich sofort, dass er der Richtige für mein Projekt war. Ich wusste es sogar schon, bevor ich ihn kennen lernte. Sobald Charlie von meinem Projekt hörte und dass es dort vielleicht eine Aufgabe für ihn gab, fütterte er mein Fax mit seinem Lebenslauf, seinen Ideen, seinen Zeugnissen und Empfehlungen. Pam und ich starrten fassungslos auf die endlosen Papierschlangen, die sich am Boden meines Arbeitszimmers anhäuften, und wir fragten uns: »Wer zum Teufel ist dieser Typ?« Gegen so viel ungebremsten Enthusiasmus war kein Kraut gewachsen. Kaum war Charlie auf der Bildfläche erschienen, liefen mir Fred und Sarah Haberman über den Weg, ein junges Ehepaar, das gerade eine PR-Agentur gegründet hatte. Mit ihrem Blick für das potenzielle Medieninteresse, das die Expedition auf sich ziehen würde, und ihrem Organisationstalent trugen sie entscheidend zur Entwicklung einer Strategie bei, mit der wir völlig neue Wege beschritten. Die Habermans und Charlie überredeten mich, ein profitorientiertes Unternehmen zu gründen und Mitarbeiter einzustellen, die das Firmen-Sponsoring anleierten, das wir brauchten, um über das Eis zu kommen. Statt kniefällig bei den Sponsoren anzuklopfen und um Almosen zu bitten, wollten wir ihnen unsere Expedition als gutes Geschäft präsentieren. Die Habermans und Charlie waren überzeugt, dass wir Konzerne finden würden, die das »kapierten«, und ich bin froh, dass ich ihrem Urteil vertraut habe.

Ich wusste natürlich, dass die Finanzierung mit einem Team von Marketing-Experten leichter sein würde, staunte aber trotzdem, wie anders diesmal alles ablief. Anne Atwood und Charlie hatten ein Händchen dafür, an die richtigen Leute heranzukommen. Bei mir hätte es Wochen gedauert, bis ich den Mumm aufgebracht hätte, bei der Marketing-Abteilung eines Unternehmens anzurufen, während Charlie und Anne im Handumdrehen einen Termin mit den richtigen Leuten in der Tasche hatten. Und dass ich eine Frau war, spielte auf einmal keine Rolle mehr, wie ich zu meiner Überraschung feststellte. (Allerdings hatten Liv und ich zu dem Zeitpunkt bereits den Südpol erreicht und somit das Argument entkräftet, dass Frauen in der Antarktis nicht überleben können.) Die Frage war also nicht, ob Liv und ich die Durchquerung schaffen würden, sondern was für unsere potenziellen Sponsoren dabei heraussprang, wenn wir Erfolg hatten.

Charlie hatte ausgerechnet, dass wir etwa 1,5 Millionen Dollar an Sponsorengeldern auftreiben mussten, um sämtliche Kosten – Ausrüstung, Zubehör und Proviant – abzudecken. Das ist gar nicht so viel, wenn man bedenkt, dass die Expedition von Will Steger und Jean-Louis Etienne im Jahr 1990 fast elf Millionen Dollar verschlungen hat. (Livs Alleingang zum Südpol 1994 war die kostengünstigste Expedition der Geschichte – 60 000 Dollar.) Unsere Art der Fortbewegung – einfach, ohne Hunde, ein einziges Vorratsdepot am Pol – war relativ billig. Der Werbeeffekt für die Sponsoren im Hinblick auf potenzielle Kunden war enorm.

Natürlich gab es auch Firmen, die es trotzdem nicht »kapierten«. Zum Beispiel sagte der Vizepräsident einer großen Kreditkartenfirma nach der Präsentation unseres Teams: »Ich kann mir einfach nicht vorstellen, was bei diesem Projekt für uns herausspringen soll. Wir haben keine Kunden in Antarktika.« Der Clou war, dass dieselbe Firma das Datenbank-Marketing auf die Spitze trieb, indem sie uns eine Kreditkarte mit erhöhter Kreditmarge auf den Namen »Antarctic E. Bancroft« ausstellte. Aber irgendwie war so eine Abfuhr leichter zu ertragen, seit ich ein Team hatte, das für mich arbeitete.

Im Februar 2000 fuhren wir nach San Francisco, um bei verschiedenen Firmen vorzusprechen. John Tuttle, der einige Treffen mit Technologiekonzernen arrangiert hatte, begleitete unseren

Stoßtrupp, der aus Charlie, Anne Atwood und mir bestand. Wir hatten einen Termin in der Innenstadt, der viel länger dauerte als gedacht, aber es war gut gelaufen und wir gingen total aufgekratzt zu unserem Auto zurück. Als wir zum Parkplatz kamen, verging uns das Lachen. Alles geschlossen. Lichter aus. Am Parkwärterhäuschen hing ein winziges Schild, so groß wie eine Visitenkarte, auf dem stand: »Dieser Parkplatz wird um 15 Uhr 30 geschossen. Falls Sie Ihren Wagen bis dahin nicht weggefahren haben, können Sie ihn morgen um 9 Uhr holen.« Wir standen da wie vom Donner gerührt. Am nächsten Tag mussten wir zu einem Gespräch mit Apple. Wie sollten wir jetzt hinkommen? Andere Leute tauchten am Parkplatz auf und standen vor demselben Problem. Jemand meinte, wir sollten in das Parkwärterhäuschen einbrechen und unsere Schlüssel herausholen. Charlie, der unterwegs praktisch mit dem Handy verwachsen war, telefonierte bereits mit seiner Cousine Janet, bei der wir übernachten sollten, und sagte ihr, dass wir uns verspäten würden. Ich zerbrach mir vergeblich den Kopf, wie wir aus dieser Misere herauskommen sollten, als John plötzlich sagte: »Das ist doch idiotisch. Wir rufen einfach den AAA an.« Ich protestierte: »Wieso das denn? Die können doch auch nichts tun«, während John in seinem Rucksack wühlte, seine AAA-Karte hervorholte und auf eine Zeile deutete, die besagte, dass der Automobilclub auch einen Schlüsseldienst hatte. John riss Charlie mitten im Satz das Telefon aus der Hand und rief hinein: »Er ruft gleich wieder an, Janet.« Dann legte er auf.

Auf Johns Anruf hin schickte uns der AAA einen Van, der eine ganze Schlosserwerkstatt beinhaltete. Es dauerte etwa 20 Minuten, die Charlie im Polizeirevier gegenüber verbrachte, wo er ungestört telefonieren konnte. Wir bekamen einen Satz neue Schlüssel und fuhren los. Ich erinnere mich nicht, wo wir damals essen gingen, ich weiß nur, dass sehr viel gelacht wurde. John imitierte Charlie, wie er bei der Diavorführung mit der Kappe seines Füllers gespielt und seine Argumente abgehakt hatte, indem er die Kappe von einem Finger zum anderen schob. Anne zog John mit seinem Rucksack auf, der angeblich wie eine Handtasche aussah, und Charlie mimte den Empörten, weil John seine Cousine am Telefon so unhöflich abgehängt hatte. Wir stießen auf Kristie an und auf ihre hervorragenden Recherchen über die Firmen, die wir aufsuchen wollten, dann auf Stan, der die PowerPoint-Präsentation zusammengestellt hatte. Als ich mich in der Runde umblickte, wurde mir bewusst, wie sehr ich mich auf alle hier verlassen konnte. Liv würde ich mein Leben anvertrauen, wenn wir auf dem Eis waren; diesen Menschen dagegen vertraute ich meinen Traum an. Sie ebneten uns den Weg für unsere große Tour und waren dabei mindestens so reaktionsschnell und anpassungsfähig wie die Expeditionspartner, die ich bisher gehabt hatte. Wir hatten zwar noch keine Sponsoren, aber ich zweifelte nicht daran, dass diese Mannschaft es schaffen würde, Liv und mich aufs Eis zu bringen.

~ ~ ~

Der Durchbruch für *yourexpedition* kam gleich am nächsten Tag. Das Team stieg in den vom AAA befreiten Wagen und fuhr von San Francisco nach Cupertino, dem Sitz der Apple Computer Company. Die Fortbildungsabteilung des Konzerns hatte die Unterstützung des Projekts bereits abgelehnt. Aber Anne Atwood war überzeugt, dass unser Unternehmen bei der Apple-Marketing-Kampagne »*Think Different*« auf Interesse stoßen würde.

Das Gespräch mit Steve Wilhite, dem Vizepräsidenten für weltweite Marketing-Kommunikation bei Apple, nahm eine unerwartete Wendung. Als Anne Atwood und Charlie ihre PC-Präsentation zeigen wollten, winkte Wilhite ab. »Ich will keine PC-Präsentation sehen«, sagte er und wandte sich an Ann Bancroft. »Erzählen Sie mir, worum es geht. Erzählen Sie mir, warum Sie das machen.«

Und so erzählte Ann von ihrer Begeisterung für den vereisten Kontinent und wie sehr sie sich durch ihren Lehrerberuf und ihr Leben als Entdeckerin gerade mit jungen Menschen verbunden fühlt. Sie sprach von ihrer Überzeugung, dass Kinder und Jugendliche, besonders junge Mädchen, dringend Vorbilder brauchen, die ihnen Mut machen, Risiken einzugehen, Abenteuer zu erleben, utopische Ziele anzustreben, die außer einem selbst niemand verstehen kann. Wilhite hörte sich Anns leidenschaftliches Plädoyer aufmerksam an, dann lächelte er und sagte: »Ich will Ihnen mal was vorlesen.« Er ging zu seinem Schreibtisch, kramte eine Weile darin herum und kehrte mit einer Seite aus einer Apple-Werbekampagne zurück. »Für die Verrückten«, las er vor.

> »Für die Außenseiter, die Aufsässigen, die Unruhestifter. Die eckigen Klötze, die nicht in vorgestanzte Löcher passen. Die andere Vorstellungen vom Leben haben ... Die Erfinder, die Visionäre, die Heiler. Die Kreativen, die etwas bewegen. Die die Menschheit voranbringen. Vielleicht müssen sie verrückt sein. Wie sonst sollte jemand auf eine leere Leinwand starren und ein Kunstwerk darin sehen? Oder allein in der Stille sitzen und ein Lied hören, das nie geschrieben wurde? Wir machen Werkzeuge für solche Menschen. Andere mögen sie für Spinner halten, in unseren Augen sind sie Genies. Denn nur ein Verrückter, der daran glaubt, dass er die Welt verbessern kann, wird es eines Tages auch tun.«

Wilhite schaute Ann an, als er fertig war. »Das trifft es, oder? Sie gehören auch zu diesen Verrückten. Das Problem ist nur, dass Apple nicht als Sponsor auftritt. Wir stecken kein Geld in solche Projekte.«

Damit waren die Hoffnungen, die Wilhites positive Reaktion einen Augenblick lang geweckt hatte, mit einem Schlag zerstört. Anne Atwood war so enttäuscht, dass sie die Fassung verlor. Tränenüberströmt beugte sie sich zu Wilhite vor und sagte mit bebender Stimme: »Genie und Leidenschaft ist nicht alles – es braucht mehr, wenn man etwas bewegen will. Was nötig ist, sind Investitionen. Alle Künstler und Wissenschaftler, auf die Ihre Werbekampagne abzielt, haben irgendwann Menschen gebraucht, die an sie geglaubt und ihre Arbeit finanziert haben. Wenn Sie und andere nicht in die Bresche springen, wird jemand wie Ann nie die Chance bekommen, etwas zu verändern.«

Charlie, John und Ann saßen fassungslos da. Sie hatten alle schon einmal bei einem Gespräch mit Sponsoren die Nerven verloren. Ann kamen oft die Tränen, wenn sie von den Kindern redete, und auch John war ein- oder zweimal von seinen Gefühlen überwältigt worden. Charlie, der Softie des Teams, heulte manchmal vor Rührung, kaum dass sie mit der Präsentation begonnen hatten. Alle, nur Anne Atwood nicht. Annes Ausbruch ging Wilhite sichtlich unter die Haut. Er sagte, der Konzern werde die Reise auf alle Fälle »unterstützen«. Nur Geld werde Apple nicht geben. Damit war das Gespräch beendet. Erschöpft und im Unklaren darüber, was nun eigentlich zugesagt worden war, stieg das Team ins Flugzeug und kehrte nach Minneapolis zurück. Diese Reise, eine der zermürbendsten Runden bei verschiedenen Unternehmen, wurde im Nachhinein nur die »Tränentour« genannt.

Ein paar Wochen später gab Apple bekannt, was Wilhite gemeint hatte: Das Unternehmen verpflichtete sich, alle Computer und die gesamte erforderliche technische Unterstützung zu übernehmen. Kein Bargeld also, aber ein großer Schritt auf dem Weg zum Erfolg, und vor allem hatte *yourexpedition* damit einen einflussreichen Partner gewonnen, der bei der weiteren Sponsorensuche äußerst nützlich sein würde. Alles in allem spendete Apple über 150000 Dollar an Ausrüstung und technischem Zubehör. Dank der Computer konnten Millionen Kinder Anns und Livs Gesichter sehen und ihre Stimmen hören, während sie auf dem Eis waren. Über zwei Jahre lang klapperte das *yourexpedition*-Team auf zahlreichen Reisen die Ost- und Westküste der USA ab und sicherte schließlich die Finanzierung des Projekts durch eine Auswahl namhafter Sponsoren, darunter Motorola, Volvo und Pfizer. Diesmal musste sich Ann nicht in persönliche Schulden stürzen, um das Unternehmen zu Ende zu bringen; Charlie und sein Team hatten die wirtschaftlichen Hindernisse überwunden.

Durch die erfolgreiche Sponsorensuche kam Anne Atwood ihrem Ziel ein Stück näher, der Öffentlichkeit ein anderes Bild von Frauen im Profisport zu vermitteln. Gleich zu Beginn ihrer Laufbahn bei *yourexpedition* hatte sie mit Ann an einer Konferenz über Frauen im Leistungssport teilgenommen. Eine der Referentinnen wies darauf hin, wie unterschiedlich bei den Profisportlern Frauen und Männer von den Medien behandelt werden. Die Dias, die sie zeigte, bedeuteten ein böses Erwachen für Anne: Fotos von Michael Jordan, der im Mannschaftstrikot Basketball spielt, einen Ball im Korb versenkt, schwitzt und sehr athletisch aussieht. Dann ein Dia von Steffi Graf in einem roten Kleid am Swimming-Pool, abgedruckt in *Sports Illustrated*. Bilder vom College-Sport: das Basketballteam der Männer in voller Aktion, die Frauenmannschaft in sexy Miniröcken neben einem Rolls-Royce. »Es war einfach grässlich«, sagte Anne Atwood später zu Ann.

»Es hat mir die Augen dafür geöffnet, wie die sportlichen Leistungen von Frauen und Frauen überhaupt auf subtile Weise von der Gesellschaft abgewertet werden. Und plötzlich sah ich die Chance für *yourexpedition*, etwas zu bewegen, nicht nur im Kleinen, sondern weltweit. Wir konnten unseren Teil dazu beitragen, dass Frauen in der Öffentlichkeit anders wahrgenommen werden. Wir gaben den Mädchen nicht nur andere Vorbilder, wir beeinflussten auch die Vorstellung der Öffentlichkeit davon, welchen Platz Frauen im Sport und in der Welt einnehmen sollten. Nachdem mir dieser Zusammenhang jetzt bewusst war, hätte ich beim ersten Treffen mit einem potenziellen Sponsor ein Nein nicht mehr akzeptiert. Und auch nicht beim zweiten, dritten, vierten Mal. Für mich ging es in meinem Job nicht mehr nur darum, zwei mutige Frauen in die Antarktis zu bringen; ich wollte auch dazu beitragen, dass meine Söhne in einer Welt aufwachsen, in der Frauen als gleichberechtigt angesehen werden. Ich konnte mir keine spannendere Aufgabe vorstellen.«

Nachdem die Frage des Sponsoring gelöst war, konnten Ann und Liv die Probleme anpacken, mit denen sie sich sehr viel lieber herumschlugen – die Naturgewalten und die Grenzen ihrer körperlichen Belastbarkeit.

Liv

Wer eine Antarktis-Durchquerung plant, darf sich nicht wundern, wenn die Nachbarn ihn für übergeschnappt halten. Für meinen Alleingang vor vielen Jahren trainierte ich mit drei Autoreifen, die ich hinter mir her über Schotterstraßen zog. Ich fand einfach nichts anderes, das sich in etwa wie ein schwerer Schlitten anfühlt, den man übers Eis zieht. Die Nachbarn bei unserer Hütte im Wald außerhalb Oslos übersahen mich geflissentlich, wenn sie mir begegneten, weil sie dachten, ich sei verrückt geworden. Als ich vom Südpol zurückkehrte und ein Buch über meine Erlebnisse schrieb, wussten sie natürlich, dass ich nur von einem Traum besessen war und nicht wirklich verrückt. Und wenn ich diesmal mit meinen Reifen loszog, blieben die Leute stehen und redeten mit mir über ihre eigenen Träume. Ein älterer Mann erzählte ausführlich, er habe sich immer gewünscht, an einem internationalen Tanzturnier teilzunehmen. Er hatte schon als kleiner Junge kein Turnier versäumt und sich sehnlichst gewünscht, eines Tages selbst Tangotänzer zu werden. Trotzdem hatte er sein Leben lang keinen Fuß auf die Tanzfläche gesetzt, weil er zu schüchtern war. Ich fragte mich allmählich, ob ich nicht lieber Therapeutin werden sollte, nachdem mich so viele Leute um Rat fragten und mir ihre geheimsten Wünsche anvertrauten.

Mit dem intensiven Konditionstraining fingen wir drei Monate vor dem geplanten Starttermin an (Ann in Scandia und ich in Oslo). Außerdem brauchten wir sechs Monate, um Gewicht zuzulegen und Muskeln aufzubauen. Ansonsten brauchten wir in den zwei Jahren, die für die Finanzierung und logistische Planung erforderlich waren, nicht viel anderes zu tun, als uns fit zu halten.

Der weitaus aufwändigste Teil der Vorbereitungen war das Segeltraining. Skisegeln ist eine schwierige, unberechenbare Kunst. Man muss gleichzeitig auf den Boden unter den Skiern und auf den Wind in der Luft reagieren. Und während man Spalten oder Felsblöcken ausweicht, muss man vorsichtig das Segel bedienen, damit sich die vielen Leinen – die alle etwa so dick wie ein Kerzendocht sind – nicht zu einem Spaghettiknäuel verheddern. Da weltweit nur ein paar Dutzend Leute diesen Sport betreiben, war unsere gesamte Ausrüstung maßgefertigt. Ich fand eine Segelmacherin in Norwegen, die mit Ann und mir zusammen daran arbeitete, die richtige Form und Größe für unsere Segel zu finden. Wir brauchten unterschiedlich große Segel für verschiedene Windverhältnisse – größere für leichteren Wind, kleinere für stärkere, stürmische Winde. Es war ein mühsamer Lernprozess, die richtigen Größen herauszufinden und dann das passende Segel für die jeweiligen Windverhältnisse auszuwählen. Die meisten Segel, die wir anfangs testeten, waren auf Männer zugeschnitten, die schwerer waren als wir zwei. Ann und ich unternahmen mehrere Trainingsreisen nach Kanada und Norwegen, um uns für die Expedition fit zu machen, und zwischendurch feilten wir einzeln an unserer Segeltechnik weiter.

In den Osterferien 1999 zog ich mich mit Einar in unsere Hütte zurück. Meine jüngste Stieftochter Birgitte, die damals 20 war, begleitete uns. Während sie und Einar Skitouren in der Umgebung machten, zog ich allein los, um ein Dreieckssegel zu testen.

Ich hatte kaum 20 Minuten geübt, als ich gegen einen unter dem Schnee verborgenen Stein knallte und mit dem Gesicht nach unten hinfiel. Das Segel, das noch an meinem Gurtzeug hing, schleifte mich über den Boden weiter, während ich verzweifelt nach der Kill-Leine angelte, die das Segel einholen sollte. Aber sie war gerissen und ich kam nicht an das Ende heran, das Meter über mir in der Luft tanzte. Ich brauchte ein paar Minuten, bis ich endlich zum Stillstand kam; in dieser Zeit hatte mich das Segel fast einen Kilometer weit geschleppt, während ich verzweifelt um mich trat und mit den Armen fuchtelte. Ich war verschrammt und ziemlich mitgenommen, aber zum Glück nicht ernsthaft verletzt, weil der Schnee so nass war. Da ich schon als Vier- oder Fünfjährige auf Skiern gestanden bin, kommt es nicht oft vor, dass ich stürze. Für diesen Tag hatte ich mir jedenfalls genug Beulen eingehandelt und packte mein Segel zusammen.

Ein paar Minuten später kamen Einar und Birgitte angelaufen und suchten nach mir. Ich riss mich zusammen, um ruhig und gefasst zu wirken, wenn sie mich einholten. Aber dann sah ich ihre entsetzten Gesichter, und jetzt bemerkte auch ich die tiefe, verräterische Furche, die mein Körper im Schnee hinterlassen hatte. Wir wussten alle, dass ein Sturz wie dieser in der Eiswüste der Antarktis leicht den Tod bedeuten konnte. Schweigend fuhren wir zur Hütte zurück. Am Abend gestand mir Einar, dass er zum ersten Mal seit meinem Alleingang zum Südpol vor zehn Jahren Angst um mich habe. Ich wusste nicht, was ich sagen sollte. Ich hatte selbst Angst um mich.

4 »Send rescue«

Eine Woche nachdem Ann und Liv von ihrem Charterflugzeug auf dem Eis abgesetzt worden waren, war zu Hause in Minnesota wieder der Alltag eingekehrt. Ann und Liv riefen täglich über Satellitentelefon bei John Tuttle im Büro an, um das Team über ihre Fortschritte auf dem Laufenden zu halten. John zeichnete ihre Berichte auf und konvertierte sie für *yourexpedition.com* in Audiodateien. Bis zum Thanksgiving-Wochenende hatten Ann und Liv knapp 100 ihrer 2800 Kilometer langen Strecke zurückgelegt.

Der Online-Lehrplan – das Konzept, das Ann und Liv überhaupt dazu gebracht hatte, diese Expedition zu machen – wurde rasch zu einem weltweiten Erfolg. Zoë Alderfer Ryan, die das Projekt überwachte und koordinierte, hatte ein unglaublich vielseitiges Unterrichtskonzept zusammengestellt, das Pädagogen aller Richtungen erarbeitet hatten. Unterstützt von kompetenten Beratern, entwickelte *yourexpedition* eine Reihe von Lektionen, die Anns und Livs Antarktis-Durchquerung zum Ausgangspunkt nahmen, um Schülern der achten Klasse einen neuen Zugang zu Fächern wie Physik und Chemie, Sprache und Literatur, Gesundheitslehre, Mathematik, Sozialkunde, Geschichte und Geografie zu vermitteln. Die Lektionen konnte man kostenlos von yourexpedition.com herunterladen. Die Website enthielt außerdem eine Einheit zum Thema »Mut zum Träumen«, das *yourexpedition* entwickelt hatte. Die Schüler sollten anhand dieser Lektionen lernen, ihre eigenen Träume zu artikulieren und Pläne aufzustellen, wie sie ihr Ziel erreichen konnten. Neben dem Online-Projekt riefen Ann und Liv mit den Girl Scouts of the USA das so genannte Antarctic Expedition Patch Project ins

Leben, einen Wettbewerb, bei dem die Pfadfinderinnen Abzeichen gewinnen konnten, wenn sie an bestimmten, mit der Expedition in Verbindung stehenden Unterrichtsstunden und Aktivitäten teilnahmen. Als weiteren Geniestreich hatte Zoë einen »*Go the Distance*«-Wettbewerb konzipiert, an dem Schulklassen in aller Welt teilnehmen konnten, indem sie dieselbe Strecke radelten, joggten, gingen oder hüpften, die Ann und Liv zurücklegen mussten, um ihr Ziel zu erreichen. Zoë versorgte Ann und Liv auch mit den Namen der einzelnen Kinder und Schulen, so dass sie auf dem Eis auf Fragen oder Kommentare antworten konnten, die über die Website hereinkamen. Die Kinder waren begeistert, wenn Ann und Liv zu ihnen sprachen und ihre Stimmen vom Ende der Welt live zu ihnen drangen. Alles in allem beteiligten sich Pädagogen aus 46 Ländern an einem oder mehreren Projekten, und über drei Millionen Kinder und Jugendliche verfolgten Anns und Livs Weg über das Eis. Der pädagogische Aspekt kam unerwartet gut an, viel besser, als Ann und Liv es sich erhofft hatten. Die Stimmung im Basislager zu Hause war euphorisch und wurde höchstens durch den verzögerten Start in Kapstadt etwas getrübt, weil sich dadurch Probleme mit dem Zeitplan ergeben konnten. Aber alle waren überzeugt, dass Ann und Liv den Zeitverlust wettmachen würden, sobald der Wind auffrischte.

Am Tag nach Thanksgiving, einem Freitag, kam Kristi Russo auf einen Sprung ins Büro, um den dringendsten Papierkram zu erledigen. Als sie die Lichter in dem dunklen Büro anknipste, blinkte ihr schon von weitem das rote Lämpchen des Anrufbeantworters entgegen. Seufzend angelte sie einen Stift aus ihrer Handtasche, während sie zum Telefon ging. Dann suchte sie auf ihrem Schreibtisch nach einem Block und tippte ihren Mailbox-Code ein – vermutlich eine Nachricht von der Wartungsfirma für den Kopierer oder irgendein Lieferant. Aber als sie die Nachricht abhörte, begannen ihre Hände zu zittern. Der Anruf kam von der Firma, die Anns und

Livs Notsignal überwachte. Das Funkgerät übermittelte einen Notruf. Aus der Nachricht auf der Mailbox ging nicht hervor, was das Signal zu bedeuten hatte – ob jemand verletzt oder tot war oder sofort ein Rettungsflug organisiert werden musste. Kristi wusste nur, dass es nichts Gutes sein konnte. Zitternd zog sie die Telefonliste für den Notfall aus den Akten hervor.

Als Erstes erreichte sie John Tuttle, der irgendwo am Stadtrand im Stau festsaß, als sein Handy klingelte. John rief sich rasch die topografischen Karten in Erinnerung, die er die Woche über mit Stan aus dem Internet heruntergeladen hatte. Ann und Liv waren in einem Gebiet, das mit Spalten übersät war. Vielleicht war eine von ihnen ins Eis gestürzt. Fieberhaft ging er alle Möglichkeiten durch. Wie lange sendete das Notfunkgerät bereits? Wie viel Zeit blieb ihnen, um einen Rettungsflug zu organisieren, bevor Ann oder Liv erfrieren würde? Er bat Kristi, die anderen zu verständigen; er selbst wollte die Funküberwachungsstation anrufen, um Näheres in Erfahrung zu bringen. Jede Hoffnung, dass es nur blinder Alarm gewesen sein könnte, löste sich in Nichts auf, als er die Station erreichte. Anns und Livs Notfunkgerät sendete das Signal: »*Send rescue*« – »Schickt Rettung«. *Yourexpedition* musste so schnell wie möglich ein Flugzeug in die Luft bringen, das nach den beiden Frauen suchte. Eine Bergungsaktion war nicht nur äußerst schwierig und riskant, sondern auch enorm teuer. Es würde Stunden dauern, ein kleines Propellerflugzeug auf Kufen (statt auf Rädern) startklar zu machen. Und selbst wenn es in der Luft war, wäre es gar nicht so leicht, Ann und Liv zu finden. Durch das Notsignal ließ sich das Gebiet eingrenzen, in dem sie sich aufhielten, aber trotzdem musste ein Späher im Flugzeug Ann und Liv tatsächlich sehen können, um ihre Position zu ermitteln, und das war unmöglich, wenn die Sicht durch einen Bodenblizzard getrübt wurde. Und selbst wenn man sie entdeckt hatte, konnte die Maschine womöglich nicht landen, weil das Gelände zu uneben oder zu unsicher war. Außerdem war eine der beiden Frauen vielleicht verletzt oder bewusstlos und nicht in der Lage, sich selbst zu helfen oder sich warm zu halten. Ungeschützt würden Ann und Liv in der antarktischen Kälte nicht lange überleben. Johns Magen krampfte sich zusammen.

Er traf um halb elf im Büro ein, wo Stan, die Finanzchefin Carolee Lindsay und Kristi angespannt auf ihn warteten. Stan telefonierte bereits mit *Adventure Network International* (ANI) – dem Unternehmen, das Ann und Liv aufs Eis geflogen hatte –, um einen Rettungsflug zu organisieren. Carolee hatte ihren Arm um Kristi gelegt, und die beiden Frauen kämpften mit den Tränen. Stan fasste sein Telefonat mit ANI kurz zusammen und hatte noch mehr schlechte Nachrichten in petto. An dem Stützpunkt, an dem das nächste Rettungsflugzeug stationiert war, herrschte stürmisches Wetter. Laut ANI konnte in den nächsten Stunden unmöglich ein Flugzeug starten. Doch Annie Kershaw, die ANI-Chefin, tröstete Stan: Ann und Liv waren expeditionserfahren; falls es auch nur die mindeste Überlebenschance gab, würden die beiden Frauen sie nutzen.

Ann

Es war ein unbeschreibliches Gefühl, wieder in Antarktika zu sein. Der antarktische Kontinent ist eine der farbigsten, abwechslungsreichsten Landschaften, die ich je gesehen habe, und ich konnte nie verstehen, dass andere Entdecker ihn als trostlos, weiß und leer beschrieben. Ich bin immer wieder perplex, wenn ich gefragt werde, ob es nicht langweilig war, Tag für Tag dieselbe Landschaft zu durchqueren. Von Langeweile kann wahrhaftig keine Rede sein. Jeden Tag jagt man einem endlosen Horizont hinterher, der sich verlagert, sobald man bergauf oder bergab fährt. Manchmal ist er über deinem Kopf oder in Bauchhöhe oder unter deinen Füßen, aber du holst ihn nie ein. Manchmal ist der Himmel über dir strahlend blau, während unten um deine Füße ein Bodenblizzard tobt. Der Wind wirbelt Eis- und Schneepartikel auf, und wenn die Sonne sich darin fängt, versprühen sie rote, türkisblaue und violette Farbblitze. Jeder Tag ist anders und einmalig.

Shackleton hat einmal geschrieben, wer nicht selbst einige Zeit seines Lebens in der »kahlen, trostlosen Einsamkeit der Polarregionen« verbracht habe, könne nie voll und ganz begreifen, was Bäume und Blumen, Sonnenkringel auf grünen Wiesen und murmelnde Bäche für die Seele des Menschen bedeuten. Das ist nur zu wahr, zumal aus dem Munde eines Menschen, der einmal im Eis eingeschlossen war. Aber wer nie in Antarktika war, wird weder die Pracht und Schönheit der windgemeißelten Eisskulpturen je richtig zu schätzen wissen noch das Wunder einer kalten, weißen Sonne, die nie untergeht. Ich sehne mich nach der grünen Natur, wenn ich draußen auf dem Eis bin; deshalb habe ich auch ein Foto von unserem Haus und dem blühenden Garten in mein Reisetagebuch geklebt. Doch wenn man den antarktischen Kontinent nach den vertrauten Dingen beurteilt, die ihm fehlen, leugnet man alles, was einzigartig und schön an ihm ist.

Am Ende der ersten Woche waren wir in einem Teil des mit Spalten übersäten Sigyn-Gletschers. Der Boden war ebener, weniger rutschig, so dass wir statt der Steigeisen die Skier anschnallen konnten. Das war sicherer, weil sich unser Gewicht gleichmäßiger auf die brüchigen Stellen verteilte, aber dafür hatten wir nicht so viel Kraft beim Ziehen. Die Laufflächen unserer Skier waren mit Moleskin, einer weichen, aufgerauten Synthetikfaser, gesäumt, die sie griffiger machte. Aber wenn einer unserer Schlitten durch dünnen Schnee in ein tiefes Loch fiel, bestand die Gefahr, dass er uns rückwärts mit hineinzog. Wir tasteten uns sorgfältig voran, umgingen Stellen, an denen der Schnee harschig aussah (teilweise geschmolzen und überkrustet), und sondierten den Boden mit den Skistöcken, bevor wir ihm unser Gewicht anvertrauten. Nicht selten stürzt bei einer Expedition jemand in eine Spalte, und so ein Unfall kann tödlich sein. Liv und ich waren beide schon einmal bis zu den Hüften oder Schenkeln im Eis eingebrochen. Und bei der berühmten Antarktis-Expedition unter der Führung der Norwegerin Monica Christensen, die 1993 aufgebrochen war, um ein von Roald Amundsen zurückgelassenes Zelt zu suchen, war Jostein Helgestad in eine Spalte gestürzt und umgekommen. Wir konnten gar nicht vorsichtig genug sein. Aber nach dem zehnten Tag, dem dritten in einem von zahllosen Spalten durchsetzten Gebiet, fühlten wir uns allmählich sicherer.

~ ~ ~

Das *yourexpedition*-Team saß bedrückt um das Telefon auf Stans Schreibtisch und wartete auf einen Rückruf von ANI. Kristi versuchte noch einmal, Charlie zu erreichen, der mit seiner Familie Urlaub in Florida machte. Alle schreckten zusammen, als das Telefon auf Johns Schreibtisch läutete. John schaute auf die Uhr: 14 Uhr 30 in Minnesota, also 20 Uhr 30 auf dem Eis – die Zeit, um die Liv und Ann meistens anriefen. John stürzte ans andere Ende des Büros, um den Anruf entgegenzunehmen, aber er kam zu spät. Der Anruf landete in der Mailbox. Mit zitternden Händen wählte John seine Mailbox an und gab hastig seinen Code, die 13, ein. Zufällig war die Drei auch der Befehl an das Voicemail-System, die eingegangene Nachricht zu löschen. In seiner Aufregung vertippte sich John und drückte die Taste zweimal. »Nachricht gelöscht«, verkündete der Anrufbeantworter mit gleichgültiger Stimme.

»O nein!«

Stan und die anderen fuhren hoch, als John in seinem Abteil aufschrie und gleich danach ein fürchterlicher Krach losging, als ob jemand eine Ladung Bücher, CDs und Akten gegen die Wand donnerte. John sagte tonlos: »Ich habe aus Versehen die Nachricht gelöscht. Das waren sie – da bin ich ganz sicher!«

»Schon gut«, meinte Stan. »Wir wissen ja gar nicht, ob sie es wirklich waren. Lasst uns erst mal überlegen, was wir jetzt tun können. Ich schlage vor, ich nehme das Satellitentelefon mit raus und versuche mal, ob ich ein Rufsignal zu ihnen durchbekomme.«

»Einverstanden«, sagte John. »Und ich schicke gleich eine SMS los, und dann können wir nur hoffen, dass sie das Telefon noch draußen haben.«

Stan ging mit dem Telefon hinaus, während John eine Nachricht an Ann und Liv eintippte: »Signal 15 – *Send rescue*. Bitte umgehend bestätigen!« 20 Minuten später riefen sie wieder Annie Kershaw von ANI an. Annie sagte, sie seien mit Volldampf dabei, ein Flugzeug startklar zu machen, und man möge sie anrufen, wenn die Rettungsaktion abgeblasen werden solle. Danach konnten wir nur noch warten.

Ann

An dem besagten Morgen hatte Liv Frühstücksdienst, und ich war die Glückliche, die vom »Zeltservice« geweckt wurde. Liv brachte mir einen Becher mit einem dampfend heißen Gebräu aus Kakao und Kaffee. Wir waren beide ausgeruht und entspannt. Wir hatten keine Ahnung, dass uns einer der schlimmsten Tage überhaupt bevorstand.

Als wir gefrühstückt und genügend Eis für unseren Tagesbedarf geschmolzen hatten, brachen wir das Zelt ab und packten unsere Ausrüstung zusammen. Je mehr sich die Proviantsäcke leerten und die Müllbeutel füllten, desto sorgfältiger mussten wir darauf achten, die Last gleichmäßig auf beide Schlitten zu verteilen. Auf Livs Schlitten kam meistens das Zelt, das wir inzwischen abbauten, ohne die Zeltstangen herauszunehmen. Wir klebten sie, bis auf das Mittelstück, alle mit Isolierband zusammen, so dass das Zelt wie ein Hotdog aufgerollt und auf den Schlitten geschnallt werden konnte; diese Technik beschleunigte das Auf- und Abbauen erheblich. Auf meinem Schlitten waren meistens der Laptop und die technische Ausrüstung untergebracht, unter anderem ein Solarpanel in einer schwarzen, gepolsterten Notebookhülle.

Wenn wir unser Lager aufbauten, schnallte ich das Solarpanel ab und klappte es weit auf, um es mit Sonnenenergie aufzuladen. Dank der Adapter, die John für uns gebastelt hatte, konnte das eine Solarpanel unser Satellitentelefon, das GPS (Global Positioning System), den Laptop und die Walkie-Talkies speisen, die wir tagsüber benutzten. (Obwohl wir uns bemühten, die Distanz zwischen uns nie so groß werden zu lassen, dass wir uns aus den Augen verloren, waren wir beim Segeln oft viele Meter voneinander entfernt, und Rufen wäre bei dem Wind zwecklos gewesen.)

Der größte Teil des Tages verlief ereignislos. Das Gelände war zu rau zum Segeln, so dass wir ziehen mussten und insgesamt nicht mehr als sieben armselige Kilometer schafften. Wir legten die üblichen Essens- und Imbisspausen ein. Wir waren beide erschöpft, als wir anhielten, um unser Lager aufzubauen und Abendessen zu kochen. Rasch stellten wir das Zelt auf, dann war ich mit dem Kochen an der Reihe, und Liv betätigte sich als »menschlicher Defroster«, indem sie unsere elektronischen Geräte mit ihrer Körperwärme auftaute, um sie wieder funktionsfähig zu machen. Während ich Schnee schmolz, setzte Liv sich in ihren Schlafsack, den Laptop zwischen den Knien. Das Satellitentelefon steckte unter ihrem Hemd, das GPS in ihrer Hose und ein oder zwei Batterien in ihren Socken. Sie hatte sich aufgesetzt, um Tagebuch zu schreiben und Berechnungen für die nächste Tagesetappe anzustellen. Liv vergaß jedes Mal, wohin sie die Sachen zum Aufwärmen gesteckt hatte, ging nach draußen, zog die Hose herunter, um zu pinkeln, und schon fiel das GPS oder eine Batterie heraus. Und ich konnte es mir nie verkneifen, immer denselben alten Witz zu reißen: »He, ist das ein GPS in deiner Hose, oder bist du bloß scharf auf mich?« Beim ersten Mal fuhr Liv einen Augenblick zusammen, als wollte sie sagen: Wie bitte? Ich hab mich wohl verhört? Aber dann wälzte sie sich fast am Boden vor Lachen. Sobald die Geräte aufgewärmt waren, riefen wir, wie jeden Tag, das Team zu Hause an. Wir landeten auf der Mailbox, und ich redete ein paar Minuten über das Wetter und dass uns der Haferbrei meilenweit zum Hals heraushing und dergleichen. Nach dem Anruf schob ich das Telefon wieder in meinen Schlafsack. Später rief Liv ihren Mann an, um ihm zu sagen, dass wir das gefährliche Spaltengebiet hinter uns hatten. Als sie auflegte, entdeckte sie, dass in der Zwischenzeit eine SMS eingegangen war. Sie gab mir das Telefon, damit ich sie abrufen konnte. Auf eine Windvorhersage oder einen einfachen Gruß gefasst, tippte ich den Code ein. Aber die Nachricht, die auf dem winzigen Bildschirm aufleuchtete, lautete: »Signal 15 – *Send rescue*. Bitte umgehend bestätigen.« Was war das denn? Falls sie ein Flugzeug losgeschickt hatten, ließ sich das nicht mehr rückgängig machen. Man würde uns vom Eis auflesen und »retten«, bevor wir überhaupt in Gefahr kommen konnten. Ich las Liv die Nachricht vor, während ich das Basislager anwählte. Wortlos rappelte Liv sich auf und stürzte hinaus, um das Notfunkgerät vom Schlitten zu holen. Wir hatten keine Ahnung, wie lange die Nachricht schon auf uns wartete. Vielleicht war das Flugzeug bereits aufgestiegen und suchte nach uns. Was war nur mit dem verflixten Gerät passiert?

John ging beim ersten Klingeln ans Telefon.

»Hallo?«, hörte ich ihn atemlos sagen.

»Hey«, erwiderte ich und meine Stimme klang genauso angespannt wie seine. »Was soll denn diese Nachricht?«

»O mein Gott – alles in Ordnung bei euch?«

»Uns geht's blendend«, sagte ich. »Was ist denn los?«

John erklärte mir das Drama mit dem Notsignal von unserem Funkgerät und der gelöschten Mailbox-Nachricht. Inzwischen kam Liv mit dem Notfunkgerät vom Schlitten zurück. So schnell hatte ich sie noch nie rennen sehen. Das Gerät war auf Code 1 eingestellt: Alles in Ordnung. Ratlos drehte sie es um und untersuchte es genauer. Jetzt entdeckten wir die Ursache des ganzen Verwirrspiels: Ein Eisklumpen vom gestrigen Blizzard hatte sich unter den Plastikschutz für den »Notruf«-Schalter geklemmt, der nur zwei Stellungen hatte: An und Aus. Das Eis hatte den Alarm ausgelöst. Und wenn der Notschalter erst einmal aktiviert ist, sendet das Gerät automatisch den Notruf, egal, auf welches Signal es eingestellt ist.

Ich hörte förmlich die Stoßseufzer vom anderen Ende der Welt. Und dann fragte Stan: »Hört mal, ihr beiden, könnt ihr vielleicht noch ein bisschen in der Leitung bleiben und mit uns reden? Habt ihr was dagegen, wenn wir den Lautsprecher einschalten?«

Erst jetzt wurde mir bewusst, was sie durchgemacht hatten: Sie hatten vermutlich stundenlang gezittert, dass eine von uns verletzt oder sonst etwas Schlimmes passiert sein könnte. Uns fehlte nichts, außer dem Schreck und der Verwirrung. Aber wir waren in Sicherheit. Und wir hatten Glück gehabt. Wir waren rein zufällig über Johns Nachricht gestolpert. Normalerweise stellten wir das Telefon ab, wenn wir den täglichen Lagebericht durchgegeben hatten.

Es dauerte eine Weile, bis unser Team zu Hause begriffen hatte, dass es uns tatsächlich gut ging, und ich merkte, dass sie ein paar aufmunternde Worte dringend gebrauchen konnten. Wir redeten noch ein bisschen über das Wetter, den Bodenblizzard, den wir an diesem Tag erlebt hatten, Livs Muskelzerrung am Schenkel – was auch immer, Hauptsache, sie konnten unsere Stimmen hören. Wir wussten natürlich, dass sie eine Höllenangst ausgestanden hatten, konnten aber trotzdem nicht wirklich nachfühlen, was sie in diesen paar Stunden durchgemacht hatten. Erst als ich drei Tage später auf den Skiern stand, fiel mir plötzlich das Zittern in Johns Stimme ein, als er zu mir gesagt hatte: »Ich bin ja so froh, dass euch nichts passiert ist.«

~ ~ ~

Sobald das Telefonat beendet war, legten Ann und Liv sich schlafen – und John Tuttle änderte seinen Mailbox-Code. Erschöpft setzte sich das Team in einer Bar auf ein paar Bier zusammen, die alle bitter nötig hatten. Sie hatten unglaubliches Glück gehabt. Ohne das Satellitentelefon wäre die Rettungsaktion nicht mehr zu stoppen gewesen. Und hätte es am ANI-Stützpunkt nicht gestürmt, dann wäre bereits ein Flugzeug in der Luft gewesen, als Ann und Liv auf die Nachricht reagierten. Das *yourexpedition*-Team führte sich einen Moment lang vor Augen, wie knapp sie der Katastrophe entronnen waren, dann hob Stan sein Glas: »Ich hätte nicht gedacht, dass ich jemals auf so was anstoßen würde, aber trotzdem: ein Hoch auf das schlechte Wetter!«

5 Aufreibendes Warten

ANN

Ohne das Satellitentelefon hätte dieser blinde Alarm das Ende unseres Abenteuers bedeutet. Das Flugzeug wäre in der Luft gewesen, bevor wir auch nur gemerkt hätten, dass das Notfunkgerät einen Notruf sendet. Liv und ich hätten in das Flugzeug einsteigen oder das Wunder vollbringen müssen, 300 000 Dollar für die Bergungsaktion aufzutreiben, dazu die Kosten für das Schiff, das uns am Ende im McMurdo-Sund abholen sollte. Selbst wenn wir es irgendwie geschafft hätten weiterzumachen, hätte dieser Zwischenfall alles verdorben. Mir wird heute noch flau im Magen, wenn ich mir vorstelle, wie ich dieses Missgeschick unseren Sponsoren hätte erklären sollen. Ich habe die hämischen Schlagzeilen deutlich vor Augen: »Panne in der Antarktis: Blinder Alarm stellt erste Antarktis-Durchquerung von Frauen in Frage« oder »Voreilige Rettungsaktion macht Expedition ein Ende«. Als erste Frauenexpedition, die diese Durchquerung riskierte, standen wir unter scharfer Beobachtung. Viel schlimmer allerdings wäre die psychische Niederlage für uns gewesen – wie bei einer Familie, deren Haus in Flammen aufgegangen ist und die sich jahrelang mit der Frage quält: »Was wäre gewesen, wenn?«, auch wenn einwandfrei feststeht, dass die Stromleitungen defekt waren. Die ganze restliche Expedition wäre von sinnlosen Selbstvorwürfen und bitterer Enttäuschung überschattet gewesen. Wir hatten großes Glück gehabt, dass wir die Nachricht unseres Teams noch rechtzeitig abgefangen hatten.

Aber das Satellitentelefon rettete nicht nur unsere Expedition, es veränderte auch ihren Charakter. Auf unseren früheren Polarreisen hatten wir Hochfrequenz-Funkgeräte mitgeführt, um bis zu einem gewissen Grad mit der Außenwelt in Kontakt zu bleiben. Diese sperrigen, untauglichen Geräte bedeuteten nur zusätzliches Gewicht auf den Schlitten und erforderten endlos viel Zeit zum Aufbauen. Allein die Antenne hoch genug auszufahren, um ein Signal über die Berge und andere geografische Hindernisse schicken zu können, war unglaublich mühsam. Das Funkgerät, das ich auf meine erste Südpol-Expedition mitgenommen hatte, war mit einer vier Meter langen, T-förmigen Kabelantenne ausgestattet. Wenn ich sie hoch genug ausfahren wollte, um ein Signal zu senden, musste ich die Endpunkte des T an den Skiern befestigen, die ich wie Masten in den Schnee steckte. (Ich hatte von einer anderen Expedition gehört, die ihre Antenne »fliegen ließ«, das heißt an einem Segel befestigte. Am Ende büßten sie das Segel dabei ein.) Es dauerte ungefähr 20 Minuten, bis alles aufgebaut war, und manchmal konnte man trotzdem nicht senden. Oft waren die Verbindungen von der ANI-Basis in Punta Arenas, wo meine Schwester Carrie den Funkverkehr überwachte, kristallklar, während sie selbst von dem, was ich sagte, kein Wort hören konnte. Wir konnten es uns nicht leisten, einen Funküberwacher in Patriot Hills in Antarktika bei ANI zu stationieren, und hatten daher keine Möglichkeit, unsere Nachrichten an Carrie zu übermitteln, sofern ANI nicht für uns einsprang. Doch wir hatten Glück: Eine Frau, die für andere Expeditionen die Funküberwachung machte, unterstützte uns freundlicherweise, so dass wir nicht völlig auf ANI angewiesen waren. Die Prozedur wurde noch dadurch erschwert, dass man sich zu bestimmten Zeiten anmelden musste, weil die Funkfrequenzen auch von anderen genutzt werden. Wenn man Pech hatte, war man gerade mitten in einer gefährlichen Spaltenzone oder lag im ersten Tiefschlaf und musste dann alles stehen und liegen lassen, um das Funkgerät hervorzukramen. Das Ganze war nicht nur lästig, sondern beeinträchtigte die Achtsamkeit und Konzentration, die man für das Vorwärtskommen aufbringen muss, für jeden Schritt, den man auf dem Eis macht. Zudem hatte man immer ein schlechtes Gewissen, dass man seine Lieben zu Hause in Angst und Schrecken versetzte, wenn keine Funkverbindung zustande kam.

Livs Funkgerät gab auf ihrem Alleingang den Geist auf, so dass sie ihre Position und andere Daten einfach mit dem Argos-Gerät übermittelte, das wir auch diesmal dabeihatten. Für die meisten Leute wäre es wahrscheinlich undenkbar, mit so begrenzten Kommunikationsmöglichkeiten ans Ende der Welt zu reisen, aber Liv war regelrecht erleichtert, dass ihr Funkgerät nicht mehr funktionierte. So hatte sie keine Scherereien damit und war ganz allein mit ihrem Abenteuer – konnte ungestört ihren Gedanken nachhängen, ohne von der Außenwelt belästigt zu werden.

Liv und ich waren, wie man sich denken kann, nicht sehr glücklich über die viele moderne Technik, die wir mitschleppen sollten: Laptop, Satellitentelefon, GPS und Walkie-Talkies. Alles war leicht und einfach zu bedienen, aber es ging uns gegen den Strich, dass wir die Einsamkeit aufgeben mussten. Wir befürchteten, dass dieses ganze technische Gerät das Abenteuer-Feeling schmälern würde. Antarktika mochte noch so weit weg sein, aber wir waren mit der restlichen Welt fast genauso verbunden wie in unserem Büro in Minnesota. Wir telefonierten mit den Medien, um Interviews zu geben, und wurden – weil die Verbindung so unglaublich klar war – gebeten, doch einen Augenblick in der Leitung zu bleiben, so als riefen wir von der nächsten Straßenecke aus an. Ich glaube kaum, dass es etwas Deprimierenderes gibt, als der Musikberieselung im Telefon zu lauschen, während man in einem Zelt in der Antarktis sitzt. Es dauerte Wochen, bis wir uns daran gewöhnten, mit unseren Partnern zu Hause zu telefonieren, obwohl uns die täglichen Anrufe beim Team in Minnesota längst zur Routine geworden waren – so selbstverständlich wie das Zeltaufbauen. Liv und Einar telefonierten schließlich etwa einmal in der Woche. Ich erreichte Pam nicht so oft, weil ihre Arbeitszeiten zu unregelmäßig waren. Dass wir mit zu Hause in Verbindung bleiben konnten, vertiefte unsere Glücksmomente. Über gute Nachrichten konnten wir uns mit unseren Partnern freuen und sie an unseren Fortschritten und Kämpfen teilhaben lassen. Andererseits verstärkte es aber auch die Tiefs: Es gibt nichts Traurigeres, als einem Menschen, der einem nahe steht, von den täglichen Niederlagen oder den geringen Fortschritten berichten zu müssen. Man hat schon genug damit zu tun, den Kopf oben zu behalten und nicht zu verzweifeln, auch ohne auf die Reaktionen der anderen Rücksicht nehmen zu müssen.

Aber wenn wir das Ziel erreichen wollten, das wir uns als Pädagoginnen gesetzt hatten – Kinder in aller Welt auf den weißen Kontinent mitzunehmen –, dann war die lästige Technik einfach unverzichtbar. Unsere Kommunikationsmöglichkeiten grenzten an ein Wunder. Täglich kamen immer mehr Kinder auf unsere Website und hörten sich unsere Berichte an, nahmen auf diese Weise an unserem Abenteuer teil. Für mich verlor das Telefon nie die Aura des Rätselhaften und Wunderbaren. Die Vorstellung, dass unsere Stimmen in den Weltraum aufstiegen, um dort von einem Satelliten abgefangen und auf der anderen Seite der Erde wieder heruntergebeamt zu werden, erfüllte mich mit ehrfürchtigem Staunen. Wir wurden die Augen und Ohren von Millionen Kindern – eine unerhörte Chance.

Dabei war es ein reiner Glücksfall, dass wir das Telefon überhaupt hatten; wir verdankten es einem Umstand, den wir zunächst für eine Katastrophe hielten: der zweiwöchigen Verspätung in Kapstadt. Ich persönlich sehe darin einen meiner wichtigsten Glaubenssätze bestätigt: Nichts entwickelt sich durch Zufall in einer bestimmten Weise, und aus jedem Missgeschick kann etwas Gutes entstehen, mit dem man nicht gerechnet hat. Wenn man begreift, dass nicht immer alles nach Plan gehen kann, und sich nicht länger gegen diese Erkenntnis sträubt, ist man auch empfänglicher für die Chancen, die eine »Katastrophe« in sich birgt.

~ ~ ~

Ann und Pam landeten am 17. Oktober 2001 in Kapstadt, in der drückendsten Sommerhitze auf der Südhalbkugel. Mit ihnen trafen 328 Kilo Ausrüstung und eine Abordnung von *yourexpedition* ein, um die Logistik für den Start zu koordinieren. Mariko Miyamoto, eine ehemalige Kollegin von Anne Atwood bei Rollerblade, kam als persönliche Betreuerin und PR-Beraterin von Ann und Liv mit, um ihnen den Aufenthalt in Kapstadt zu erleichtern, der sich als nervenaufreibend erweisen sollte. Liv traf am nächsten Tag mit Einar ein. *Yourexpedition* hatte drei Tage für Abschiedsfeiern und PR-Veranstaltungen mit den Sponsoren eingeplant, um den Beginn der Expedition ins Rampenlicht zu rücken.

Die Gruppe packte ihre Koffer aus und quartierte sich die ersten paar Tage im Cape Grace Hotel ein, einem Luxushotel an der Uferpromenade. Am ersten Abend blieben alle bis tief in die Nacht auf und feierten Anns und Livs baldigen Aufbruch mit südafrikanischem Wein und traditionellen Delikatessen, zum Beispiel *tripe and trotters* (Kutteln und Schweinsfüßen), die John Tuttle bestellt hatte. Er behauptete, dass beides köstlich schmecke, was ihm aber niemand so recht abnahm.

Am dritten Morgen in Kapstadt wurde Ann in aller Frühe von hartnäckigem Klopfen an der Tür geweckt. Sie stolperte aus dem Bett, und als sie die Tür aufmachte, stand Charlie Hartwell, weiß vor Zorn, barfuß und unrasiert im Flur. Noch bevor sie den Mund aufmachen konnte, stieß er hervor: »Wir haben kein Flugzeug. Kann sein, dass wir den Start nach Südamerika verlegen müssen.« Ann war plötzlich hellwach. Das konnte doch nicht wahr sein! Wie sollten sie sämtliche Sponsoren und ihr eigenes Team samt Ausrüstung rechtzeitig zum geplanten Starttermin nach Südamerika schaffen? Ganz zu schweigen von den Journalisten, die nach Kapstadt geflogen waren, um darüber zu berichten. Ann überlegte verzweifelt, was sie jetzt tun sollten. Sie waren noch viele tausend Kilometer vom Eis entfernt, und schon tauchte das erste ernsthafte Hindernis auf.

Auch unter günstigen Bedingungen ist es ein Riesenaufwand, Menschen und Material nach Antarktika zu schaffen. ANI ist die einzige private Fluggesellschaft, die den weißen Kontinent anfliegt – die Risiken der Landung auf einer vereisten Piste, die unberechenbaren Wetterverhältnisse und die unregelmäßige Nachfrage schrecken seit jeher jede Konkurrenz ab. Außer ANI fliegen nur Militärmaschinen die Antarktis an, und die transportieren fast ausschließlich Wissenschaftler, Forscher und Betriebspersonal.

Expeditionen wie die von Ann und Liv sind daher gezwungen, Flüge bei ANI zu chartern, die praktisch das Monopol haben. Der Flugpreis variiert stark von Fall zu Fall, aber meist belaufen sich die Kosten für den Transport von Menschen und Material auf mehrere hunderttausend Dollar. Der Preis hängt von vielen Faktoren ab, unter anderem der Anzahl der Passagiere, dem Kontinent, von dem aus die Maschine startet, und dem Landeplatz in Antarktika, davon, welcher Flugzeugtyp zur Verfügung steht, wie viele Flüge für eine Saison vorgemerkt sind und wie viel Treibstoff ANI an seinen Stützpunkten eingelagert hat. Kaum einen dieser Faktoren können die Organisatoren einer Expedition selbst beeinflussen, weshalb viele Nutzer die Preisschwankungen für ungerechtfertigt oder gar ausbeuterisch halten. Und da ANI daran interessiert ist, seine Maschinen, Piloten und Mannschaften möglichst kostengünstig einzusetzen, kommt es, selbst bei Weltklasse-Entdeckern mit internationalem Renommee, oft in letzter Sekunde zu einer Änderung des Abflugortes. Solche Änderungen in letzter Minute können jede sorgfältige Planung zunichte machen.

Auf der anderen Seite ist es auch keine Kleinigkeit, das flugfeindlichste Gebiet der Erde anzufliegen. Annie Kershaw, die Begründerin und Geschäftsführerin von ANI, findet oft nur schwer Piloten, die in der Lage sind, auf vereisten Pisten zu landen, ohne von einem Tower heruntergelotst zu werden. Und da die ANI-Kundschaft überwiegend aus Abenteuerreisenden besteht, die selten gut bei Kasse sind, und es enorm kostspielig ist, Treibstoff nach Antarktika zu fliegen (und die leeren Fässer wieder von dort wegzuschaffen), musste die Fluggesellschaft schon so manche Saison ohne Gewinne verkraften. Annie Kershaw führt das Unternehmen eher wie einen persönlichen Kreuzzug und nicht wie ein einträgliches Unternehmen. Annies Mann, selbst Pilot, kam 1990 bei einem Flugzeugabsturz in Antarktika ums Leben. Damals gab es keine private Fluggesellschaft, die Rettungsdienste oder Transporte auf diesem Kontinent anbot, und jede Expedition, die in Schwierigkeiten geriet, war für die Rettung und Bergung auf den guten Willen und die Ressourcen des nächsten Militärstützpunkts angewiesen. Es kam vor, dass Leute tage-, ja wochenlang ohne Kontakt zur Außenwelt blieben, ehe eine Suchaktion gestartet wurde. Mit der Ausweitung der Dienste von ANI wollte Annie Kershaw mithelfen, Tragödien wie ihre eigene zu verhindern. Aber trotz ihrer edlen Absichten haben ihre Geschäftspraktiken immer wieder zu Anschuldigungen und generellem Misstrauen in Expeditionskreisen geführt. Ann und Liv waren da keine Ausnahme.

Liv war mehrfach mit Annie Kershaw zusammengerasselt, als sie mit ihr den Rückflug vom Südpol am Ende ihres Solotrips aushandelte. Falls Liv sich verspätete oder den vorgesehenen Flug verpasste, sollte sie, statt einen Platz in einem bereits geplanten Flug zu buchen, eine eigene Maschine chartern. Der Preisunterschied war enorm. Liv konnte sich kein eigenes Flugzeug leisten. Als Annie Kershaw sie weiter unter Druck setzte, drohte Liv damit, die ganze Sache abzublasen und eine Pressemitteilung herauszugeben, in der sie ANI öffentlich dafür verantwortlich machen wollte. Liv bekam den Vertrag für den Gemeinschaftsflug, den sie gewollt hatte, aber sie empfand es als pure Schikane, wie das Ganze gelaufen war. Am Ende schaffte sie es rechtzeitig genug zum Pol, um den Flug bequem zu erreichen.

Anns Beziehung zu ANI war noch angespannter, weil Ann als Leiterin ihrer vorigen Antarktis-Expedition den Fehler gemacht hatte, ein kalkuliertes Risiko einzugehen. Sie kam bei ihrer American Women's Expedition ohne den vollen Geldbetrag, den sie ANI im Voraus für den Transport in die Antarktis zu bezahlen hatte, nach Punta Arenas in Chile. Die Expedition war aus Geldmangel bereits um ein Jahr verschoben worden, und Ann wollte nicht noch länger warten, weil sie befürchtete, dass sonst überhaupt nichts mehr daraus werden würde. Sie verließ sich darauf, dass in ihrer Abwesenheit ein paar aussichtsreiche Sponsorings zustande kommen würden. Leider sollte sich diese Hoffnung nicht erfüllen, und am Ende blieben 450 000 Dollar Schulden bei ANI, ein Betrag, der schließlich neu verhandelt und abbezahlt wurde. Ann betrachtet diese Entscheidung bis heute als den verhängnisvollsten Fehler in ihrer gesamten Polarreisenlaufbahn.

Wegen Anns Vorgeschichte mit ANI führten Stan Oleson, der Anwalt von *yourexpedition*, und Liv die meisten Verhandlungen. Ursprünglich wurden 164 000 Dollar veranschlagt, um Ann und Liv samt Ausrüstung auf den weißen Kontinent zu fliegen – unter der Voraussetzung, dass zwei andere Expeditionen sich an dem Flug beteiligten. Beide Teams waren am Ende nicht in der Lage, das Geld für den Flug aufzubringen, und sprangen nur wenige Tage vor dem geplanten Start ab, als Ann und Liv bereits in Kapstadt waren. Damit waren Ann und Liv die Einzigen, die von Südafrika aus starten wollten. Annie Kershaw erklärte, wenn Ann und Liv bereit seien, mit ihrer Ausrüstung nach Punta Arenas in Chile zu kommen (mit Charterflügen auf eigene Kosten), würde ANI einen Preis von 350 000 Dollar berechnen. Sollten Ann und Liv jedoch auf dem Start in Kapstadt bestehen, würde der Preis auf 800 000 Dollar hochschnellen.

Leider war die Verlegung des Abflugs so kurz vor dem geplanten Starttermin auf dem Eis weit mehr als nur eine Unannehmlichkeit für Ann und Liv. Sie befürchteten, ihre Tour könnte sich wegen der Zollformalitäten für die Ausrüstung zu lange verzögern. Der Abflug von Punta Arenas würde außerdem bedeuten, dass sie auf einer anderen Basis als der ursprünglich geplanten in Antarktika landen würden, weit entfernt vom Ausgangspunkt der geplanten Route. Und der Flug dorthin konnte sich ebenfalls um Wochen verzögern, weil erst genügend Treibstoffdepots von kleinen Maschinen angelegt werden mussten. Wenn die kurze Zeitspanne des antarktischen Sommers durch die Verspätung noch verkürzt wurde, konnten Ann und Liv die Expedition in dieser Saison nicht zu Ende führen. Das hätte bedeutet, dass sie die Reise abblasen und auf den nächsten Sommer hätten warten müssen.

Nach einer eiligen Sitzung entschied sich das Team, für den Start in Kapstadt zu kämpfen. Das ursprüngliche Angebot von 800 000 Dollar, das ANI gemacht hatte, versetzte Charlie in Rage. Er wollte ANI zu einem Preisnachlass bewegen, aber gleichzeitig eine Alternative finden: ein Militärflugzeug oder eine Privatmaschine mit einem selbstständigen Piloten chartern, was keine andere Expedition je versucht hatte, hauptsächlich weil es so schwer war, Piloten aufzutreiben, die auf dem Eis landen konnten.

Im Konferenzraum des Hotels brach jetzt die Hölle los, während Jeff Heegaard, Charlies Schwager (ein erfolgreicher Unternehmer und Freund von Ann, der nach Kapstadt gereist war, um die beiden Frauen zu verabschieden), seine zahlreichen Geschäftsverbindungen und seine Beziehungen zum Militär spielen ließ, um ein Flugzeug und einen Piloten aufzutreiben.

Jeff ließ sich Insidertipps von amerikanischen, argentinischen und südafrikanischen Militärs geben, die Maschinen in der Nähe von Johannesburg stehen hatten. Charlie und die restliche Truppe spürten im Internet den Vorstandsvorsitzenden des Reiseunternehmens auf, das vor kurzem ANI gekauft hatte, und der folglich Annie Kershaws neuer Chef war. Jeff rief den Mann am Samstag um fünf Uhr früh zu Hause in Florida an, um ihm Anns und Livs Fall vorzutragen und einen akzeptableren Preis auszuhandeln. »Wir sitzen hier in Südafrika mit ungefähr 90 Geschäftspartnern, die wir extra eingeflogen haben, wir haben mehrere hunderttausend Dollar in diese Expedition investiert, und jetzt erpresst uns Ihre Geschäftsführerin mit völlig absurden Flugpreisen«, erklärte Jeff. »Ich erwarte, dass Sie etwas dagegen unternehmen.« Der Zufall wollte es, dass der Boss des Reiseunternehmens wie Jeff aus Minnesota stammte, und bald waren die beiden in ein lebhaftes Gespräch über ihren Heimatstaat vertieft. Am Ende sicherte ihm der Mann zu, dass er sein Bestes tun und in ein paar Stunden zurückrufen werde.

Niemand weiß, ob er sich tatsächlich mit Annie Kershaw in Verbindung setzte und, wenn ja, ob er der Sache eine Wendung gab, die sie nicht ohnehin genommen hätte, aber das Ergebnis war wie erhofft: ANI setzte den Preis auf 630 000 Dollar herunter. Eine Woche verging, dann zwei, während die Verhandlungen weiterliefen und das schlechte Wetter in Antarktika die Vorbereitungen für den Flug verzögerte. *Yourexpedition* suchte weiter nach einer Ersatzmaschine.

Als die PR-Veranstaltungen mit den Sponsoren zu Ende waren, zog das Team vom Cape Grace Hotel in das gemütlichere Welgelegen Guest House um, eine Unterkunft weiter außerhalb, in der

Nähe der Kloof Street in der Township Tamboerskloof. Das Guest House lag mitten in einer Zeile einstöckiger Reihenhäuser. Ann, Pam, Liv und Einar teilten sich ein Zwei-Zimmer-Apartment. Im Hinterhof konnten sie ihre Ausrüstung ausbreiten und überprüfen; bald war der ummauerte Hof mit Zelten, Schlafsäcken und Skiern übersät und sah aus wie ein exotischer Mini-Campingplatz.

Unterdessen arbeitete John Tuttle mit Volldampf an einem anderen Problem: Er wollte ein Satellitentelefon auftreiben. Motorola war ursprünglich auf die Sponsorenliste gesetzt worden, weil man sich bei *yourexpedition* erhoffte, dass Ann und Liv auf diese Weise an eines der begehrten Satellitentelefone herankommen würden. Motorola investierte in den Aufbau eines Satellitentelefonnetzes – ein Projekt der Iridium Company –, das Verbindungen in Gebiete ermöglichte, die bisher telefonisch nicht erreichbar waren, wie zum Beispiel Antarktika. Aber Iridium ging Bankrott, kurz nachdem Motorola zugesagt hatte, die Expedition zu sponsern. Die meisten Techniker wurden entlassen, die Telefone deaktiviert, und Motorola distanzierte sich eiligst von dem gesamten Projekt. Die Firma spendete Geld und Walkie-Talkies, aber die Ansprechpartner behaupteten, es gebe keine funktionsfähigen Satellitentelefone. Außerdem sei das Satellitennetz wahrscheinlich demontiert worden.

Aber John wusste es besser. Bei den Verhandlungen mit Motorola knüpfte er Kontakte zu ein paar »Oberbossen« des Konzerns, die ihm verrieten, dass das Netz durchaus noch aktiv sei. Von ihnen erfuhr er auch, dass die US-Army weiterhin Motorola-Satelliten einsetzte und mindestens 30 funktionierende Telefone zur Verfügung hatte. John brauche sich nur einen entsprechenden Silikonchip zu beschaffen, einen Universalchip, der mit dem richtigen Sicherheitscode ausgestattet war. Den brauche man nur in eines der Demotelefone zu stecken, die Ann und Liv bekommen hatten, bevor Iridium Bankrott gegangen war, und schon sei das Telefon aktiviert.

John setzte zu Hause in Minnesota wochenlang Himmel und Hölle in Bewegung, um an einen dieser kostbaren Chips heranzukommen. In seiner Verzweiflung wandte er sich schließlich an einen Kongressabgeordneten, Jim Ramstead, der bereit war, an die US-Army und das Pentagon zu schreiben, um ihnen den besagten Chip abzuschwatzen. Einen Tag bevor John nach Afrika flog, erhielt er einen Anruf von einem Pressesprecher der Army, der ihm seine Hilfe zusagte.

Als das *yourexpedition*-Team in Afrika eintraf, hatte Charlie Bedenken, den Motorola-Vertretern in Kapstadt mitzuteilen, dass Ann und Liv vielleicht doch an ihre Telefone herankommen würden. Aber irgendwie hatte sich Johns wilde Jagd nach den Telefonchips herumgesprochen. Am zweiten Abend in Kapstadt, bei einer Cocktailparty im Cape Grace Hotel, sprach ein sichtlich nervöser Motorola-Vertreter John an. Es war derselbe Mann, der ihm wochenlang eingeredet hatte, das Satellitensystem sei demontiert worden und die Telefone nicht mehr funktionsfähig.

»Was wissen Sie eigentlich über das Iridium-System?«, fragte der Mann.

»Eine ganze Menge«, entgegnete John.

»Und ich dachte, ich wüsste alles über dieses System. Aber anscheinend sind Sie besser informiert als ich. Wissen Sie zufällig auch, ob es noch funktionsfähig ist?«

»Ja, ganz sicher«, sagte John.

»Wirklich?«

»Ja, wirklich.«

Der Mann wurde leichenblass. »Ich kann es mir zwar nicht vorstellen, aber sollten Sie es aufgrund irgendeines unerhörten Glücksfalls tatsächlich nutzen können, sagen Sie's mir bitte nicht. Es könnte mich meinen Job kosten.«

»In Ordnung.«

Motorola war ein fantastischer Partner gewesen, und John hatte nicht die Absicht, den Mann in Schwierigkeiten zu bringen, aber er wollte auch nicht aufgeben. Seine Hartnäckigkeit zahlte sich aus, denn am nächsten Tag erhielt er eine Nachricht von Stan in Minneapolis: Die Armee hatte die richtigen Fäden gezogen, und die Chips waren unterwegs. Das Paket traf ein paar Tage später in Kapstadt ein; nach einigem Gerangel mit dem Zoll und der Entrichtung einer Importgebühr von 3000 Dollar besaß *yourexpedition* nicht nur drei Universalchips, sondern auch neue Satellitentelefone – obwohl sie nur eines brauchten. Doch dieses eine Telefon krempelte die ganze Expedition um: Aus einem Unternehmen, das sonst völlig von der Welt abgeschnitten verlaufen wäre, wurde ein Abenteuer, an dem Millionen Menschen teilhaben konnten.

Aus Johns Sicht war es nicht nur ein Gewinn für die Expedition, dass er das Satellitentelefon aufgetrieben hatte, sondern auch ein persönlicher Sieg. Er war immer zäh und hartnäckig gewesen, aber dieses Projekt verlangte ihm ein Maß an Vertrauen ab, das er früher für unrealistisch, ja für pure Zeitverschwendung gehalten hätte. Doch in den letzten beiden Jahren im *yourexpedition*-Team hatte er bei seinen Kollegen (und bei sich selbst) eine bisher ungeahnte Hartnäckigkeit und Überzeugungskraft festgestellt. Er hatte erlebt, wie Anne Atwood zum siebten Mal bei einem Sponsor anrief, der sie jedes Mal abgewimmelt hatte; er hatte gesehen, wie Stan nach dreiwöchiger Bestrahlung mühsam wieder gehen lernte; und er hatte mit angehört, wie Ann und Liv eine scheinbar utopische Reise ins Eis auf eine Liste von Ausrüstungsgegenständen und eine Karte reduzierten. Mit der Zeit merkte John, dass er die Grenze zwischen Möglichem und Unmöglichem auch in seinem eigenen Leben neu ziehen musste und dass die Ideen, die er im Kopf hatte, immer häufiger in die zweite Kategorie fielen. »Ich glaube, es liegt daran, dass ich zum ersten Mal an etwas arbeite, für das sich so viel Hartnäckigkeit auch lohnt«, sagte er. »Wenn Ann und Liv ihr Leben aufs Spiel setzen, um ihren Traum zu verwirklichen, wäre es doch gelacht, wenn ich nicht einmal zumindest dieses verflixte Telefon auftreiben könnte.«

Ann

Ich weiß nicht, ob ich im ersten Moment überhaupt registrierte, dass John das Satellitentelefon ergattert hatte. Die Ungewissheit, ob wir ein Flugzeug bekommen und ob es rechtzeitig eintreffen würde, um unseren Zeitplan nicht zu gefährden, setzte mich massiv unter Druck. Ich war innerlich krank vor Sorge, erlebte aber, wie diese Gruppe von Menschen, die wir zusammengebracht hatten – Charlie und die anderen –, mit unglaublicher Energie und Konzentration auf die Krise reagierte. Ich fühlte mich ganz klein, wenn ich ihnen zusah. Ich hätte das alles niemals geschafft, davon war ich überzeugt. Jeff, einer der Freunde, die mich überredet hatten, *yourexpedition* zu gründen, wütete wie ein menschlicher Taifun am Telefon. Er rief wildfremde Leute an und entlockte ihnen die Telefonnummern hoher Militärs, die für Flugzeugflotten verantwortlich waren. Er war nicht aufdringlich oder unverschämt, sondern tat einfach so, als sei es völlig selbstverständlich, dass man ihm die private Handynummer der jeweiligen Person gab, und, o Wunder, es klappte auch meistens. Auf diese Weise stöberte er einen Drei-Sterne-General auf dem Golfplatz auf und verwickelte ihn im Handumdrehen in eine Diskussion über unser Flugproblem. Es war atemberaubend, ihn in Aktion zu sehen. Er war entscheidend an dem Erfolg unserer Verhandlungen mit ANI beteiligt, und außerdem hielt er mit seinem unverwüstlichen Optimismus die ganze Mannschaft bei Laune. Er krempelte einfach die Ärmel hoch und verschwendete keinen Gedanken daran, dass wir es etwa *nicht* schaffen könnten, ein Flugzeug aufzutreiben. Er riss Witze und lachte und hatte einen Mordsspaß in dem Hexenkessel, in dem wir alle schmorten. Wir hatten unser Hauptquartier im Konferenzsaal des Cape Grace Hotel aufgeschlagen. Der Raum war übersät mit Telefonen, Computern, Kartons aller Art und diversem Ausrüstungszubehör. Alle schwirrten herum und arbeiteten wie besessen auf die wahnwitzige Deadline zu – halfen bei der Suche nach einem Flugzeug, beschwichtigten Sponsoren oder kümmerten sich um die Ausrüstung. Die Luft vibrierte geradezu, wenn ich hereinkam und die Tür hinter mir zumachte.

Draußen, vor meiner Familie und den Sponsoren, musste ich eine fröhliche Miene aufsetzen, damit niemand merkte, wie durcheinander ich war. Den meisten von uns war zum Heulen zu Mute, so angespannt war die Lage. Unterdessen agierte Jeff wie ein Wilder, blühte im Chaos auf und war ganz in seinem Element. Er gab uns das Quäntchen Leichtigkeit, das uns weiterhalf.

Charlie und die anderen überlegten, ob wir die Sponsoren informieren sollten, dass der Start der Expedition möglicherweise verschoben oder anderswohin verlegt werden musste. Wenn wir Glück hatten, konnten wir den ganzen Schlamassel aus der Welt schaffen, bevor er publik wurde; wenn nicht, war guter Rat teuer. Schließlich hatten alle viel Geld und Zeit in das Projekt investiert. Am Ende fassten wir uns ein Herz und sagten es – erstens, weil wir offen und ehrlich sein wollten, und zweitens, weil unsere Sponsoren von Anfang an eher wie eine große Familie für uns gewesen waren und weniger wie Geschäftspartner. Natürlich waren die Vereinbarungen mit ihnen rein geschäftlicher Natur (finanzielle Unterstützung gegen den Imagegewinn, auf den sie als Markenhersteller zählen konnten, wenn sie eine Tour unterstützten, die erstmals von Frauen gemacht wurde), aber unsere Beziehung ging weit über die mit ihnen geschlossenen Verträge hinaus. In jeder Firma hatten Liv und ich ein oder zwei Fans unter den Angestellten, die sich bei den richtigen

Leuten – die den Finger am Geldhahn hatten – für uns stark machten. Natürlich waren die Sponsoren nicht blind für die Marketing-Chancen, die unser Unternehmen bot. Aber letztlich unterstützten sie uns aus menschlichem Interesse, entweder weil unser Vortrag über die Verwirklichung von Träumen sie überzeugt hatte oder weil sie selbst in die Antarktis verliebt waren. Wie zum Beispiel Dr. Fredrik Bendiksen, Vorstandsvorsitzender der norwegischen Niederlassung von Pfizer Pharmazeutika: Nach einem eiligen Treffen mit Liv, das auf einem Parkplatz stattfand, gab er die Empfehlung, uns zu sponsern, an den internationalen Vorstand des Konzerns weiter. Fredrik hatte früher als Sportarzt die norwegische Olympia-Skimannschaft und Ende der 80er-Jahre eine Antarktis-Expedition betreut, so dass ihm die Macht der Träume nicht fremd war. Er hatte Menschen erlebt, die bereit waren, große Schmerzen und Opfer für ihre Träume auf sich zu nehmen, um scheinbar unmögliche Ziele zu erreichen. Und jetzt, als Chef von Pfizer Norwegen, erkannte er, dass auch ein großes Wirtschaftsunternehmen nicht auf Träume als Inspirationsquelle und Triebfeder verzichten kann.

Desgleichen Sören Johansson, der PR-Chef von Volvo Cars in Nordamerika: Er war auf den ersten Blick ein smarter, cleverer Geschäftsmann, aber hinter dieser Fassade verbarg sich ein Mensch, der sich leidenschaftlich für Ideen begeistern konnte. Er war herzlich und locker, ganz anders, als man sich einen zugeknöpften Schweden vorstellt. Nachdem ihm der charismatische Volvo-Vorstandsvorsitzende, Hans-Olov Olsson, erläutert hatte, inwiefern unser Vorhaben für den Konzern interessant sein könnte, setzte Sören diese Vision mit großem Engagement in die Tat um. Und wie sich herausstellte, war Olssons Instinkt goldrichtig gewesen. Die Zusammenarbeit mit der Expedition brachte dem Unternehmen die höchste Investitionsrentabilität, die je bei einem Sponsoring-Projekt erzielt wurde. Unsere Sponsoren waren also viel mehr als nur finanzielle Gönner; sie waren Freunde und Verbündete, deren Glaube an uns und die Wichtigkeit unseres Projekts dieses Unternehmen ermöglichten.

Als Sören hörte, dass die Flugkosten in astronomische Höhen geschnellt waren, fragte er nur: »Sagen Sie mir, was Volvo finanziell für Sie tun kann.« Ich war fassungslos. Volvo hatte schon so viel in uns investiert. Es war ein sehr großzügiges Angebot, und Charlie antwortete: »Das ist nicht der Grund, weshalb ich Ihnen davon erzähle, und ich nehme auch kein Geld mehr von Ihnen. Ich wollte Sie nur informieren, weil Sie unser wichtigster Partner sind.« Dass Sören nicht ausflippte und wütend wurde, sondern so kulant reagierte, war für uns ein weiterer Beweis (falls wir noch einen gebraucht hätten), dass wir die richtigen Sponsoring-Partner für unser Projekt ausgewählt hatten.

Die Verzögerung stellte mich auf eine harte Geduldsprobe, aber andererseits war ich auch froh, dass ich in Afrika gelandet war, das ich als zweite Heimat betrachte. Ich habe als Kind eine Zeit lang in Kenia gelebt und eine starke emotionale Bindung zu diesem Kontinent entwickelt. In Afrika habe ich gelernt, wie groß die Welt ist, wie viel es da draußen zu sehen gibt. Auch wenn ich mich letztlich dafür entschied, die eisigen Polarregionen zu erkunden, wurde der Keim für meine Abenteuerlust und meinen Forscherdrang in den glühenden Steppen Afrikas gelegt.

Ich war zehn, als meine Familie im Rahmen eines von der presbyterianischen Kirche finanzierten Hilfsprojekts nach Kenia kam. Ich habe sehr lebhafte Erinnerungen an die zwei Jahre dort: an die Kirchen in den ländlichen Gebieten – einfache Lehmhütten mit Wellblechdächern –, an unseren Hinterhof, in dem sich Affen und Antilopen tummelten. Mein Vater war Sozialarbeiter, und wir kamen oft in die Armensiedlungen von Kenia. Nie werde ich meinen ersten Kirchenbesuch vergessen, bei dem mein Vater und seine Familie der Gemeinde vorgestellt wurden. Wir bekamen Begrüßungsgeschenke von den Gemeindemitgliedern, die doch so wenig hatten. Mir, dem zerzausten Wildfang, der sich weigerte, ein Kleid in die Kirche anzuziehen, gaben sie ein lebendes Huhn – ein ungeheurer Schatz, wenn man bedenkt, dass von den Eiern und schließlich vom Fleisch des Huhns eine ganze Familie satt werden konnte. Ich war begeistert von meinem neuen Haustier; erst viel später wurde mir der Wert des Geschenks bewusst, und ich begriff, was für ein Opfer es für die Gemeinde bedeutet hatte.

Ich war damals in einem Alter, in dem man vor nichts Angst hat, und Afrika wurde zu einem großen, exotischen Spielplatz für mich. Ich baute mir eine Bambushütte zum Spielen, eine Miniaturausgabe der afrikanischen Häuser. Ich besaß einen kleinen Herd und lernte, wie man Holzkohle macht: Ich grub einen Stapel Holz in der Erde ein, bis er so vermodert war, dass er stundenlang vor sich hin schwelte. Ich freundete mich mit dem Koch an, den ich M'zee nannte – eine respektvolle Anrede für einen älteren Mann. Er hatte sich bei unseren Vorgängern, einem britischen Ehepaar, die westliche Küche angewöhnt und machte Steaks und Kidney Pie und dergleichen. Grauenvoll. Es kostete mich meine ganze Überredungskunst, ihn zu Hamburgern und Kartoffelsalat zu bekehren.

Während wir darauf warteten, dass es losging, besuchten Liv und ich zwei Baracken-Townships in Kapstadt. Für mich war es wie eine Zeitreise zurück in die Kindheit. Das erste Mal nahmen wir an einer Sightseeing-Tour teil, aber wir fanden es grässlich, nur im Bus zu sitzen und zu gaffen. Deshalb bat ich Mariko, einen Besuch für uns zu arrangieren, bei dem wir mit den Menschen in der Township sprechen konnten. Daraufhin vermittelte Mariko uns eine Tour mit einem einheimischen Führer. Wir wurden mit großer Herzlichkeit bei einem Gottesdienst begrüßt, und das begeisterte Singen erinnerte mich an meine Kirchenbesuche in Kenia. Es war wie Heimkommen, aber zugleich auch deprimierend. Die Strapazen, die wir uns mit unserer Entdeckungsreise in die Eiswelt aus freien Stücken auferlegten, waren nichts im Vergleich zu dem harten Leben, das die Menschen hier führten, die ihre ganze Kraft brauchten, um sich und ihre Kinder einigermaßen über Wasser zu halten. Es entging mir nicht, wie traurig dieser Gegensatz war.

Liv

Der Stress in Kapstadt ging fast über meine Kräfte und das Warten war eine Tortur. Jeden Tag beim Aufwachen hofften wir, dass es heute endlich so weit sein möge. Wir schleppten unsere Handys überall mit hin und saßen immer auf gepackten Koffern, um innerhalb einer Stunde startklar zu sein. Mariko vergewisserte sich, dass sie zu jeder Tages- und Nachtzeit wusste, wo wir waren. Als die zweite Woche ins Land ging, stellte ich fest, dass ich schlecht schlief. Ich versank in einer Art Nebel. Nachts war ich zu angespannt, um mich zu erholen, und tagsüber zu erschöpft, um richtig wach zu sein. Ich bekam nicht genug Bewegung, obwohl ich ein bisschen herumwanderte. Jeder weitere Tag in Kapstadt kostete mich Muskelmasse, und ich spürte, dass ich mich immer weiter von der Topkondition entfernte, die ich bei meiner Ankunft gehabt hatte. Ich stand zu sehr unter Stress, um den Aufenthalt wirklich genießen zu können. Einzige Ausnahme war der fantastische Trommelkurs, den Mariko für uns organisierte.

Es hat etwas sehr Befreiendes, zwei Stunden lang auf afrikanische Trommeln einzuschlagen, eine Erfahrung besonderer Art, die wir Anne Atwood verdankten. Anne und Kristi hatten eine quirlige Bar entdeckt, in der abends afrikanische Bands spielten. Wir gingen in der ersten Woche ein paar Mal hin und die ganze Crew tanzte wie verrückt. Anne drang eines Abends zu der Band vor und die Musiker ließen sie auf ihren Trommeln spielen. Mariko fand heraus, dass der Schlagzeuger Trommelkurse gab, und so landeten wir in einer Gruppe mit 20 anderen Leuten und lernten trommeln.

Das zweite Ereignis, das sich in mein Gedächtnis eingegraben hat, war ein Besuch mit Ann in einer Kapstadter Mädchenschule. Wir redeten mit den Mädchen über unser Vorhaben und zeigten ihnen auf der Landkarte, wo wir losgingen und wo wir ankommen würden. Sie stellten uns viele Fragen und fanden es toll, dass zwei Frauen eine solche Tour unternahmen. Ein Mädchen ist mir besonders in Erinnerung geblieben. Nach unserem Vortrag diskutierten Ann und ich eine Weile mit den Schülerinnen. Das Mädchen nahm Ann beiseite, und ich sah, dass die beiden sich angeregt unterhielten. Liz Barrett, die Lehrerin, die neben mir stand, erklärte mir, dass dieses Mädchen eine Lernschwäche hatte, so wie Ann früher, und dass sie jede Gelegenheit nutzte, um ihr Selbstvertrauen zu stärken. Ich erkannte den Ausdruck im Gesicht des Mädchens, den Ausdruck eines Menschen, der gerade erst erwacht, der zum ersten Mal die Freude am Dasein erlebt. Ich nahm ihr Strahlen mit aufs Eis.

Aber wenn ich heute an diese Wochen zurückdenke, sehe ich alles wie in Nebel gehüllt, so sehr stand ich unter Druck. Am deutlichsten ist mir in Erinnerung, wie schwer mir das Warten wurde. Es war ein Gefühl, als hätte man mir Arme und Beine mit Bleigewichten gefesselt. Ich wünschte mir verzweifelt, ich könnte endlich die Bürde der Angst gegen die konkrete, greifbare Last des Schlittens austauschen, den ich auf dem Eis hinter mir herzog.

Ich war wütend auf Annie Kershaw von ANI. Der Preis, den sie verlangte, war total überhöht. Integrität und Ehrlichkeit haben einen hohen Stellenwert in der norwegischen Kultur und ich fand ihr Verhalten völlig ungerechtfertigt. Ich hatte auch Bedenken wegen der Expedition selbst. Ich hatte die Vorbereitungen nicht so hautnah mitbekommen wie Ann, weil ich weit weg in Norwegen war. Und es machte mich etwas nervös, dass Ann und die anderen in den Wochen vor Kapstadt so überdreht gewesen waren. Vorsichtshalber hatte ich außer der Ausrüstungsliste von *yourexpedition* meine eigene Checkliste mitgebracht, die ich vor Jahren für meinen Alleingang zum Südpol angelegt hatte. Ich wollte sicher sein, dass ich mich nicht aufs Eis wagte, ohne alles dabeizuhaben, was ich brauchte.

Einar war auch besorgt. Am ersten Tag in Kapstadt brachte Ann den Schlafsack, der für mich bestellt worden war. Sie sagte, möglicherweise sei bei der Bestellung ein Fehler passiert und der Schlafsack habe die falsche Größe. Und so war es auch – er war viel zu kurz und reichte mir kaum bis zu den Schultern. Ich ärgerte mich, dass wir diesen Fehler nicht früher entdeckt hatten, weil es kein Problem für mich gewesen wäre, einen zusätzlichen Schlafsack aus Norwegen mitzubringen. Jetzt mussten wir mitten in der größten Sommerhitze in Südafrika einen Daunenschlafsack auftreiben. Einar schaute mich an, nachdem Ann gegangen war, und sagte: »Was ist denn das hier für ein Zirkus?« Er war fassungslos, dass so viel Energie in den PR-Rummel gesteckt wurde – die vielen Abschiedspartys und Veranstaltungen mit den Sponsoren –, während es an den elementarsten Dingen fehlte. Ich wusste, dass Ann und ihr Team sehr gestresst waren. Niemand ist perfekt, und solche Pannen in letzter Minute kommen immer vor. Aber Einar war so aufgebracht, dass ich ihn mitnahm, um meine Ausrüstung mit ihm zu kontrollieren. Stück für Stück gingen wir meine Listen durch und hakten der Reihe nach alle Gegenstände ab, bis wir absolut sicher waren, dass nichts fehlte. Stan bestellte in Minneapolis den richtigen Schlafsack und schickte ihn nach Kapstadt. Ein paar Tage später brachte ich Einar zum Flughafen und nahm tränenreich Abschied von ihm. Wir hatten immer noch kein Flugzeug, und es blieb offen, ob das Ganze abgeblasen werden musste oder nicht, so dass ich ihm vielleicht schon in wenigen Tagen nach Norwegen folgen würde.

Die Verzögerung brachte ein weiteres Problem mit sich, das in ein absurdes bürokratisches Tauziehen um mein Visum ausartete. Mein Visum für Südafrika galt nur bis zu Einars Abreisetag, an dem ich normalerweise nach Antarktika gestartet wäre. Aber das war mir nicht klar und es verging eine ganze Woche, bis ich merkte, dass meine Aufenthaltsgenehmigung abgelaufen war. Mariko musste ihr Visum ebenfalls verlängern und konnte mich daher an die richtige Stelle verweisen. Die Passbeamten, mit denen ich verhandelte, waren sehr aufgebracht, und ich musste stundenlang in drei oder vier Ämtern Schlange stehen, bis die Sache geklärt war. Ich erinnere mich noch an die absurde Argumentation, dass mein Visum nicht verlängert werden könne, weil Südafrika kein Auslieferungsabkommen mit Antarktika habe. (Ebenso wenig wie alle anderen Länder der Erde, weil es in Antarktika nämlich keine Zentralregierung gibt.) Schließlich war man bereit, ein Auge zuzudrücken und mich nicht auszuweisen, wenn ich ein Bußgeld bezahlte – einen lächerlich hohen Betrag. Mariko war ein Geschenk Gottes in dieser Zeit. Sie hatte zwei Handys – auf einem koordinierte sie die Reporterschar, die mit uns ins Flugzeug steigen würde, das andere war für *yourexpedition* reserviert. Sie agierte wie ein Revolverheld in einem alten Western, nur dass sie mit Telefonen jonglierte statt mit Pistolen. Sie riss die Dinger aus den Taschen, klappte sie auf und redete in beide gleichzeitig hinein, in einem Tempo, dass einem der Kopf schwirrte. Ich hätte es in der Zeit nicht einmal geschafft, mein Telefon zu finden.

Am 11. November kam endlich die Nachricht, dass ANI ein Flugzeug parat hatte. Sobald das Wetter aufklarte, sollte die Maschine von Patriot Hills, einem Standort in der Nähe von Berkner Island, nach Kapstadt fliegen. Zwei Tage lang warteten wir in Hochspannung. In Antarktika ist es 24 Stunden am Tag hell, und das Startsignal von ANI konnte zu jeder Tages- oder Nachtzeit kommen. Einmal gab es blinden Alarm: Wir wurden aufs Rollfeld beordert, mit der gesamten Ausrüstung, versteht sich, und dann stellte sich heraus, dass die Maschine wegen eines Blizzards umgekehrt war. Am 13. November, fast zwei Wochen nach dem ursprünglich mit ANI vereinbarten Starttermin, kam das Flugzeug endlich. Ann und ich gingen um halb zehn Uhr Ortszeit auf die Startbahn, begleitet von den Reportern und Fotografen, die unseren Aufbruch dokumentieren wollten. Die Maschine war eine riesige Ilyushin 76, ein dickbäuchiges Monster mit riesigen Motoren. Während sie auf dem Rollfeld wartete, vertauschten Ann und ich unsere Shorts gegen Gore-Tex-Hosen und schwere Stiefel. Es ist Vorschrift, im Flugzeug warme Kleidung zu tragen, für den Fall, dass es abstürzt. (Sogar der Schlafsack wird bereitgehalten, um die Überlebenschancen in der Kälte zu vergrößern.) Das Innere der Maschine war nicht verkleidet – alle Kabel und Stauräume lagen offen da. Für uns waren zwei Schleudersitze aus rotem Kunststoff vorgesehen. Der ohrenbetäubende Lärm der Propeller setzte ein, und wir rollten los. Ich war nicht nah genug am Fenster, um die schluchzende Mariko winken zu sehen, aber ich stellte mir vor, wie sie am Rand des Rollfelds stand und uns nachschaute, bis wir zu einem winzigen Punkt am Himmel geschrumpft waren.

Der Fünf-Stunden-Flug war trotz der Ohrstöpsel sehr laut. Ann und ich aßen eine Kleinigkeit zu Mittag, aber man konnte sich nur schwer unterhalten. Außer uns waren eine russische Truppe und ein ANI-Team an Bord, das seine Arbeit in Blue One aufnehmen sollte, der Basis in Queen-Maud-Land, dem norwegischen Sektor Antarktikas, wo wir landen würden. Außerdem war noch Stannie aus der Slowakei an Bord, der einen Alleingang durch Antarktika plante. Er hatte ursprünglich von Punta Arenas aufbrechen wollen, aber als er das Geld für den Flug beisammen hatte, verlegte ANI seinen Start nach Kapstadt. Ein Großteil seines Proviants verdarb, während er in

Punta gewartet hatte. Aber das war erst der Beginn seiner Pechsträhne, wie sich bald herausstellen sollte.

Den meisten Platz im Flugzeug nahmen mehrere 200-Liter-Fässer Treibstoff ein. Wir würden fünf Stunden fliegen, dann zwischenlanden, und dann brauchte die Crew acht Stunden, um die Maschine wieder aufzutanken. Sie mussten den Treibstoff von Hand einfüllen und die leeren Fässer wieder an Bord nehmen. Natürlich war es riskant, dass die Maschine ihren eigenen Treibstoff mitführte. Bei einer Bruchlandung würde sofort alles in die Luft fliegen, und wozu wären dann noch die Schlafsäcke gut? Aber es gab nun mal keine Treibstoffversorgung in Antarktika, und alle Abfälle (wie Treibstofffässer) mussten wieder ausgeflogen werden. Das war auch der Grund, warum Mariko nicht mitgekommen war. Sie hatte Angst, dass wir mit dem ganzen Treibstoff auf dem Eis landen würden. Ich kann es ihr nicht verdenken, zumal die Russen seelenruhig mit brennenden Zigaretten um die Fässer herumspazierten.

Als Antarktika näher rückte, mogelten wir ein bisschen und verließen unsere Plätze, um durch die vier kleinen Bullaugen zu spähen. Wir konnten die weitläufigen Bergketten erkennen, die den Sigyn-Gletscher säumen. Im Osten des Gletschers zeichneten sich die Holthedal Mountains ab und im Westen die schöne Fenriskjeften-Kette mit dem spektakulären Gipfel des Ulvetanna – »Wolfszahn«. Beim Anblick der schroffen Granitwände, über die wir hinwegflogen, dachte ich an meine Vorfahren, die diesen Bergen einen so wilden Namen gegeben hatten. In der germanischen Mythologie ist der Fenriswolf der Sohn von Loki, dem Gott der Finsternis, und dessen Gemahlin, der Riesin Angerbodai. Als der Wolf Fenris heranwuchs, wurde er bösartig. Um ihn im Zaum zu halten, befahl der Göttervater Odin den weisen Zwergen des Südens, eine magische Fessel aus den Wurzeln der Berge, dem Schall des Katzentritts, der Stimme der Fische, dem Bart der Frauen, den Sehnen der Bären und dem Speichel der Vögel zu schmieden. Aber der Fenriswolf riss sich dennoch los. Er verschlang die Sonne und stürzte sich mit drohend zwischen Himmel und Erde aufgerissenem Rachen auf die Welt. Schließlich verschlang er auch Odin, und die ganze Welt versank in Ragnarokk, der Götterdämmerung. Als der Fenriswolf endlich besiegt war, entstanden aus seinem klaffenden Maul die Berge unter uns. Eine sehr gewalttätige Geschichte, um so viel Schönheit zu erklären. Das Wetter war ideal zum Landen: nur wenig Wind und sonnig. Ich hielt den Atem an, als das Flugzeug auf dem Boden aufsetzte.

~ ~ ~

Die ANI-Maschine, mit der Ann und Liv schließlich von Kapstadt aus losflogen, kostete 500 000 Dollar, aber Charlie münzte diese horrende Ausgabe in eine PR-Kampagne um. Das *yourexpedition*-Team, zu dem auch die PR-Agentur Fred and Sarah Haberman gehörte, vergab die freien Plätze kostenlos an zusätzliche Reporter, die dafür sorgten, dass packende Bilder von Anns und Livs Aufbruch zu einem einzigartigen Abenteuer um die ganze Welt gingen. Die Aufnahmen von Associated Press von den beiden Entdeckerinnen, die mit ihren Schlitten in einen weißen Horizont hineinstapfen, wurden später für mehrere Vormittagssendungen und Abendmagazine verwendet, die Berichte über die Expedition brachten. Gerechterweise muss man sagen, dass Annie Kershaw *yourexpedition* eine Reihe von Kunden vermittelte, die freie Plätze oder Frachtraum buchten. Es war in Kapstadt nicht das einzige Mal, dass aus einer Katastrophe etwas Gutes entstand. Ohne die Verzögerung hätte John nie das Satellitentelefon aufgetrieben, und diesem Umstand verdankten Ann und Liv, dass sie Liveinterviews auf dem Eis geben konnten, die unter anderem zu einer zweimal wöchentlich ausgestrahlten Gesprächsrunde mit Daryn Kagan von CNN führten. Vor allem aber brachte das Telefon Anns und Livs Stimmen über *your-expedition.com* zu Millionen von Kindern in aller Welt.

Trotz der logistischen Probleme in Kapstadt bereute Charlie die Entscheidung, die Expedition von dort starten zu lassen, keine Sekunde. Im Lauf der zweiwöchigen Wartezeit war fast das gesamte Team nach Minneapolis zurückgekehrt, bis auf John Tuttle und Mariko, die Kapstadt als Letzte verließen. Charlie blieb in Südafrika, um mit seiner Familie an einer Safari in der Nähe des Krüger-Nationalparks im östlichen Teil Südafrikas teilzunehmen. Auch für Charlie war Afrika wie eine zweite Heimat. Nach seinem Collegeabschluss 1986 gründete er mit anderen Mitarbeitern ein Hilfsprojekt in der ärmsten Region Kenias. Provide International war in erster Linie eine Organisation, die eine rudimentäre Gesundheits- und Sozialversorgung einrichtete. Als das Projekt etabliert war, kehrte Charlie nach Amerika zurück und unterstützte Provide von dort aus weiter. Zwei Jahre später kehrte er mit seiner Frau Robin nach Kenia zurück, um dort zu leben und zu arbeiten. Bei diesem einjährigen Kenia-Aufenthalt ging es darum, die Leitung der Organisation den Kenianern zu übertragen, damit die Gemeinschaft sich selbst und ihre Bedürfnisse einbringen konnte. Heute, nach über zehn Jahren, ist Provide International ein florierendes Nonprofit-Unternehmen, das im Lauf der Zeit internationale Anerkennung errungen hat: Die Organisation hat das bisher einzige Krankenhaus mit einer Entbindungsstation im ärmsten Teil Kenias gebaut, sie stellte während der Choleraepidemie 1990 den einzigen sauberen Brunnen zur Verfügung und schickte einen der drei Krankenwagen, die bei dem Terroranschlag auf die US-Botschaft in Nairobi als Einzige einsatzfähig waren.

Für Charlie war der Aufenthalt in Kapstadt eine Gelegenheit, seine zweite Heimat wiederzusehen und Afrika zum ersten Mal mit seiner siebenjährigen Tochter Lucy zu erleben. Er verglich Anns und Livs Kapstadt-Episode mit der Arbeit, die er vor so langer Zeit in Kenia geleistet hatte. So wie die Saat, die er ausgestreut hatte, würden auch die Träume und Ideen, die Ann und Liv den Schülerinnen in Kapstadt vermittelt hatten, Wurzeln schlagen und wachsen. »Der Weg über Kapstadt war ungewöhnlich und wenig ausgetreten«, sagte er. »Über Chile wäre es einfacher und billiger gewesen. Aber wir wollten die Menschen für unsere Expedition begeistern. Und ich finde, es gibt keinen besseren Zeitpunkt oder Ort in der Geschichte als Südafrika, um etwas in Gang zu bringen. Ich weiß nicht, ob wir in Kapstadt viel bewirkt haben. Wahrscheinlich nicht. Aber viele Kinder hier werden sich ihr Leben lang an Ann und Liv und die Expedition erinnern.«

Für Charlie war Kapstadt ein Wendepunkt. Hier wurde ihm zum ersten Mal bewusst, dass er sich nicht nur für Anns und Livs Traum einsetzte, sondern zugleich seinen eigenen Traum lebte: Seit Jahren war er auf der Suche nach einem Job, bei dem er Geschäftstüchtigkeit mit Idealismus verbinden konnte. Er konnte nicht wirklich nachvollziehen, was Ann und Liv dazu trieb, eine Tour ins ewige Eis zu machen. Aber wenn sie bei ihrer Antarktis-Durchquerung nur halb so viel Spaß hatten wie Charlie bei seiner Arbeit als Geschäftsführer von *yourexpedition*, dann würden sie die vor ihnen liegende Zeit nicht einfach nur hinter sich bringen, sondern in vollen Zügen genießen.

6 Sastrugi, Wind und Whiteout

Liv

Am ersten Morgen auf dem Eis weckte mich Ann um halb acht Uhr. Ich hatte nicht gut geschlafen. Ich war immer noch nervös und zappelig von dem ewigen Warten, wie ein Läufer, der zu lange angespannt am Startblock ausharren musste. Meine Muskeln kribbelten vor aufgestauter Energie. Erst als wir schon mehrere Tage auf dem Sigyn-Gletscher unterwegs waren, konnte ich endlich durchschlafen. Ann zündete den Kocher an, um Eis für die Kaffee-Kakao-Mischung zu schmelzen, die uns morgens auf Trab brachte. Es dauerte jeden Tag vier Stunden (zwei morgens und zwei abends), bis wir genug Eis für den gesamten Tagesbedarf geschmolzen hatten. Wir füllten das Wasser in Thermosflaschen, damit es nicht wieder gefror. Damit bereiteten wir alle unsere Heißgetränke und Mahlzeiten zu, die zu 80 Prozent aus Trockennahrung bestanden.

Von den Trockenmahlzeiten schmeckte mir der unvermeidliche Haferbrei am wenigsten. Ann war auch nicht wild darauf, zumal das Zeug auch noch mit Öl als zusätzlichem Fettlieferanten angereichert war. Es schmeckte wie Tapetenkleister mit Haferaroma. Aber es war die einfachste und zuverlässigste Möglichkeit, auf die Kalorienmenge zu kommen, die wir brauchten, um fit zu bleiben. Wir verbrannten 4200 bis 5000 Kalorien pro Tag – mehr als das Doppelte des Durchschnittsverbrauchs –, und wenn wir die Nahrungszufuhr nicht entsprechend erhöhten, würde der Körper seine Reserven angreifen und die Muskelmasse aufzehren. Trotzdem hatten wir die schweren Schlitten schon tagelang übers Eis gezogen, ehe wir hungrig genug waren, um die volle Morgenration hinunterzuschlingen.

Unser Zelt war ein roter Mikrofasertunnel mit zwei kleinen Vorräumen, einer an der Zeltöffnung und der andere an der Rückseite. Es war 1,10 Meter hoch, so dass man darin sitzen, aber nur gebückt gehen konnte. Der hintere Raum diente uns als »Küche«, damit wir beim Kochen ungestört hantieren konnten. Während Ann die farblich gekennzeichneten Proviantbeutel nach Haferpackungen durchsuchte, schlüpfte ich aus dem Schlafsack und ging nach draußen. Der Blick war atemberaubend, mit nichts zu vergleichen, was ich auf meiner ersten Antarktistour gesehen hatte. Queen-Maud-Land ist felsiger als mein damaliges Ausgangsgebiet. So weit das Auge reichte, schwarze, zerklüftete Felsen und glitzerndes, weißes Eis und Schnee. Diese Schönheit barg allerdings auch viele Gefahren: tiefe Spalten im Eis, in die wir bei jedem falschen Tritt samt Schlitten hineinstürzen konnten. Die extremen Kontraste dieser Welt machten zugleich ihren Reiz für mich aus.

Bevor ich mich Ann anschloss, wollte sie von Berkner Island aus aufbrechen, wo die meisten Antarktis-Durchquerungen beginnen. Berkner Island liegt an der schmalsten Stelle des Kontinents, wo er aussieht wie von einem Gürtel eingeschnürt; dort durchquert man ihn auf der kürzesten Route. Aber ich hatte gerade *In the Teeth of the Wind* gelesen, ein Buch über zwei belgische Skisegler, die in Queen-Maud-Land gestartet waren – eine Route, die mich reizte, weil sie relativ unerforscht war und der Start am weitesten von unserem Zielgebiet entfernt lag. Wenn wir dort losgingen, lag die längste Route vor uns, die jemals bewältigt worden war. Und da Ann und ich die USA bzw. Norwegen vertraten, bot es sich an, im norwegischen Sektor Antarktikas zu starten, um über die Amundsen-Scott-Basis am Südpol (eine amerikanische Forschungsstation), zu unserem Ziel, dem McMurdo-Sund (ebenfalls eine amerikanische Forschungsstation), zu gelangen. Ich war froh, dass Ann mit dem veränderten Ausgangspunkt einverstanden war.

Ich blickte nach Süden zum Sigyn-Gletscher. Schade, dass wir nicht die Zeit hatten, um ihn herumzugehen und die Berge zu beiden Seiten des Gletschers zu streifen. Es war mehr als verlockend. Aber wir waren bereits hinter unserem Zeitplan zurück. Für antarktische Verhältnisse war das Wetter äußerst mild: -12°C. Mir war wohlig warm, obwohl ich nur in meiner langen Unterwäsche draußen stand. Ich konnte es immer noch nicht fassen, dass wir tatsächlich hier waren. Das lange Warten in Kapstadt hatte Einar genauso zermürbt wie mich. Er klang sehr erleichtert, als ich ihn das letzte Mal von Kapstadt aus angerufen hatte.

Einar ist ein ebenso begeisterter Skiläufer wie ich, und ich wünschte ihm, dass der Winter in Norwegen bald kommen möge. Wenn ich an den langen Weg dachte, der vor uns lag, und mir vorstellte, wie ich mich mit aller Kraft ins Zeug legen musste, um den Schlitten durch den klebrigen Schnee zu ziehen, bekam ich jetzt schon Sehnsucht, auf leichten Langlaufskiern und perfekt gespurten Loipen hinter Einar her durch den Wald zu gleiten.

»Hallooh!«

Stannie, der Slowake, der mit uns im Flugzeug gewesen war, riss mich aus meinen Träumen. Er wollte den Kontinent allein durchqueren und hatte in der ersten Nacht kaum 20 Meter von uns entfernt sein Zelt aufgebaut. Er war klein und hager und sprach kaum Englisch, aber Ann und ich tauschten hin und wieder eine freundliche Geste oder ein Lächeln mit ihm. Stannie war ein netter Kerl, und wir staunten über seine Ausrüstung, die so ganz anders war als unsere. Er hatte ein seltsames Gefährt konstruiert, mit dem er das Eis überqueren wollte. Es sah aus wie ein Traktorsitz auf Stoßdämpfern, der an den Skiern befestigt wurde und mit einem Segel verbunden war. Stannie wollte sich draufsetzen und vom Wind ziehen lassen, was wir uns nicht so recht vorstellen konnten. Im Sitzen hatte er keine Möglichkeit, sein Gewicht zu verlagern, richtig zu lenken oder schnell zu reagieren, wenn er in eine Spalte zu stürzen drohte. Auf einem glatten Eismeer würde es vielleicht klappen, aber in diesem Gelände schien es mir ziemlich optimistisch – so als wollte er Antarktika auf einem verstellbaren Polstersessel durchqueren. Aber was Stannie an Erfahrung fehlte, machte er mit Enthusiasmus und kindlichem Staunen mehr als wett. Ich musste grinsen, als ich ihn vor seinem Zelt stehen und die Arme über dem Kopf schwenken sah. Eben hatte er einen Luftsprung gemacht und die Arme ausgebreitet, als wollte er den ganzen Horizont umarmen.

»Schööön!«, rief er.

Ich lachte ihm zu und nickte heftig. Ja, es war wirklich schön. Aber ich hatte noch viele Wochen Zeit, um diese Schönheit zu genießen, und mein Magen knurrte jetzt vernehmbar. Ich kroch ins Zelt zurück zum Frühstücken.

Stannie war nicht unser einziger Begleiter, als wir an jenem Morgen aufbrachen. In den ersten paar Tagen sichteten wir mehrere weiße Schneesturmvögel, die über uns kreisten und ab und zu herunterschossen, um die grellroten Punkte, die unsere Parkas im Schnee bildeten, aus der Nähe zu beäugen. Ich stellte mir vor, dass wir von dort oben wie leuchtende Blumen aussahen. Wenn wir unsere blauen Segel ausfuhren, spielten und tanzten die Vögel mit dem geblähten Stoff und streiften haarscharf daran vorbei. Weil sie noch nicht viele Menschen gesehen hatten, waren sie furchtlos und neugierig, aber wir kamen nicht sehr weit, bis auch sie verschwanden. Es gibt zahlreiche Pinguin- und Robbenkolonien entlang der antarktischen Halbinsel, aber im Landesinneren existiert kein Leben. Die Bedingungen sind einfach zu hart, und es gibt keine Nahrungsquellen. (Eisbären am Nordpol ernähren sich von den Meeresbewohnern unter dem Eis, das dort einen Ozean bedeckt und nicht einen Landsockel wie in Antarktika.) Im Gegensatz zu den Vögeln blieb uns Stannie noch eine Weile erhalten.

Am ersten Tag gaben wir ihm einen guten Vorsprung und schauten zu, wie er seinen Schlitten zog, den schweren »Traktorsitz« im Schlepptau, solange er nicht genug Wind zum Segeln hatte. Im Zickzack bewegte er sich auf die Berge zu. Wir starteten in einigem Abstand und zogen unsere voll beladenen Schlitten, die je 115 Kilo wogen. Anfangs war das Gelände mit dem welligen, bläulichen Eis so rutschig, dass wir die Steigeisen anschnallten, um besseren Halt zu finden. Wir kamen nur langsam voran; wir zogen sechs oder sieben Stunden am Stück und schafften kaum mehr als elf Kilometer. Alle paar Stunden hielten wir an und nahmen heiße Energiedrinks, die wie süßer Früchtetee schmecken, oder Wasser zu uns, um nicht auszutrocknen. Stannie tauchte in den nächsten Tagen von Zeit zu Zeit in unserem Blickfeld auf und verschwand dann wieder.

Entfernungen trügen in Antarktika, weil man Hunderte von Kilometern weit sehen kann. Ich fühlte mich klein und nichtig angesichts der endlosen Eisfläche, und doch wirkte alles am Horizont viel größer und näher, als es tatsächlich war, weil weder Häuser noch Bäume oder Berge uns die Sicht versperrten. Stannie war daher ein Punkt in der Landschaft, der bald größer wurde, bald kleiner, aber selten ganz verschwand. Gegen Stannie an sich hatten wir nichts einzuwenden, aber uns reizte an dieser riesigen, offenen Weite vor allem die Einsamkeit.

Am vierten Abend atmete ich endlich auf, weil es schien, als seien wir ihn endgültig losgeworden. Doch kaum saßen wir im Zelt beim Abendessen, als auch schon das vertraute »Haaaloh!« ertönte. Ich erstickte fast an meiner Suppe vor Lachen und Ann plumpste auf ihren Schlafsack, die Hand vor dem Mund, um nicht laut loszuprusten. Natürlich luden wir ihn zum Essen ein, sobald wir uns von unserem Lachanfall erholt hatten.

In der Nacht kampierte er ein paar Meter von unserem Zelt entfernt. Ich konnte es nicht fassen. Da hatten wir einen ganzen grenzenlosen, menschenleeren Kontinent zur Verfügung, und er pflanzte sich direkt neben uns auf! Vielleicht fühlte er sich geborgener in unserer Nähe, was ich durchaus verstehen konnte. Nicht jeder liebt die Einsamkeit so wie ich. Und ich gebe zu, dass meine Reaktion etwas typisch Norwegisches hatte. In Norwegen würde kein Mensch auf die Idee kommen, sein Zelt in Hörweite eines anderen aufzustellen – das gilt als sehr unhöflich. Wir leben in einem wenig dicht bevölkerten Land mit viel freiem Raum, so dass wir in dieser Hinsicht ziemlich verwöhnt sind. Es war absurd, dass ich mich auf einem menschenleeren Kontinent so beengt fühlte, und ich ärgerte mich über mich selbst. Ann dagegen fand es äußerst amüsant.

Nach dieser Nacht sahen wir Stannie nicht wieder, obwohl wir mehr oder minder damit rechneten. Später erfuhren wir, dass er wenige Tage nach unserer letzten Begegnung aufgegeben und ein Flugzeug angefordert hatte, um sich ausfliegen zu lassen. Aber es blieb die ganze Zeit ein Running-Gag zwischen Ann und mir. Wenn wir uns gegenseitig zum Lachen bringen wollten, schlichen wir uns hinterrücks an die andere an und brüllten lauthals »Haaaloh!«.

Als wir am 19. November, Einars Geburtstag, aufwachten, war der Himmel in ein Meer von zarten Pastelltönen getaucht, und es war, als segelte man in ein Aquarell hinein. Das grandiose Schauspiel entschädigte uns für den Ärger mit dem Wind, der uns bisher schnöde im Stich ließ, so dass wir tagelang ziehen mussten.

Bevor ich aufgebrochen war, hatte Einar mir einen Umschlag mit Zettelchen in die Hand gedrückt. Er hatte sie im Voraus geschrieben, ungefähr einen für jeden Tag, damit wir in Verbindung bleiben konnten, solange ich auf dem Eis war. Jeden Morgen zog ich blind eine Botschaft aus dem Umschlag, mit der ich den Tag begann. Manchmal war es nur ein Scherz oder ein paar aufmunternde Worte, die ich mir tagsüber in Erinnerung rief. Auch heute zog ich wieder einen Zettel aus dem Kuvert. Darauf stand: »*Cohen, and rødvin og m i Gjønnesskogen*« – Cohen und Rotwein und M&M in Gjønnesskogen. Ich bin ein großer Leonard-Cohen-Fan und trinke für mein Leben gern Rotwein. In Gjønnesskogen habe ich gelebt, als ich Einar kennen lernte. Er spielte damit auf die Veränderungen an, die ich ihm gebracht hatte, und wollte mir sagen, wie glücklich er mit dem Leben ist, das wir beide führen. Ich glaube, ich kann ohne Überheblichkeit sagen, dass Einar durch mich eine völlig andere Lebensweise kennen gelernt hat.

Als ich Einar kennen lernte, leitete er den Gießereibetrieb seiner Familie. Kurze Zeit später bereitete ich meine erste Expedition durch Grönland vor. Die meisten Männer, mit denen ich vorher zusammen gewesen war, erklärten mich deshalb für verrückt. Ich war damals 32, und in meiner Verwandtschaft und meinem Freundeskreis fragten sich viele, wann ich endlich »gesetzter werden« und heiraten würde. Außerdem betrachtete man solche Expeditionen in Norwegen, wie fast überall auf der Welt, als reine Männersache. Mein Exfreund hatte meine Grönlandpläne ignoriert. Einar dagegen stärkte mir von Anfang an den Rücken, als ich ihm von meinem Traum erzählte, zum Südpol zu marschieren. Die Grönland-Expedition von 1992 war der erste Schritt zur Verwirklichung dieses Traums. Wir redeten oft über unsere Träume, während ich diese Tour plante. Einar sagte einmal: »Weißt du, was ich an dir bewundere, Liv? Dass du deine Träume und Pläne in die Tat umsetzt.« Ich antwortete: »Und was hindert dich daran, dasselbe zu tun?« Einar hatte sich immer für Medizin interessiert, war aber seiner Familie zuliebe in das Geschäft eingetreten. Doch jetzt, mit 45, gab er seinen Posten auf, um wieder die Schulbank zu drücken und eine Ausbildung als Physiotherapeut zu machen. 1996, vier Jahre später, eröffnete er eine eigene Praxis. Ich war stolz auf ihn – auf uns beide, weil wir eine Beziehung aufgebaut hatten, in der jeder von uns genug Raum hatte, sich weiterzuentwickeln, und in der wir uns gegenseitig darin bestärkten, Risiken in Kauf zu nehmen. Als ich jetzt Einars Botschaft las und mir klar machte, was alles darin zum Ausdruck kam, spürte ich, wie ich innerlich ruhig wurde. Es ist etwas sehr Seltenes und Kostbares, einen Partner zu haben, von dem man nicht nur geliebt wird, wie man ist, sondern so, wie man eines Tages sein möchte.

Weil heute Einars Geburtstag war, mogelte ich und nahm eine zweite Botschaft heraus. »Generøsitet = Liven« – Großzügigkeit = Liv stand darauf. Das rührte mich zu Tränen, weil Einar selbst der großzügigste Mensch ist, den ich je gekannt habe.

Ann

Schon am ersten Tag auf dem Eis erlebte ich die faszinierenden Widersprüche Antarktikas: Meine Welt war auf den Umkreis meines Schlittens geschrumpft, aber gleichzeitig dehnte sie sich bis an die Ränder des endlosen Horizonts aus. Das Leben beschränkte sich auf das Allernötigste: warm bleiben, einen geschützten Lagerplatz finden, essen, schlafen. Das waren die Dinge, die unsere tägliche Aufgabe begleiteten, nämlich Strecke zu machen, und ich nahm diese Einfachheit begierig in mich auf. Bei jedem Schritt, mit dem ich mich gegen das Gewicht des Schlittens stemmte, spürte ich, wie Stress und Ärger des Alltagslebens von mir abfielen und sich in der weißen Leere Antarktikas verloren: keine Rechnungen bezahlen, keine hupenden Autos, keine Besprechungen, keine Badewanne scheuern, keine Fernsehnachrichten über Kriege oder Krisengebiete, kein Schlangestehen vor dem Bankschalter, keine drei Seiten lange »Zu erledigen«-Liste. Nur Stille, die so tief war, dass ich mein Blut in den Adern rauschen hörte, ein Kompasskurs, dem wir folgen mussten, eine Landschaft, so wunderbar leer, dass ich sie mit allen meinen geheimen Gedanken und Träumen füllen konnte. Die Freiheit dieses einfachen Daseins war berauschend. Und je mehr die Alltagssorgen dahinschwanden, desto wichtiger wurden einzelne Dinge. Kleinigkeiten, die ich in der »wirklichen« Welt als selbstverständlich betrachtete, erhielten eine ganz neue Bedeutung. Es ist unbeschreiblich, wie wohltuend ein Becher heißer Kaffee sein kann, wenn man 20 Minuten lang mit steif gefrorenen Fingern eine verhedderte Segelleine entwirrt hat. Oder wie dankbar ich Liv war, als sie mir half, die Risse in einem meiner Segel zu flicken. Das war ungeheuer großzügig, denn Liv war mindestens genauso erschöpft und von Kälte und Schmerzen zermürbt wie ich. Das Leben in Antarktika bewirkte eine veränderte Wahrnehmung – meines Körpers, meines Wesens, unseres Verbundenseins mit etwas Größerem. Ich war ein winziger Punkt auf dem Eis, aber gleichzeitig fühlte ich mich eins mit allen Entdeckern, die vor mir da gewesen waren, zur Geschichte dieser Landschaft gehörig, mit dem Kontinent verbunden in meinem Bemühen, ihn zu durchqueren.

Jedenfalls war das meine Sicht der Dinge. Für die meisten »normalen« Leute wäre die Durchquerung vermutlich nur ein anstrengender 90-Tage-Trip gewesen, ohne Dusche, ohne saubere Kleider zum Wechseln, ohne jede frische Nahrung. Ich weiß nicht, wie ich es erklären soll, aber all das kümmerte uns einfach nicht. Wochenlang gekochten Trockenfisch essen, die körperlichen Wehwehchen und Schmerzen ertragen, die Kälte, das Gefühl fehlender Sauberkeit, all das gehörte für uns mit dazu. Keine große Affäre.

Das Essen auf einer Tour durchs Eis ist sowieso mehr eine Frage der Kalorien als der Schmackhaftigkeit. Wichtig ist, dass man extrem fetthaltige, kalorienreiche Nahrung zu sich nimmt, damit man nicht zu viel Gewicht verliert. Die meisten Männerexpeditionen essen Butter pur, um auf die nötige Kalorienzahl zu kommen. Liv und ich reicherten lieber unseren Haferbrei mit Öl an und verdrückten Unmengen von Schokolade, eine angenehmere Form der Fettzufuhr. Salz muss ebenfalls in großen Mengen zugeführt werden, weil man so viel schwitzt, also wir aßen abends je eine große Dose zerstoßene Kartoffelchips. Das restliche Tagesmenü bestand aus Instantsuppen, Energiedrinks, Pasta Bolognese oder mit Wasser aufgekochtem Trockenfisch. Bei diesem eintönigen Speiseplan war uns natürlich jede zusätzliche Leckerei hochwillkommen. Livs Mutter hatte ihren Spezial-Kentucky-Fruitcake für uns gebacken, den wir scheibchenweise für besondere Anlässe aufsparten, für das Ende einer Etappe oder wenn wir etwas zur Aufmunterung brauchten. Ganz selten stießen wir mit einem Schuss Aquavit oder meinem Lieblings-Scotch an, den wir aus einem leeren Filmdöschen tranken.

Kleine Wohltaten bekamen eine ungeheure Bedeutung. Der schönste Augenblick des Tages war für mich, wenn ich ins Zelt kriechen und trockene Socken anziehen konnte. Und das Zähneputzen war fast so erfrischend wie eine lange heiße Dusche. Der Gipfel der Seligkeit war der heiße Teebeutel von meinem Pfefferminztee, mit dem ich mir abends das Gesicht abrieb – eine wohlig warme, pfefferminzduftende Antarktis-Dampfmaske. Duschen oder Baden war natürlich unmöglich, bis wir den Südpol auf halber Strecke erreicht hatten. Vorerst mussten wir uns mit Feuchtigkeitstüchern für die wöchentliche Katzenwäsche begnügen, bei der man natürlich nicht richtig sauber wurde. Aber die Tücher verhinderten zumindest bakterielle Hautentzündungen, die bei anderen Entdeckern aufgetreten waren. Es klingt vielleicht seltsam, aber wir fanden es nicht schlimm, so lange ohne Dusche auszukommen. Erstens ist die Luft in der Antarktis so kalt und frisch, dass man nicht riecht, und zweitens gibt es keinen Umweltschmutz, der sich auf der Haut ablagert. Und drittens, meint Pam, seien Liv und ich einfach Schmutzfinken. Wie man sich denken kann, sind gewisse Verrichtungen in der Antarktis etwas umständlicher als sonst, und nach meiner ersten Antarktistour wurde ich oft gefragt: »Wie sind Sie eigentlich aufs Klo gegangen?« Worauf ich meistens entgegnete: »So schnell ich nur konnte.« Wir entfernten uns ein Stück weit vom Eingang und achteten darauf, dass das Zelt nicht in Windrichtung von der Stelle stand, an der wir etwas unterlegten, die Schneehose herunterzogen, uns hinhockten und so schnell wie möglich unser Geschäft verrichteten. In der Antarktis gibt es sehr strenge Umweltbestimmungen, und man darf keinerlei Abfälle zurücklassen. Dazu gehört auch verschmutztes Toilettenpapier oder gebrauchte Tampons, so dass wir das Zeug in eine Plastiktüte packen und mitnehmen mussten. Es ist zwar kein Vergnügen, sich in der eisigen Kälte hinzuhocken, zu pinkeln, einen Tampon zu wechseln und sich abzuwischen, ohne dabei umzufallen oder eine Schweinerei zu veranstalten, aber man gewöhnt sich daran. Mir jedenfalls war es zehnmal angenehmer, als auf den Topf zu gehen. Der Clou an der Sache ist übrigens, dass man keinen kalten Hintern bekommt, sondern kalte Finger.

Wenn man seine ganze Habe auf einem Schlitten hinter sich herziehen muss, überlegt man sehr genau, was man wirklich braucht. Unser Schlitten war unsere Welt. Die schwerste Last und zugleich unser kostbarster Besitz war der Brennstoff. Für unseren Kocher führten wir *white gas* mit, einen gasolinartigen Brennstoff, der sich gut für extreme Kälte und große Höhen eignet. Als wir aufbrachen, hatten wir ungefähr 30 Liter dabei. An Kleidung hatten wir je drei Paar Socken und eine lange Unterhose zum Wechseln. Über der langen Unterhose trugen wir Parkas und Gore-Tex-Hosen. Beim Segeln zogen wir noch zusätzlich Daunenhosen und -westen über die äußere Schicht, während beim Ziehen normalerweise unsere Körperwärme genügte, um uns warm zu halten. Im Prinzip wäre eine Daunenschicht unter einer winddichten äußeren Schicht besser gewesen, aber wenn wir uns jedes Mal bis auf die Fleecewäsche ausgezogen hätten, um eine zusätzliche Schicht darunter zu ziehen, hätten wir zu viel Körperwärme verloren. Also trugen wir sie einfach oben drüber. Wir hatten je zwei Mützen (eine Wollmütze und eine Fleecemütze mit einer winddichten Nylonschicht), zwei Paar Wollhandschuhe und winddichte Überhandschuhe zum Segeln. Ich hatte meine grüne Wollmütze dabei, meinen Talisman, der schon mit mir am Nord- und Südpol war. Wegen des Winds und der Sonneneinstrahlung rund um die Uhr setzten wir Schutz- oder Gletscherbrillen auf, sobald wir das Zelt verließen. Liv trug eine Kombination aus Schutzbrille und darunter befestigter Plastikmaske, ihre Darth-Vader-Maske, wie ich sie nannte. Da mir diese Maske zu einengend war, nahm ich einen Fleeceschal, den ich mir zusammen mit einer winddichten äußeren Nylonschicht ums Gesicht wickelte und meinen »Schnabel« nannte, weil es mich sehr an einen Entenschnabel erinnerte. Für die Nacht hatten wir je einen Daunenschlafsack und eine Schaumstoffunterlage.

Unsere Erste-Hilfe-Ausrüstung war nicht besonders umfangreich für ein solches Unternehmen – ein Sortiment rezeptpflichtiger Schmerzmittel, Verbandszeug für Verletzungen von Blasen bis Platz- und Schnittwunden und ein Wundnähzeug. Ich hatte im Vorfeld einen Auffrischungsskurs bei Rettungssanitätern gemacht und wieder gelernt, wie man große Wunden näht. Ich übte nicht an echten Verletzten, sondern flickte so viele tote Schweinsfüße zusammen, dass ich am Ende das Gefühl hatte, der Sache gewachsen zu sein, falls eine von uns sich schwer verletzen sollte. Neben der medizinischen Ausrüstung führten wir auch ein Reparaturset für die Pannen mit, die unweigerlich auftreten würden. Es bestand aus einem Leatherman-Allzweckwerkzeug, Sicherheitsnadeln, Klebstoff, Schrauben, Zelt- und Segelflickzeug und enthielt außerdem zusätzliches Segeltuch, eine Rolle Fallschirmseil, Isolierband, Nadeln, Faden und Schnallen.

Liv und ich hatten je einen kleinen Beutel mit persönlichen Dingen mitgenommen. Er enthielt Toilettenartikel wie Zahnbürste,

Zahnpasta, Zahnseide, Feuchtigkeitstücher, Sonnencreme, reichhaltige Feuchtigkeitscremes fürs Gesicht, Toilettenpapier und Vitamine. (Liv hatte ihre ekligen Lebertranpillen dabei, die angeblich Wunder wirkten.) Außerdem hatten wir ein paar Sachen eingepackt, an denen unser Herz hing. Liv hatte ein Buch mit norwegischen Gedichten dabei, ihr Tagebuch, das Kuvert mit Einars kleinen Botschaften und ihren Talisman, einen daumengroßen, aus Knochen geschnitzten Eisbären. Pam und ich haben im Lauf meiner Polarreisen und Trainingstouren ein paar Rituale entwickelt, die mir ermöglichen, sie mit aufs Eis zu nehmen. Pam ist vielseitig begabt: Sie arbeitet als Grafikerin, kann aber auch nähen, schreiben und malen. Für jede meiner Touren näht sie mir einen Seidenschal, den ich als unterste Schicht direkt auf der Haut trage. Diesmal war mein Expeditionsschal ein Kaleidoskop leuchtender Farben, ein Rausch von Rot- und Violett-Tönen, als Erinnerung an die farbige Welt zu Hause, wenn ich mich in der weißen Leere der Antarktis bewegte. Ich nehme immer eine bestimmte Sorte Tagebuch mit auf diese Reisen – ein einfaches Heft mit festem Einband und unlinierten Seiten. Ich kaufte zwei davon (eines für den ersten Teil bis zum Südpol und eines für die restliche Route) und gab sie Pam zum Verschönern. Pam gestaltete einen Vorsatz, arbeitete Fotos ein und beklebte die Buchdeckel innen mit Zeichnungen, die mich an sie erinnern sollten. Die Entscheidung, was ich zum Lesen mitnehmen soll, ist für mich immer ein Problem: etwas, das ich kenne und liebe und das ich gern wieder lese, oder etwas Neues, von dem ich nicht weiß, ob es mir gefällt? Diesmal hatte meine Mutter die optimale Lösung gefunden. Pam hatte auf ihre Anregung hin meine engsten Freunde und Verwandten gebeten, ein Gedicht auszusuchen und es ihr zu schicken. Die Gedichte hatte sie dann auf dünnes, durchscheinendes Pergamentpapier gedruckt und ein handgenähtes Bändchen daraus gemacht. So hatte ich eine ganze Sammlung von Gedichten, die meine Freunde und Verwandten für mich ausgewählt hatten und die ich fast alle noch nicht kannte. Manche hatten eine Begründung hinzugefügt, weshalb sie das jeweilige Gedicht ausgesucht hatten, und diese Kommentare machten mir fast genauso viel Freude wie die Gedichte selbst. Mit anderen Worten, es war eine fantastische (und federleichte) Methode, meinen vertrauten Freundeskreis mitzunehmen.

Außerdem hatte ich einen winzigen perlenbestickten Lederbeutel an einer Schnur dabei, ein Geschenk von Pat McCart, einer ehemaligen Lehrerin, der ich viel verdanke. Ich lernte Pat kennen, als ich in der siebten Klasse der Summit-Mädchenschule war. Wegen meiner Lernschwäche wurde ich, zusammen mit einem anderen Mädchen, vom regulären Unterricht befreit und stattdessen von einer externen Lehrerin betreut, die eine Ausbildung in Sonderpädagogik hatte. Dann erklärten sich ein paar Lehrer von der Schule bereit, uns Förderunterricht in Mathe, Physik und Chemie zu geben, unter anderem Pat, bei der wir Chemie und Physik hatten.

Heute weiß ich, dass der Förderunterricht eine große Hilfe für mich war, aber damals fand ich es schrecklich, von meiner Klasse getrennt und zur Außenseiterin abgestempelt zu werden, die dümmer war als die anderen. Ich glaube, Pat hat das zum Teil gespürt. Sie erkannte, dass meine Probleme hauptsächlich von mangelndem Selbstvertrauen herrührten. Was mir fehlte, waren Erfolgserlebnisse – etwas, das ich wirklich gut konnte. Eines Tages sagte Pat im Förderunterricht, sie habe gehört, dass ich eine fantastische Skiläuferin sei. Zufällig wollte meine Mathelehrerin, die ein bisschen pummelig und nicht sehr sportlich war, mit dem Skilaufen anfangen, und Pat fragte mich, ob ich es ihr beibringen würde. Ich war völlig perplex. Eine Lehrerin, die etwas von mir lernen wollte? In der kommenden Woche trafen wir uns zu dritt nach dem Unterricht, und ich brachte ihr die Grundlagen des Abfahrtslaufs bei.

Zum ersten Mal in meinem Leben erlebte ich, dass ich etwas zu geben hatte, dass ich eine Gabe besaß, die anderen fehlte. Von da an war alles anders. In meinem Kopf machte es klick, und ich erkannte, dass es außerhalb der Schule eine völlig andere Welt gab, in der ich mich zu Hause fühlte, in der ich die Führung übernehmen konnte.

Ich wechselte bald an eine öffentliche Highschool und verlor Pat aus den Augen. In den 80er-Jahren, nach meiner Tour zum Nordpol, nahm sie wieder Kontakt mit mir auf. Ich hatte mich kurz nach dieser Expedition als Lesbe geoutet, und Pat hatte in der Zeitung davon gelesen. Sie schickte mir einen Brief, in dem sie schrieb, dass dieser mutige Schritt ihr den Rücken gestärkt habe. Auch sie outete sich, was für die Leiterin einer Privatschule ein äußerst mutiger und schwieriger Schritt war. Pat und ich wurden gute Freundinnen und schrieben uns eine Zeit lang.

Als ich 1991 die American Women's Expedition (AWE) auf die Beine stellte, brauchte ich eine Mitarbeiterin, die mir helfen sollte, einen Lehrplan für Kinder zu entwickeln. Ich suchte Pats Adresse heraus, und Pat ließ sich kurz entschlossen von ihrem Verwaltungsposten beurlauben und nahm ein Sabbatjahr, um für die Expedition zu arbeiten. Sie half uns, Kredite zu beschaffen, die an die Lehrer im Land verteilt wurden, damit sie eigene Lehrpläne auf der Grundlage der Expedition entwickeln konnten. Diese Lehrpläne gaben wir dann an andere Lehrer weiter. Am Ende hatten wir ein fundiertes Unterrichtsprogramm beisammen. Pat war unsere unbezahlte Geschäftsführerin. Wir »liehen« uns von einer Büromöbelfirma einen Ausstellungsraum in einer großen Lagerhalle. Wir mussten lediglich verschwinden, wenn ein potenzieller Kunde im Anmarsch war. Das ganze restliche Lagerhaus hatten Tauben in Beschlag genommen. Pat, in Wollsocken, saß im Schneidersitz auf dem Schreibtisch und verkündete, dass wir es schaffen würden. Für meine erste Antarktisreise gab sie mir als Talisman einen kleinen

Lederbeutel mit, so groß wie eine 50-Cent-Münze. Ich trug ihn die ganze Zeit bei mir. Kurz nach meiner Rückkehr von der AWE, ein paar Tage nach meinem 40. Geburtstag, starb Pat an Krebs. Ich hatte den Beutel auch diesmal dabei, um mir in Erinnerung zu rufen, wie sehr sie an mich geglaubt hatte, und um Mut und Kraft bei ihr zu schöpfen, wenn ich schwach und niedergeschlagen war. Wann immer ich das abgewetzte Leder zwischen den Fingern hielt, wusste ich wieder, was für mich im Leben zählte: Kindern und jungen Menschen eine Tür zu einer anderen Welt zu öffnen, so wie Pat es bei mir gemacht hatte.

Schon in den ersten paar Tagen zeigte sich, dass Liv und ich ein gutes Team waren. Es ist fantastisch, mit einem Partner zu reisen, der immer genau weiß, was in einem vorgeht, ohne dass man viel erklären muss. Dass wir Strecke machen mussten, war keine Frage, aber in dieser ersten Woche gaben wir jeden Tag stillschweigend ein paar Stunden zu, um die Verspätung in Kapstadt wettzumachen. Unser Weg in der ersten Woche führte am Sigyn-Gletscher entlang gemächlich bergauf. Am ersten Tag mussten wir Steigeisen nehmen, weil das Eis rutschig, hart und blau war. Blaues Eis ist meistens altes Eis. Es beginnt als Neuschnee, der im Lauf der Zeit zusammenfällt, so dass die Luft zwischen den Flocken herausgequetscht wird. Im Lauf von ungefähr 500 Jahren wird das Eis so dicht, dass es unterschiedliche Lichtwellen absorbiert und blau erscheint. Wir konnten auf diesem Gelände nicht gefahrlos segeln, weil es zu glatt war, und mussten unsere Schlitten die meiste Zeit ziehen. In der ersten Woche erlebten wir auch ein paar *whiteouts* – blizzardartige Stürme, die so viel Schnee aufwirbeln, dass man absolut nichts mehr sieht. Ich hatte vergessen, wie leicht man unter solchen Bedingungen die Orientierung verliert. Ich konnte nicht mehr sagen, wo der Boden war oder in welcher Richtung es geradeaus ging. Es ist erschreckend, wenn man plötzlich die eigenen Füße nicht mehr erkennen kann, nachdem man eben noch kilometerweit bis zum fernen Horizont gesehen hat. Mein Kompass ersetzte mir die Augen. Ich musste ihn alle paar Schritte zu Rate ziehen, um mich zu vergewissern, dass wir nicht vom Kurs abwichen. Wenn ich in die dicke Brühe schaute, in der die Eislandschaft versunken war, hätte ich schwören können, dass ich einer schnurgeraden Linie folgte, musste aber unweigerlich feststellen, dass meine verwirrten Sinne mich nach rechts oder links abdriften ließen. An solchen Tagen kamen wir kaum voran, weil entweder Liv oder ich oder wir alle beide unter Schwindelanfällen litten und wiederholt anhalten mussten, bis die Übelkeit und die Benommenheit nachließen.

Wenn wir während eines besonders schlimmen Sturms nicht mehr genug sehen konnten, um auch nur einen einzigen Schritt weiter zu gehen, hielten wir an und schlugen unser Lager auf. Wir holten das Zelt von Livs Schlitten, stellten es auf und verankerten es mit Pflöcken, Eispickeln und Eisschrauben. Dann schaufelten wir Schnee und Eis auf die Zeltklappen, um sie am Boden zu fixieren. Wir rammten unsere Skier ins Eis und banden die Schlitten daran fest, damit sie nicht weggefegt wurden. Wenn der Wind sehr heftig war, banden wir die Schlitten auch am Zelt fest. Die ganze Prozedur dauerte 20 bis 30 Minuten, und es war ein ständiger Kampf, alles rechtzeitig hinzubekommen, ehe wir trotz unserer Handschuhe jedes Gefühl in den Fingern verloren. Sobald wir im Zelt waren, zündete eine von uns den Kocher an, um Eis für Trinkwasser und zum Kochen zu schmelzen. Es dauerte nicht lange, bis es im Zelt von unserer Körperwärme mollig warm wurde. Die Temperatur im Zelt variierte. Wenn die Sonne schien, konnten wir manchmal in Fleecejacken und fingerlosen Handschuhen im Schlafsack sitzen. Wenn dagegen der Wind tobte oder wenn es besonders kalt war, ließen wir die Daunenhosen und -parkas an. Wir nutzten die Zwangspausen, um Tagebuch zu schreiben oder unsere »Hausaufgaben« zu machen. Auf meinem Trip zum Nordpol vor vielen Jahren hatte ich für eine Wissenschaftlerin der University of Minnesota Notizen über die Auswirkungen von Isolation und Stress auf das Expeditionsteam gemacht. Die NASA verwendet diese Forschungen, um Astronauten auf ihre Weltraumflüge vorzubereiten. (Was die Kargheit der Sinneswahrnehmungen und den Stress angeht, gibt es erstaunliche Übereinstimmungen zwischen dem Weltraum und den beiden Polen.) Ich hatte Liv überredet, sich an weiterführenden Forschungen zu beteiligen, und so mussten wir jeden Sonntagabend zahllose Tabellen mit Fragen zu unserer Gemütsverfassung ausfüllen.

Wir hatten einiges an Ausrüstung für die unterschiedlichen Schnee- und Eisbedingungen. Bei glattem, blauem Eis nahmen wir die mit Spikes versehenen Steigeisen. Wir hatten außerdem je zwei Paar Skier. Das eine Paar war schmal und an der Unterseite mit Moleskin gesäumt; das verwendeten wir beim Ziehen. Ohne den Halt, den das Moleskin den Skiern gab, hätten wir die Schlitten, die etwa doppelt so lang waren wie wir selbst, nicht ziehen können. Zum Segeln nahmen wir die breiteren »Telemark«- oder Abfahrtskier mit Stahlkanten.

Von wenigen Ausnahmen abgesehen, war das Segeln in den ersten paar Wochen ein Reinfall. Wenn wir ausnahmsweise einmal akzeptable Segelbedingungen hatten – kräftigen Wind und eine relativ glatte Oberfläche –, zeigte sich, dass das Segeln hier viel schwieriger war als auf unseren Trainingstouren. Der Wind war manchmal unglaublich stark, so dass es schlicht unmöglich war, den Sastrugi auszuweichen – kniehohen »Wellen«, die der Wind ins Eis gefräst hat –, während man mit 40 Stundenkilometern dahinsauste. Manchmal zerrte das Segel so heftig an mir, dass ich praktisch auf den Skiern saß, um das Gleichgewicht zu halten. Das ständige Zerren und Reißen an Knien und Hüfte verursachte höllische Schmerzen, wenn ich eine Stunde am Stück auf den Skiern hockte und meine Beine als Stoßdämpfer einsetzte, um über die Buckel zu segeln. Wir hatten je vier Segel dabei – größere für leichte Winde, kleinere für starke, stürmische Winde. Von ihnen liefen zahlreiche Nylonleinen zu dem Steuerbügel, der wiederum am Gurtzeug befestigt war. Wenn wir ein Segel ausprobierten, kam es häufig vor, dass wir nach wenigen Minuten mit einem Knäuel verhedderter Leinen dastanden. Dann mussten wir entweder das Segel wechseln – sofern wir noch eines hatten, das sich für die herrschenden Windverhältnisse eignete – oder eine gute Stunde opfern, um die Leinen zu entwirren. Das war eine mühselige Arbeit, bei der uns fast die Finger erfroren.

Liv übernahm in den ersten Segeltagen die Führung, und es war zum Fürchten, wie sie vor mir übers Eis flog. Die Winde hier sind böig und wechselhaft, ziehen eben noch sanft, aber kräftig, um im nächsten Moment dann wild an den Leinen zu zerren. Ich bin keine so gute Skiläuferin wie Liv und kam anfangs nur schwer zurecht. Das Segeln war hier ganz anders als bei unseren Trainingstouren. Am zweiten Tag auf dem Eis, als wir noch nicht das richtige Gespür für die Segel hatten, erfasste eine heftige Bö Livs 32-Quadratmeter-Segel und riss sie in die Luft. Sie kam zwar sofort wieder auf den Boden, aber das Segel schleifte sie noch gut zehn Meter weiter, wobei ihre Stiefel kaum den Tiefschnee streiften. Erst dann schaffte sie es, ihr Messer aus der Jackentasche zu ziehen und die Leinen zu kappen. Es war ein ganz spezielles Klappmesser, das ich ihr in Kapstadt geschenkt hatte, weil es sich sehr praktisch mit einer Hand öffnen ließ. Zum Glück war Liv geistesgegenwärtig und sportlich genug, um das Messer aus der Tasche zu angeln, während sie gleichzeitig die Leinen bedienen und sich aufrecht halten musste. Wie sich bald herausstellte, war dieser Zwischenfall symptomatisch für unser turbulentes Verhältnis zum Wind. In diesem Stil ging es während der ganzen Zeit weiter: Erst trug uns der Wind, dann griff er uns an, und im nächsten Moment ließ er uns ganz im Stich. Aber auf jeden Fall machte er uns von vornherein klar, dass wir seinen Launen hilflos ausgeliefert waren. Unser Erfolg hing ganz vom Wind ab.

Der 28. November, unser 15. Tag, ist mir besonders schlimm in Erinnerung. Die Temperatur betrug -34°C, aber die Sicht war gut und der Wind leicht – ausgezeichnete Segelbedingungen. Wir fuhren zunächst die 15-Quadratmeter-Segel aus, aber kaum waren wir zwei Minuten unterwegs, da verwandelte ein Windstoß Livs Segel in ein leinenumwickeltes Knäuel. Leinenknäuel. Wir hielten an, entwirrten das Ganze, fuhren wieder los, und drei Minuten später hatte sich mein Segel verheddert. Wir stiegen auf die kleinsten Sturmsegel um und fuhren erneut los. Alles war bestens, bis die Leine riss, mit der das Segel an mir befestigt war. Mit einem Ruck riss mir das Segel den Steuerbügel aus den Händen und meine Handschuhe nahm es auch gleich mit. Dann schoss es davon und schaukelte in die weiße Leere hinein. Ich schirrte mich schnell von meinem Schlitten ab und raste auf Skiern hinter dem geblähten Segel her. Panik ergriff mich. Ich konnte es mir nicht leisten, das Segel zu verlieren. Schließlich schnallte ich die Skier ab und rannte so weiter. Das Segel verfing sich auf einer Sastruga, aber als ich es fast erreicht hatte, flog es wieder weiter. Ich warf einen Blick zurück, um meinen Schlitten nicht aus den Augen zu verlieren. Endlich hatte das Segel so viel Schnee vom Boden aufgenommen, dass es in sich zusammensackte. Ich warf mich darauf und drückte es fest an die Brust, als ich wieder hochkam. Liv, die etwa 30 Meter weiter vorn war, drehte sich um und sah, wie ich mit dem Segel im Arm zu meinem Schlitten ging. Sie hatte keine Ahnung, was passiert war. Ich musste mich rückwärts zu meinem Schlitten durchkämpfen, so stark war der Wind.

Nachdem wir uns neu sortiert und die Segel gewechselt hatten, ging es eine Viertelstunde aufrecht dahin – ein herrliches Gefühl –, und dann zerbrach Livs Zugstange. Sie holte das Segel ein und untersuchte den Schaden. Die Titanstangen, die an beiden Seiten des Schlittens befestigt waren und ihn in der Spur hielten, waren verdreht und verbogen. Der Schaden war irreparabel, und Liv musste von da an ohne Zugstange auskommen. Das bedeutete, dass ihr Schlitten nicht mehr auf beiden Seiten fixiert war und ihr in einem bestimmten Abstand in gerader Linie folgen musste, sondern an einer Schnur hinter ihr her schlingerte und zur Seite rutschte oder seitwärts ausbrach, wenn sie auf eine Sastruga traf. Wir hielten erst einmal an, um eine Weile zu rasten. Wir waren seit Stunden auf dem Eis, aber nur 15 Minuten in vollem Tempo gesegelt. In dieser Zeit hatten wir fast acht Kilometer zurückgelegt, eine beachtliche Strecke, aber insgesamt kein großer Fortschritt an diesem Tag.

Wir hatten beide damit gerechnet, dass wir stundenlang in diesem Tempo segeln würden, und dann wären wir nach über zwei Wochen dem Südpol ein gutes Stück näher gewesen. Stattdessen hatten wir erst 42 Kilometer ins Landesinnere geschafft, und bis zum Südpol lagen noch 1170 Kilometer vor uns. Einige der 42 Kilometer, die wir hinter uns gebracht hatten, führten wegen der Windrichtung auch noch leicht vom Kurs ab. Wir konnten uns von einem halben Wind tragen lassen und die Kursabweichung bis zu einem gewissen Grad kompensieren, trieben aber trotzdem ein paar Kilometer ab. Abends im Zelt war ich völlig niedergeschmettert. Als wir gegessen und unsere Tagebuchnotizen gemacht hatten, lag ich auf dem Rücken im Schlafsack und starrte zum Zeltdach hinauf, an dem wir unsere täglichen Fortschritte mit Leuchtstift anschrieben. Als ich unser heutiges Ergebnis zu der kläglichen Gesamtstrecke addierte, befielen mich die ersten Zweifel. Ich behielt meine Ängste für mich, aber natürlich konnte auch Liv das Schreckgespenst des Scheiterns an den Zahlen über unserem Kopf ablesen. Der Zweifel wurde unser ständiger Begleiter, ein ungebetener Dritter im Zelt. Es war müßig, ihn zur Kenntnis zu nehmen, obwohl er uns schlimmer demoralisierte als die Kälte oder das Eis. Die Elemente zermürbten uns körperlich, aber der Zweifel untergrub unsere mentale und psychische Widerstandskraft. Ich seufzte und sagte mir, dass wir noch einen langen Weg vor uns hatten. Doch im Augenblick blieb mir nichts anderes übrig, als zu schlafen und am nächsten Tag erneut mein Bestes zu geben.

~ ~ ~

Wenige Tage nach dem Zwischenfall mit dem Notfunkgerät erreichten Ann und Liv das Polarplateau. Sie waren in 16 Tagen 167 Kilometer weit in den Kontinent vorgedrungen, ein Durchschnitt von elf Kilometern pro Tag – weit weniger, als sie täglich zurücklegen mussten, um rechtzeitig ans Ziel zu kommen. Die Temperaturen lagen bei -35°C. Die Haut im Gesicht der beiden Frauen war bereits geschwollen und brannte vom Wind und der ständigen Sonne. Sie trugen reichlich Sonnen- und Feuchtigkeitscreme auf, aber ihre Haut bräunte und schälte sich weiter, so dass die empfindliche rosa Haut, die darunter zum Vorschein kam, schutzlos den Elementen preisgegeben war. Ihre Gesichter waren geschwollen und runzlig und schienen um Jahre gealtert. Auf dem Plateau frischte der Wind auf und das Gelände wurde ebener, so dass sie über längere Strecken segeln konnten. Sie behielten ihre Segel drei bis fünf Stunden täglich oben und schafften 27 Kilometer pro Tag, manchmal sogar bis zu 56 Kilometer. Nach dem Abendessen mussten sie oft stundenlang die Risse in den Segeln nähen oder den Leinensalat entwirren. Sie hatten sich immer noch nicht richtig mit dem antarktischen Wind und den diversen Segeln angefreundet. Ann, die schwächere Skiläuferin, war nicht so zuversichtlich wie Liv. In Antarktika war das Segeln viel schwieriger als in Norwegen und Kanada, wo sie trainiert hatten. Dort waren sie nie in dem Tempo gesegelt, das sie auf dem Eis erreichten, und das Gelände hier war auch viel zerklüfteter. Aber am meisten machte ihnen der unstete Wind zu schaffen. Wilde, heftige Böen tobten unvermittelt bei leichtem Wind los. Sie mussten daher ein Segel nehmen, das auf die vorherrschenden Winde zugeschnitten war, und dann die Schwankungen mit dem Körper ausgleichen. Außerdem experimentierten sie immer noch mit den Leinen und suchten nach der effizientesten, bequemsten und sichersten Art, die Kill-Leinen zu befestigen, die das Segel blitzschnell herunterholen, wenn man stürzt oder anhalten will.

Am 30. November segelten Ann und Liv bei starkem, böigem Wind. Sie hatten einmal kurz angehalten, um die Leinen zu entwirren. Ann wusste, dass die Leine, die den Flap – die Segelerweiterung – an ihrem Segel bewegte, nicht richtig fixiert war, und wollte das bei der nächsten Rast richten. Die Leine muss durch eine Rolle laufen, so dass sich die Geschwindigkeit leicht regulieren lässt. Wenn man die Leine fest anzieht, strafft sich das Segel im Wind, und das Tempo erhöht sich. Lässt man die Leine locker, erschlafft der Flap, so dass man langsamer wird oder anhalten kann. Aber Anns Leine war zweimal um den Steuerbügel gewickelt, ehe sie durch die Rolle lief, so dass das Segel fest auf volles Tempo gestellt war. Während Ann an den verhedderten Leinen hantierte, riss eine Windbö das Segel hoch und zog sie vorwärts. Sie packte die Leine des Flaps, um ihn herauszulassen, musste der Leine aber erst genug Spiel geben, um sie vom Steuerbügel abzuwickeln. Mit einem Ruck packte sie die Leine und im selben Moment fuhr eine zweite Bö in das Segel. Der Windstoß war so heftig, dass er Anns Arm nach außen schleuderte und ein Muskel in ihrer Schulter riss. Ann stürzte zu Boden. Liv, die ein paar Meter weiter vorn war, hatte den Grund für den Sturz nicht mitbekommen. Sie drehte sich um, wartete und fragte sich, warum Ann so lange brauchte, um wieder auf die Beine zu kommen.

Ich lag eine gute halbe Minute am Boden, ohne mich zu rühren. Der Schmerz in meiner rechten Schulter war entsetzlich; es war, als hätte man mir einen rot glühenden Schürhaken in den Körper gestoßen. Ich biss die Zähne zusammen, wälzte mich vorsichtig auf die rechte Seite und versuchte mich aufzurichten, indem ich mich nur mit der linken Hand aufstützte. Es vergingen qualvolle Minuten, bis ich mich vom Boden aufgerappelt hatte. Sobald ich wieder stand, biss ich die Zähne zusammen und versuchte, den Schmerz herunterzuspielen, der in meiner Schulter tobte. Ist ja nur eine Zerrung, beruhigte ich mich. Ich winkte Liv zu, die weiter vorn wartete. Dann hakte ich den Steuerbügel am rechten Ellbogen ein und zog das Segel hoch. Und schon ging es wieder dahin.

Nach diesem Unfall durchzuckte mich bei jedem Buckel und jeder Sastruga der Schmerz. Es fühlte sich an, als hätte mir das Segel den Arm halb aus dem Gelenk gerissen. Ich kämpfte eine Stunde lang weiter, so tief auf den Skiern hockend, dass ich den Steuerbügel praktisch im Mund hatte. Wir hielten an, um zu rasten und heiße Energiedrinks zu trinken. Ich sagte Liv, dass ich mir vermutlich etwas gezerrt hätte, ließ mir meine Schmerzen aber nicht anmerken. Ich konnte noch immer nicht beurteilen, wie schwer die Verletzung war, und wollte mir nicht unnötig Angst einjagen oder voreilige Schlüsse ziehen. Nach der Pause koppelten wir uns aneinander, weil ich so mitgenommen von dem Sturz war: Ich setzte mich rittlings auf Livs Schlitten und zog meinen an der Zugstange hinterher. Nach einer guten halben Stunde hielten wir an. Der Wind hatte sich gedreht und drängte uns westwärts vom Kurs ab. Wir überlegten kurz, ob es sinnvoll wäre, noch eine Stunde weiterzumachen, schlugen dann aber unser Lager auf. Wenn wir uns einen halben Tag Ruhe gönnten, kämen wir am nächsten Tag schneller voran, vorausgesetzt natürlich, dass wir besseres Segelwetter bekamen.

Liv und ich redeten nie viel beim Zeltaufbauen, aber an diesem Nachmittag verschloss mir die Enttäuschung den Mund. Ich hatte Liv hängen lassen, und es war schrecklich für mich, dass ich mich von ihr ziehen lassen musste. Außerdem war das sowieso keine Lösung. Denn Liv hatte sich bei dieser Aktion das Knie gezerrt, und der dumpfe Schmerz, den die Verletzung ihr verursachte, begleitete sie auf der ganzen Tour. Ich hatte immer noch keine Ahnung, wie schwer mein Arm verletzt war. Vielleicht vergingen die Schmerzen, wenn ich eine Nacht lang gut geschlafen hatte, und es blieb nur eine gewisse Steifheit in der Schulter zurück. Ich hatte mich noch nie ernsthaft auf einer Expedition verletzt und war immer sehr stolz darauf gewesen. Bei der Nordpol-Expedition mit Will Steger vor vielen Jahren war es mir insgeheim eine Genugtuung, wie schockiert die Medien reagierten, als sich herausstellte, dass der Pechvogel, der wegen einer Verletzung evakuiert werden musste, ein Mann war und nicht die einzige Frau, von der man es doch viel eher erwartet hätte.

Ich dachte an meine Tour zum Südpol 1993 zurück. Sunniva, eine der Frauen in meinem Team, hatte sich gleich am Anfang den Knöchel schwer verletzt. Als wir uns dem Pol näherten, war sie in einer schlimmen Verfassung. Sie kämpfte seit Tagen mit einer Bronchitis und hohem Fieber. Ich war total frustriert, weil ich so wenig für sie tun konnte, ohne meine eigene Gesundheit aufs Spiel zu setzen. Ich musste hilflos zusehen, wie sie gegen den Schmerz ankämpfte. Sie legte sich mit aller Kraft ins Zeug, bremste sich aber gleichzeitig, um nicht irgendwann ganz aufgeben zu müssen. Sie war unglaublich tapfer, aber ich konnte damals nicht wirklich nachvollziehen, wie groß ihre Schuldgefühle waren, wie sehr sie unter dem Druck stand, uns zuliebe durchzuhalten und ans Ziel zu kommen. Als ich jetzt meine Schulter massierte und zwei Schmerztabletten mit einem Schluck Wasser hinunterspülte, erlebte ich diese Gefühle zum ersten Mal in voller Wucht am eigenen Leib. Auf der restlichen Strecke hatte ich doppelt zu kämpfen: mit den allgemeinen Strapazen und mit den Problemen, die meine Verletzung mit sich brachte. Es war eine enorme zusätzliche Last, die ungeheuer viel Energie verschlang. Und dabei waren wir erst am Anfang unserer Unternehmung.

In der Nacht plagte mich die Angst vor dem Scheitern, was an sich schon schlimm genug war, aber der Gedanke, dass ich Liv da mit hineinziehen würde, war mir fast unerträglich. Ich holte das Gedichtbändchen hervor, das Pam für mich gemacht hatte. Schon bei der ersten Zeile, die sie für mich geschrieben hatte, schossen mir die Tränen in die Augen. Verstohlen schnäuzte ich meine wunde, zerschundene Nase. Dann wälzte ich mich auf die andere Seite, damit Liv nicht merkte, dass ich weinte.

Liv

Ich wusste, dass Ann schwer verletzt war. Ich hatte ihren Sturz nicht gesehen, aber ihre Körperhaltung sprach für sich: Sie hatte wahnsinnige Schmerzen. Es liegt in der Natur solcher Unternehmungen, dass einem ständig etwas wehtut, dass man den Tribut zu bezahlen hat, den die vielen Kilometer dem Körper abverlangen. Aber das hier ging weit über die typischen Beschwerden hinaus, die man in einer solchen Situation als unausweichlich hinnimmt. Ann war expeditionserfahren. Ich verließ mich darauf, dass sie es sagen würde, wenn sie eine Ruhepause brauchte. Das Problem war nur, dass sie sich wahrscheinlich nicht eingestehen wollte, wie schwer ihre Verletzung war. Wir kamen an dem Tag noch ein Stück weiter, insgesamt 26 Kilometer. Ich machte mir Sorgen um Ann, aber ich wusste nicht, wie ich sie darauf ansprechen sollte.

In den nächsten zwei Tagen kamen wir schnell voran und legten über 106 Kilometer zurück. Aber wir hielten alle halbe Stunde an, um Anns Schulter zu schonen. Ich hatte Mühe, in diesen Pausen warm zu bleiben. Ich hielt es für besser, wenn ich uns beide zog, sofern der Wind stark genug war. Auf diese Weise würden wir nicht so viel Zeit verlieren. Meine Kondition war immer noch gut, und obwohl wir nicht ganz so schnell vorankämen, wenn ich für uns beide segelte, war es mir zehnmal lieber, als häufig Pausen zu machen oder ganz anzuhalten. Ich musste dringend mit Ann über ihre Verletzung sprechen, wusste aber nicht, wie. Und einstweilen konnte ich nichts anderes tun, als meine Hilfe anzubieten, um ihr wenigstens zu zeigen, dass ich ihre Schmerzen wahrnahm. Als sie sich in der Nachmittagspause mühsam von ihrem Schlitten losschirrte, ging ich mit einer Thermosflasche zu ihr hin. Ohne zu fragen, half ich ihr aus dem Gurtzeug. Ann ging hoch wie eine Rakete. »Lass das gefälligst!«, fauchte sie mich an. »Ich bin keine hilflose Touristin. Ich komme sehr gut allein zurecht.« So war Ann noch nie mit mir umgesprungen, und ich hatte sie überhaupt noch nie in Rage erlebt, egal, wem gegenüber. Sie war wütend und sauer, obwohl ich wusste, dass sie schlimme Schmerzen haben musste, sonst hätte sie nicht so reagiert. Ich stellte die Thermosflasche ab und ging zu meinem Schlitten zurück; ich zählte die Schritte, um meine Wut zu bezähmen.

Ich weiß, wie schwer es ist, sich selbst einzugestehen, dass man verletzt ist. Ich habe meine Sturheit einmal fast mit dem Leben bezahlt, als ich 1986 mit einem internationalen Bergsteigerteam an einer aufreibenden Mount-Everest-Expedition teilnahm. Wir waren zu zehnt und kamen gut vorwärts. Der Gipfel war nur noch zwei Lager weit entfernt, aber ich war todkrank. Ich hatte eine Bronchitis und hustete bereits Blut. Das einzig Vernünftige wäre gewesen, so schnell wie möglich wieder abzusteigen, aber ich weigerte mich. Ich wollte die Mannschaft nicht im Stich lassen. Und ich konnte mich nicht mit dem Gedanken abfinden, dass all die ganzen Strapazen umsonst gewesen sein sollten. Als ich mich einen Augenblick hinsetzte, um zu rasten, gestand ich mir immer noch nicht ein, wie schlecht es mir ging. Ich dachte, ich hätte nur ein paar Minuten so dagesessen, aber in Wirklichkeit waren es eher 20. Auf einmal wurde ich von einem schauerlichen Anblick wachgerüttelt: Hoch über mir kreisten Geier am Himmel – Aasvögel, die auf einen Kadaver lauerten. Wenn diese Geier mich schon als künftige Mahlzeit betrachteten, musste ich dem Tod sehr nah sein. Ich rappelte mich auf und stieg zur nächsten Station ab, wo ich ein, zwei Tage ausruhte. Dann versuchte ich es noch einmal, aber ungefähr 1900 Meter vom Gipfel entfernt ereilte mich die Höhenkrankheit, und zwar so schlimm, dass ich doppelt sah. Ich hatte ein Gehirnödem – ein lebensgefährlicher Zustand, der durch große Höhen verursacht wird. Schwellungen im Gehirn und Halluzinationen sind die Folge. Am Ende stieg ich wieder ins Basiscamp ab. Mein Team erreichte wenig später den Gipfel, und ich war nicht dabei. Es ist schwer, eine Niederlage zu akzeptieren, aber es gibt so viele Dinge im Leben, die wichtiger sind als Siege. Ann träumte seit Jahren von der Antarktis-Durchquerung. Es hätte sie tief getroffen, wenn eine Verletzung oder andere Gründe sie zum Aufgeben gezwungen hätten.

Wir segelten noch eine Stunde weiter, so dass wir insgesamt vier Stunden auf den Skiern gestanden hatten, aber um halb drei mussten wir anhalten. Ann hatte so starke Schmerzen, dass sie nicht weiterkonnte. Schweigend bauten wir das Lager auf. Ich war mit dem Kochen an der Reihe und Ann saß mit Laptop und GPS in ihrem Schlafsack und wärmte die Geräte auf, damit wir unsere Position bestimmen konnten.

Ann schämte sich längst für ihren Wutausbruch, aber ich war noch zu aufgewühlt, um einzulenken. Ich hatte keine Lust, über den Vorfall zu reden, aber ich durfte auch nicht zulassen, dass die Spannung zwischen uns zunahm. Schließlich sagte ich: »Ann, ich weiß schon, dass du allein klarkommst, das habe ich auch nie bezweifelt. Ich wollte dir doch nur helfen, weil du Schmerzen hast.«

Ann entschuldigte sich sofort. Wahrscheinlich merkte sie, dass ich den Tränen nah war. Sie sagte, wir müssten eine Möglichkeit finden, über ihre Verletzung zu sprechen, und irgendwie damit zurecht kommen. Sie hatte sich von meinem Hilfsangebot überfahren gefühlt – das Gurtzeug sei überhaupt kein Problem für sie gewesen. Ich hörte mir das alles an und fragte mich, wie mir wohl zu Mute wäre, wenn mir jemand ungefragt seine Hilfe aufdrängen würde. So saßen wir eine Weile da und schwiegen betreten. Dann sagte Ann plötzlich mit todernster Miene: »Ich wollte uns doch nur ein bisschen bremsen, damit Stannie uns einholt und ich ihm seinen Traktorsitz klauen kann.« Wir lachten, bis unsere geschwollene, zerschundene Gesichtshaut Risse bekam.

Es war nicht das letzte Mal, dass wir über Anns Verletzung sprachen, aber es blieb ein heikles Thema, das wir möglichst umgingen. Ich machte mir Sorgen, dass Ann aus lauter Angst, die Schwächere zu sein, uns zu unvernünftigen Kraftakten antreiben würde. Sie wollte auf keinen Fall als Erste aufgeben, auch wenn wir schon stundenlang gezogen hatten. Das ging so weit, dass ich manchmal Müdigkeit vorschützte, um die Tage, an denen wir ziehen mussten, abzukürzen. Ich wollte, dass wir ausgeruht waren und richtig Strecke machen konnten, wenn wieder Wind kam. Aber dann ärgerte ich mich, dass ich jetzt als die Schwächere dastand, zumal meine Rücksicht auf Anns Ängste als mangelnde Ausdauer beim Ziehen interpretiert wurde. Ich glaube, manchmal haben wir uns so gründlich missverstanden, als wären wir auf zwei verschiedenen Expeditionen gewesen. Trotzdem glaube ich, dass wir nach diesem ersten Gespräch besser mit ihrer Verletzung umgehen konnten. Selbst bei verwandten Seelen gibt es manchmal Meinungsverschiedenheiten.

Am Abend rief ich Carolee Lindsey von *yourexpedition* an und bat sie, meinen Arzt zu fragen, was ich aus unserem Verbandskasten an Medikamenten nehmen sollte und in welcher Dosierung, um den Schmerz zu stillen, ohne von den Tabletten müde zu werden. Ich beschwor Carolee, den Mund zu halten und Charlie und den anderen nichts davon zu sagen. Ich wollte nicht, dass sie sich Sorgen machten, denn helfen konnten sie mir sowieso nicht. Aber mir selbst gestand ich endlich ein, dass ich ernsthaft verletzt war. Es war ein Muskelriss, keine Zerrung, und ich konnte meine Schulter nicht so lange ruhig halten, dass er heilen würde. Ich konnte nur hoffen, dass wir die nächsten paar Tage ziehen mussten und mir das Segeln erspart blieb. Ansonsten blieb mir nichts anderes übrig, als das Tempo zu drosseln, Schmerzmittel zu nehmen und zu hoffen, dass es nicht schlimmer wurde. Ich schämte mich, dass ich Liv angeschrien hatte. Aber ich wollte kein Mitleid von ihr. Wir würden es nur schaffen, wenn Liv einsah, dass meine Verletzung nicht nur mein Problem war, sondern auch ihres, für das sie genauso verantwortlich war – so wie ich damals bei Sunniva. Andererseits hielt ich es für unsinnig, dass sie ihr Knie womöglich noch mehr verletzte, indem sie uns beide zog. Ich war überzeugt, dass ich die Sache durchziehen konnte, und das hatte ich auch vor. Ich wollte Liv nicht hängen lassen, das wäre das Allerschlimmste für mich gewesen. Abends schrieb ich in mein Tagebuch, dass mich die Angst, ich könnte Liv einen Strich durch die Rechnung machen, auf der ganzen restlichen Tour verfolgen würde.

Heute weiß ich, dass meine Verletzung in vieler Hinsicht einen Wendepunkt darstellte. Von da an herrschte eine Spannung zwischen mir und Liv, die vorher nicht da gewesen war. Ich kämpfte verbissen, um mit den Schmerzen und der Verletzung zurechtzukommen, ohne dass sie uns am Vorwärtskommen hinderten. Liv ihrerseits hatte eine Engelsgeduld mit mir. Und trotzdem stritten wir ein paar Mal: Liv wollte mir etwas Gutes tun, indem sie zum Beispiel meinen Küchendienst übernahm oder mir mit den Segelleinen half. Und ich konnte ihr nicht klar machen, dass ich diese Art von Hilfe nicht brauchte. Es entstand nicht gerade eine unüberwindliche Kluft zwischen uns, aber die Verletzung wurde zu einer Quelle ständigen unterschwelligen Grolls. Wir waren beide stur, und je mehr Liv mir ihre Hilfe aufdrängte, eine Hilfe, die ich gar nicht wollte, desto heftiger sträubte ich mich dagegen. Es ist ein Beweis für unsere Freundschaft und Entschlossenheit, dass wir uns trotz allem nie ernsthaft zerstritten und womöglich alles aufs Spiel setzten. Wir gaben beide unser Bestes, um so gut wie möglich vorwärts zu kommen, ohne uns gegenseitig in den Wahnsinn zu treiben. Aber wenn ich heute zurückblicke, kann ich es kaum fassen, wie sehr unsere Sicht der Dinge in dieser Situation auseinander klaffte, und manchmal wünsche ich mir, wir hätten den Mut aufgebracht, offener darüber zu reden.

7 Segelnd zum Pol

LIV

Nach dem Gespräch über Anns Verletzung hatten wir drei Tage lang guten Wind. Wir legten über 188 Kilometer zurück und segelten bis zu sechs Stunden täglich. Wir waren froh, dass wir endlich Strecke machten, und wenn wir abends unsere Position am Zeltdach markierten, stellten wir mit Genugtuung fest, dass wir die verlorene Zeit einholten. Aber der Kräfteverschleiß und die Strapazen beim Segeln waren entsetzlich, besonders für Ann mit ihrer verletzten Schulter. Wann man in mäßigem Tempo segelt, geht es auf die Arme; schnelleres Segeln strapaziert die Knie. Wir machten alle halbe Stunde fünf Minuten Pause, damit Ann sich die Füße vertreten, ihre Schulter entlasten und die Knie durchstrecken konnte. Abends konnte sie ihren Arm kaum mehr bewegen, und wenn ihre Skispitzen hängen blieben und sie stürzte, rappelte sie sich nur schwer wieder auf. »Wie ein Fisch auf dem Trockenen«, spottete sie immer, wenn sie sich herumwarf und auf dem gesunden Arm hochstemmte.

Der Blick in dieser Region war atemberaubend. Eines Tages schwamm der Horizont in einem dunstigen Hellblau, das mehr und mehr in leuchtendes Türkis überging. Über uns erstrahlte der Himmel im selben tiefen Königsblau wie unsere Segel. Das Eis war glatt, und ich konnte die meiste Zeit hinaufschauen und diesen Anblick genießen, ohne befürchten zu müssen, über eine Sastruga zu fallen.

Ich war immer noch gut in Form. Mein Knie machte mir weiter zu schaffen, aber mit der elastischen Kniebandage, die ich mitgenommen hatte, war es erträglich. Nachmittags flaute der Wind so weit ab, dass sich das Segeln nicht mehr lohnte. Wir brauchten Windgeschwindigkeiten von mindestens fünf Metern pro Sekunde, damit die Segel uns richtig zogen. Bei weniger starkem Wind konnten wir immerhin noch im Gehen segeln, ohne die Skier. Das Segel hatte dann noch genug Zugkraft, um uns etwas von der Schlittenlast abzunehmen, was auf jeden Fall besser war als Ziehen.

Das Schönste an den Segeltagen war für mich, dass ich singen konnte, so laut ich wollte, ohne dass Ann mich hörte. Es war wie unter der Dusche, nur dass meine Dusche hier so groß war wie der ganze weite Kontinent. Besonders ein Lied ging mir in dieser Zeit nicht aus dem Kopf – ein Loblied auf die günstigen Winde, die unsere Segel füllten: »*Vem kan segla forutan vind*« – »Wer kann segeln ohne Wind?« Zu Hause traue ich mich nicht zu singen, und meine Freunde und Verwandten hören mich fast nur pfeifen. Ich pfeife, wo ich gehe und stehe, oft auch, ohne dass es mir bewusst ist. Als ich eines Morgens »Frühstücksdienst« hatte, stand ich auf und ging zu meinem Schlitten hinaus, um etwas zu holen. Ich kramte in den Proviantsäcken und pfiff vor mich hin, ohne mir etwas dabei zu denken. Als ich ins Zelt zurückkroch, tönte eine dumpfe Stimme aus Anns Schlafsack: »Nix für ungut, Liv, aber die Zeltwände sind verdammt dünn.« Wir hatten wohl beide unsere Marotten, mit denen wir uns gegenseitig auf die Nerven gingen. Pfeifen war schon immer meine Leidenschaft. Einmal erwischte meine Großmutter mich dabei und schimpfte, das sei nicht ladylike und ich bekäme nie einen Mann, wenn ich so weitermachte. Natürlich pfiff ich daraufhin erst recht und aus reinem Trotz.

Auf die guten Segeltage folgte eine lange, zermürbende Windstille. Wir nutzten den ersten Tag, um unsere Schlitten und unsere Ausrüstung zu reparieren. Wir hatten unterschätzt, wie sehr das Segeln das Material strapazierte. Eine Thermosflasche – aus rostfreiem Edelstahl – zerplatzte unten in meinem Schlitten; die auslaufende Flüssigkeit erstarrte sofort zu Eis. Wir brauchten Stunden, um die Risse in den Segeln zu flicken. Unser gesamtes Garn ging uns in dieser Woche aus, so dass wir von da an Zahnseide zum Nähen verwenden mussten.

Für Ann war das Segeln eine enorme körperliche Strapaze, während mir das Ziehen auf die Nerven ging. Ich sah nicht ein, dass wir unsere Kräfte mit tagelangem Ziehen vergeuden sollten, aber Ann zog jeden Tag bis zum Umfallen. Ich fand das idiotisch – auf einer Weltumsegelung holt man auch nicht die Ruder hervor, sobald der Wind sich legt. Für die paar Kilometer, die wir auf diese Weise schafften, lohnte sich der ganze Energieaufwand nicht. Ich hielt es für besser, die Kräfte zu schonen und zu rasten, solange der Wind uns im Stich ließ, damit wir fit und ausgeruht waren, wenn er wieder auflebte.

Am 8. Dezember hatte ich einen sehr schlechten Tag. Wir erwachten bei bitterer Kälte, -35°C und kamen jetzt zudem in große Höhen. Es begann schon damit, dass ich zu schnell lief. Ich hatte Schmerzen in der Brust und schlimmes Kopfweh. Mein Schlitten erschien mir bleischwer. Einars Botschaft an diesem Morgen lautete: »Pass auf dich auf, ich liebe dich.« Es war tröstlich, dass seine Worte mich begleiteten, während ich mich durch den Tag quälte.

Die Windstille schlug uns beiden aufs Gemüt. Wir rechneten jetzt öfter nach: In gut einem Monat mussten wir den Südpol erreichen, um den zweiten Teil der Strecke vor dem Wintereinbruch zu schaffen. Wir waren jetzt 29 Tage auf dem Eis und hatten 1479 Kilometer zurückgelegt, durchschnittlich 32 Kilometer pro Tag. Das Ärgerliche war, dass wir an guten Segeltagen fast doppelt so viel geschafft hatten, nur gab es leider nie genügend Windtage am Stück. Man kann sich denken, wie nervös uns der unbeständige Wind machte, wenn wir den ganzen Tag ziehen mussten und nur wenige Kilometer schafften. An solchen Tagen hatte ich Mühe, mich auf das Eis

Das Training für die Expedition war recht vielfältig. Zum Beispiel zogen wir Autoreifen, um ein Gespür für den 115 Kilo schweren Schlitten zu bekommen.

Vor dem Abflug aus Südafrika in Richtung Antarktis.

Wir sichern das Zelt im Sturm auf dem Sigyn-Gletscher.

Die Kälte kann einen manchmal zur Verzweiflung treiben. Liv wartet, dass das Blut in ihre schneeweißen Fingerspitzen zurückströmt.

Ann zieht ihren Schlitten den Sigyn-Gletscher hinauf und am Ulvetanna, dem »Wolfszahn« vorbei.

17. Januar 2001. Wir erreichen beide zum zweiten Mal im Leben den Südpol und posieren für ein Foto, das diesen historischen Augenblick dokumentiert.

Meistens ließ uns der Wind im Stich und wir mussten unsere Schlitten mühsam über so genannte Sastrugi ziehen, vom Wind geformte Eiskämme.

Livs übliches Outfit:
mit Schutzbrille und -maske,
im Darth-Vader-Look.

Wunschlos glücklich.

Ein typischer Abend im Zelt: Tagebuch schreiben, während die Wäsche trocknet.

Liv hält an, um den vereinbarten regelmäßigen Anruf bei CNN zu machen.

Mit gemischten Gefühlen überquert Ann eine der zahllosen Spalten auf unserem Weg.

Jeder Meter mühsam erkämpft: Wir umgehen die Swithinbank-Moräne.

Juhu! Liv hat in gut 150 Kilometer Entfernung die andere Küste und das Transantarktische Gebirge gesichtet.

Das Ende des Abenteuers: Die kleine ANI-Twinotter mit Kufen liest uns auf dem Ross-Eisschelf auf.

Glücklich wieder vereint: Einar und Liv (oben) und Pam und Ann (unten).

unter mir zu konzentrieren und nicht darüber nachzudenken, wann endlich wieder Wind kommen würde. Zufällig lautete Einars Botschaft an einem dieser Tage: »Hast du vielleicht Sehnsucht nach deinen Reifen?« Er hatte mich als lustiges Strichmännchen gezeichnet, das drei große Reifen hinter sich herzieht, um mich daran zu erinnern, wie langweilig ich diesen Teil des Trainings gefunden hatte. Ich hielt mir den ganzen Tag vor Augen, dass mir dieses Training jetzt beim Ziehen enorm zugute kam, und von da an ertrug ich das langsame Vorwärtskommen und die schwere Last mit mehr Gelassenheit. Ich stellte mir vor, wie geduldig das Eis um mich herum war. Es lag hier seit Tausenden von Jahren; sein Alter war an den glitzernden Blauschattierungen abzulesen. Dann dachte ich an die Geduld der kalten Luft um mich herum. Seit Jahrhunderten fegte diese Luft über das Eis und fräste prächtige Skulpturen in die Eisdecke des Kontinents. Bei jedem Schritt atmete ich die kalte Luft ein, sog sie tief in meine Lunge und stellte mir vor, wie mein Körper sich mit ihrer Kraft und Geduld füllte; dann ließ ich meine ganze hektische Wärme aus mir herausströmen. Ich wurde innerlich ruhig, und die Kilometer glitten vorüber. Ich schlief gut in dieser Nacht, unbehelligt von Träumen, in denen uns die Zeit davonlief.

Am nächsten Morgen, dem 9. Dezember, richtete ich gerade das Frühstück, als Ann verkündete, wir müssten jetzt alle Register ziehen, um den Wind zurückzurufen. Sie hatte sich den Talisman von ihrer Lehrerin, Pat McCart, um den Hals gehängt. Es war ein kleiner Lederbeutel mit Glücksbringern, und Ann zeigte mir seinen Inhalt: einen Stein von der Bahntrasse bei ihrem Haus in Scandia (ein kleines Stück Zuhause); eine Münze mit dem Porträt von Sacagawea, einer Indianerin, die die Entdecker Lewis und Clark geführt hatte; zwei Medaillons von Liz Barret, der Lehrerin, die wir in Kapstadt kennen gelernt hatten; zwei Reiskörner, vom Dalai-Lama gesegnet, die Anns Freundin Sue Giller auf dem Mount Everest dabeigehabt hatte; und schließlich ein Kieselstein von Robben Island, den sie vor unserem Aufbruch aufgelesen hatte und der ihr ein Stück von Nelson Mandelas Widerstandskraft geben sollte. Ann sagte, wir bräuchten diese Talismane, um den Wind zurückzurufen. Ich war genauso abergläubisch wie sie in solchen Dingen. Ann nennt diese Art von Magie oder Glückszauber »*hoogity-boogity*« – Hokuspokus. »Wir brauchen heute ein bisschen *hoogity-boogity*«, erklärte sie, als wir unseren Porridge aßen. Sie zog listig die Augenbrauen hoch und wackelte mit den Fingern, als wollte sie einen Zauber sprechen.

An diesem Morgen lauteten Einars Worte: »Familie = Liv & Einar, Jannicke, Linn Christine und Birgitte«. Ich dachte den ganzen Tag daran, wie es sich gefügt hatte, dass Einar und seine drei Töchter meine Familie wurden. Ich hatte ihn und seine erste Frau Anfang der 80er-Jahre in einem Osloer Skiclub kennen gelernt, in dem mein damaliger Freund und ich trainierten. Einars Frau starb 1985 ganz unerwartet an Herzversagen infolge von Asthma und ließ Einar mit seinen drei Töchtern Jannicke (14), Linn Christine (11) und Birgitte (6) zurück. Einige Zeit später trennte ich mich aus verschiedenen Gründen von meinem Freund – unter anderem wegen meines Traums, Grönland zu durchqueren. Es kam ganz plötzlich: Eines Morgens wurde mir klar, dass unsere Wege sich trennen mussten. Ich hatte in der Zeitung gelesen, dass ein 58-jähriger Skiläufer Grönland durchquert hatte, und mein erster Gedanke war, dass ich das auch konnte. Dann sprach ich es aus. Mein Freund verdrehte nur die Augen und ich wusste, dass ich noch ganz andere Dinge als die Trennung von einem Partner in Kauf nehmen würde, wenn mir dieses Ziel wichtig genug war. Nach der Trennung nahm ich an einer dreimonatigen Treckingtour an den Ausläufern des Himalaja durch Tibet und Nepal teil.

Irgendwann in dieser Zeit stellte ich fest, dass alle meine Freunde verheiratet waren. Meine Beziehungen hingegen dauerten ein Jahr, manchmal auch drei. Und allmählich fragte ich mich, ob mit mir vielleicht etwas nicht stimmte. Meine Mutter machte sich Sorgen. Sie war überzeugt, dass ich einen Mann und eine Familie brauchte, um glücklich zu sein. Ich erklärte ihr immer wieder: »Das ist nicht mein Leben. Ich bin doch glücklich.« Als ich von meinen Reisen zurückkam, tauchte Einar auf der Bildfläche auf und machte mir den Hof. Nach drei Monaten zog ich zu ihm und den Mädchen, und ein paar Jahre später heirateten wir. Damals war ich 37.

Heute weiß ich, dass es richtig war, zu warten und auf mein Herz zu hören. Alle sagen, ich sei zu beneiden, dass ich Einar habe, und das stimmt auch. Aber ich habe sehr früh in meinem Leben, als ich noch jung war und weniger Selbstvertrauen hatte, ein paar harte Entscheidungen getroffen. Ich flüchtete aus Beziehungen, die mir viel bedeuteten, mich aber andererseits auch einengten. Ich fand einfach keinen Mann, der mich mit all meinen Zukunftsplänen akzeptierte, anstatt die künftige Nestbauerin in mir zu sehen. Natürlich hätte ich gern irgendwann Kinder gehabt, aber ich hatte Bedenken, wie das gehen sollte, weil ich so rastlos war. Ich brauchte einen Partner, der die häuslichen Pflichten mit mir teilte, denn ich war nicht bereit, meine berufliche Laufbahn und meinen Sport aufzugeben. Ich hatte mich schon mehr oder weniger damit abgefunden, Single zu bleiben, als ich Einar kennen lernte. Er war der Partner, der alles mit mir teilte, und brachte dazu noch drei wunderbare Töchter in die Ehe mit.

Einars Töchter waren zunächst fassungslos, als ich bei ihnen einzog und erklärte, dass ich nicht kochen könne. Natürlich war ich in der Lage, etwas Essbares auf den Tisch zu bringen, aber ich hatte keinen Spaß daran und fand, dass die Mädchen sich selbst versorgen sollten. Wir lebten schon ein volles Jahr zusammen, als ich zum ersten Mal ein Essen für die Familie kochte, und dann wurde ein Riesentrara darum gemacht. Wie Weihnachten und Ostern und sämtliche Feiertage auf einmal. Ich grinste vor mich hin, als ich an dieses berühmte erste Essen dachte, während ich über das Eis der Antarktis stapfte.

Ann

Ich war zutiefst frustriert, als Anfang Dezember der Wind ausblieb, aber insgeheim war es auch eine Erleichterung für mich. Beim Ziehen schmerzten zumindest ganz andere Teile meines Körpers, so dass ich meine Schulter schonen konnte. Nach sechs bis zehn Stunden Ziehen am Tag taten meine Ellbogen weh, weil ich ständig die Skistöcke ins Eis rammen musste, um das Gelände zu sondieren. Meine Hüften litten unter der Last des Schlittens. Aber meiner Schulter ging es Gott sei Dank besser. Ich war mit dem Segeln bisher ganz gut zurechtgekommen, weil wir häufig Pausen machten und der Schmerz daher nicht so stark wurde, dass ich die Schulter überhaupt nicht mehr bewegen konnte. Ich vertraute darauf, dass ich bis ans Ende unserer Tour durchhalten würde.

Zum Glück stellte ich mich mittlerweile geschickter beim Segeln an. Liv und ich brachten die Leinen anders an und experimentierten mit den Lenkbügeln, um uns das Segeln zu erleichtern. Ich hatte allen meinen Segeln Namen gegeben. Jedes war anders, hatte einen eigenen Charakter, wie ich inzwischen festgestellt hatte. Ich wusste, wie sie auf Schwankungen der Windstärke oder Richtungsänderungen reagierten oder auf die Verlagerung meines Gewichts oder Griffs; es war fast so, als lernte man einen Menschen kennen.

Mein Sturmsegel, das kleinste der vier, benannte ich nach Pam, die genauso klein und zäh ist. Mein 15-Meter-Segel hieß Liz, nach meiner Cousine. Liz hatte vier Wochen vor meinem Start in Kapstadt erfahren, dass sie Brustkrebs hat. Ich dachte jeden Tag an sie. In der ersten Zeit kämpfte ich mit diesem Segel. Es war so wild und stark. Ich hatte das Gefühl, als könnte ich damit gegen diese ungeheuer starken Winde antreten. Es erinnerte mich an Liz und ihren Kampf gegen die Krankheit, und aus Solidarität mit ihr hielt ich immer noch ein bisschen länger durch. Das 15-Meter-Segel mit dem Flap hieß »Puddin' Pie« – das war mein Spitzname für meine geliebte kleine Nichte Morgan, die damals erst zwei war und schon genauso dickköpfig wie ich. Ich fand es faszinierend, wie klar sich bereits jetzt ihre Persönlichkeit abzeichnete. Morgan war unglaublich hart im Nehmen: Wenn sie hinfiel oder sich den Kopf anschlug, stand sie nur da und biss sich auf die Lippen, um nicht loszuheulen. Das 15-Meter-Segel mit dem Flap war genauso – es machte immer nur, was es wollte, auch wenn ich noch so sehr an ihm herumzog und -zerrte.

Das Dreieckssegel, ein so genanntes Nasa-Segel, das wie die Tragfläche eines Spaceshuttle aussieht, taufte ich Dorothy MacIntire, nach einer meiner treuesten Förderinnen. Ich hatte Dorothy nach meiner American Women's Expedition kennen gelernt. Sie war eine bekannte Persönlichkeit in Minnesota, wo sie eine wichtige Rolle bei der Durchsetzung eines Gesetzes zur Gleichstellung von Jungen und Mädchen im Unterricht gespielt hatte. Ich erzählte ihr von meinem Highschool-Feldzug, um ihr zu zeigen, dass wir für dieselbe Sache kämpften. Ich habe im Lauf der Jahre viel von ihr gelernt, von ihrer Hartnäckigkeit und Liebenswürdigkeit. Dorothy sieht aus wie eine Lehrerin aus den 50er-Jahren, sehr ladylike und höflich. Aber sie ist ungeheuer stark und zäh und hat ein geniales Talent, andere für ihre Zwecke einzuspannen – zum Beispiel brachte sie ein ganzes Heer von College-Sport-Präsidenten dazu, für das Gleichstellungsgesetz zu stimmen. Sie hatte die Wahl, sich mit diesen Kollegen anzulegen oder sie auf ihre Seite zu bringen, und entschied sich für Letzteres. Sie gab nie auf, brannte aber auch nicht alle Brücken hinter sich ab. Sie besaß eine ruhige Autorität und war auf den ersten Blick enttäuschend wenig beeindruckend. Wer sie nicht kannte, hätte sie nie für eine Powerfrau gehalten, die große Veränderungen in Gang brachte. Dasselbe galt für mein Nasa-Segel. Es gab Momente, in denen es einen sanft dahinzog und absolut harmlos war. Aber es hatte eine ungeheure verborgene Kraft, die von einer Sekunde zur anderen ausbrechen konnte.

Das Nasa-Segel ließ sich mit Abstand am schwersten manövrieren, aber bei leichtem Wind war es optimal. Die leiseste Brise fing sich in dem 32-Quadratmeter-Segel und zog uns vorwärts. Aber im Gegensatz zu den Rechtecksegeln, die sofort einfielen, wenn wir stürzten, bekam man das Nasa-Segel nur schwer herunter. Wenn wir es oben hatten, zeigte eine der langen Kanten nach vorn; die Leinen liefen zu den beiden anderen Kanten des Dreiecks, und die Spitze dazwischen zeigte nach hinten. An dieser Spitze brachten wir schließlich eine zusätzliche Kill-Leine an und schlangen sie um den Steuerbügel. Bei einem Sturz mit dem Nasa-Segel wurden wir erbarmungslos weitergeschleift – über Sastrugi oder was auch immer im Weg lag –, bis wir die Kill-Leine erwischten und das Segel einholen konnten.

Der 16. Dezember bildete den Auftakt für ein wahnwitziges Vier-Tage-Rennen, das »Rodeo«, wie wir es später nannten. Wir kamen in ein Gebiet, wo sich das Eis in alle Richtungen kilometerweit zu gut ein Meter hohen Sastrugi wellte. Der Wind war stark und zog uns mit 11–16 Stundenkilometern vorwärts. Es war, als sauste man in vollem Tempo eine Buckelpiste hinunter. Wir blieben immer wieder mit den Skispitzen hängen und landeten der Länge nach auf dem Eis, so dass wir ständig neue Blutergüsse unter unseren Daunenschichten bekamen. Da Liv keine Zugstange mehr hatte, um ihren Schlitten zu stabilisieren, wurde er beim Segeln regelmäßig in der Luft herumgewirbelt und landete kopfüber auf seiner Ladung. Manchmal konnte Liv ihn bei der nächsten Sastruga wieder herumwerfen, aber oft musste sie anhalten, um ihn umzudrehen und die

Gurte festzuziehen. Ich stellte mir einen Videofilm von uns beiden vor, mit jaulender Banjomusik unterlegt, wie die verrückten Verfolgungsjagden in der TV-Serie *Dukes of Hazard*: *»Yee Haw! Look at 'em go!«* Meine Knie wurden kräftig geschunden, und Liv bekam auch ihr Fett ab. Aber ach, die Kilometer, die wir hinter uns brachten: 87, 105, 74, 103! Wenn ich abends die Resultate am Zeltdach sah, grinste ich selig in meine Suppe.

Nach dem ersten Rodeotag riefen wir im Basislager an und telefonierten mit Zoë Alderfer Ryan, der Leiterin unseres Unterrichtsprogramms. Sie hatte Neuigkeiten von den Lehrern und Schülern, die unsere Reise im Unterricht thematisierten. Eine Gruppe von Fünftklässlern in Quito, Ecuador, beteiligte sich an unserem Kilometer-Wettbewerb und hatte sich vorgenommen, uns zu schlagen. Ein paar Rentner in Palo Alto, Kalifornien, trafen sich mehrmals in der Woche bei McDonald's, um unsere Fortschritte mitzuverfolgen. Dann gaben sie den neuesten Stand an die Schulen in der Umgebung weiter, für die sie ehrenamtlich tätig waren. Schüler der John-F.-Kennedy-Highschool in der Bronx verglichen die Tagebuchnotizen, die Liv und ich an unsere Website schickten, mit den Tagebüchern historischer Persönlichkeiten wie zum Beispiel Leonardo da Vinci. Die Tagebücher bildeten zusammen mit dem »Lebe deine Träume«-Projekt eine Richtschnur für die Schüler, wie man sich Ziele steckt und sie erreicht, wie man Träume in die Tat umsetzt. Dieses internationale Echo auf unser Unternehmen war Balsam für meine armen Knie. Wenn das die Ergebnisse waren, die wir erzielten, würde ich das Rodeo noch monatelang durchhalten.

Am 18. Dezember erreichten wir den 80. Breitengrad, einen Meilenstein, den wir abends im Zelt mit einem Schluck Aquavit feierten. Unsere Begeisterung erhielt einen kleinen Dämpfer, als wir von Einar hörten, wie negativ die norwegische Presse auf unser langsames Vorwärtskommen reagierte. Später erfuhr Liv, dass das Unterrichtsprojekt in Norwegen gar nicht erst erwähnt wurde und das norwegische Erziehungsministerium es nicht für nötig hielt, die Schulen darüber zu informieren, dass unser Projekt ins Norwegische übersetzt worden war. Erst in unserer letzten Woche auf dem Eis wurde die norwegische Version auf einer Website veröffentlicht. Liv war verständlicherweise tief empört – zumal wir uns die Mühe gemacht hatten, eine ganze Reihe von Fachleuten hinzuzuziehen, die dafür sorgen sollten, dass das Projekt nicht »zu amerikanisch« für Norwegen war.

Unser erstes Interview mit Daryn Kagan von CNN am nächsten Tag munterte uns jedoch wieder auf. Ich hatte Daryn bei einem meiner Vorträge kennen gelernt. Sie war sehr daran interessiert, den Kontakt zu halten und eine Sendung mit uns zu machen, während wir noch auf dem Eis waren. Auch dieses Projekt wäre nicht möglich gewesen, wenn John uns nicht das Telefon beschafft hätte. CNN hat zwar keine besonders hohen Einschaltquoten, ist aber in allen Nachrichtenstudios der Welt vertreten, so dass auch diese über unsere Fortschritte informiert waren, selbst wenn sie nicht über uns berichteten – noch nicht. Aber natürlich hatte ich von all dem keine Ahnung, solange ich auf dem Eis war.

Wir nutzten den letzten Windtag voll aus, indem wir die Pausen auf ein absolutes Minimum reduzierten: pinkeln, Essen runterschlingen, weitersausen. Wir hatten die Nahrungsvorräte überprüft und festgestellt, dass wir mehr Proviant mit uns herumschleppten, als wir brauchten. Wir konsumierten je 4000 Kalorien am Tag, weniger als ursprünglich veranschlagt. Wir warfen einen Teil des Proviants weg, nur Hafermehl und Energiedrinkpulver. (Wir ließen keine Verpackungen liegen, nur das Essen selbst). Am Vorabend hatte Liv über das Satellitentelefon mit einer norwegischen Schule gesprochen, die wir im Rahmen einer Trainingstour in Mølladammen zusammen besucht hatten. Ich verstand kein Wort von dem

Gespräch, aber ich hörte die aufgeregten Stimmen der Kinder durchs Telefon piepsen. Liv unterhielt sich fröhlich mit ihnen und versprach ihnen, wie sie mir hinterher erzählte, nach ihrer Rückkehr noch einmal in die Schule zu kommen. Wir gingen an diesem Abend in bester Laune schlafen, in dem Gefühl, dass es jetzt richtig vorwärts ging. Leider hielt dieses Gefühl nicht lange vor.

LIV

Kurz vor Weihnachten flaute der Wind ab und hinterließ einen brüllenden Whiteout und zwei tief deprimierte Frauen. Jeden Morgen beim Aufwachen lauschten Ann und ich begierig auf den Wind. An Heiligabend segelten wir sieben Stunden im Gehen und legten etwas mehr als 26 Kilometer zurück. Am Abend feierten wir Weihnachten, um unsere Stimmung zu heben. Ich konnte es kaum erwarten, Ann das Geschenk zu überreichen, das ich für sie mitgenommen hatte. Ich hatte bei unserem Aufenthalt in Norwegen eine Maultrommel mit einem eigenen hölzernen Kästchen für sie machen lassen. Sie sieht aus wie zwei einander gegenüberstehende Fragezeichen aus Metall, zwischen denen sich eine Stahlzunge befindet. Der Mund fungiert als Klangkörper, und wenn man an der Stahlzunge zupft, kann man den Ton abwandeln, indem man die Mundstellung verändert. Für mich selbst hatte ich auch eine machen lassen. Ann war begeistert von meinem Geschenk, und wir blieben bis tief in die Nacht hinein auf und improvisierten Melodien, um das zu beschwören, was wir uns zu Weihnachten am meisten wünschten – mehr Wind.

ANN

Mein Weihnachtsgeschenk für Liv war ein totaler Flop. Ich dachte reumütig an meine Frauenexpedition, auf die ich lauter wohl überlegte, liebevoll ausgesuchte Minigeschenke mitgenommen hatte, die gut in meine Taschen passten und mit denen ich das Team aufmuntern konnte. Ich verkleidete mich als Nikolaus und überraschte die anderen mit meinen Gaben. Ich hatte eine lange rote Unterhose an und einen Bart im Gesicht, den ich mit einer Hand voll Schlafsackfüllung fabriziert hatte. Außer den Geschenken hatte ich ein paar besondere Zutaten für ein Weihnachtsessen mitgenommen: Trockeneier mit getrockneten roten und grünen Chilis. Sue Giller schenkte ich ein überzähliges Sockenpaar. Im Vorfeld hatte ich alle Partner der Frauen gebeten, einen Brief zu schreiben, den ich für diesen Anlass aufgehoben hatte. Eines meiner Geschenke war ein indianischer Traumfänger aus Wattestäbchen. Das Ganze war natürlich Unsinn, nur ein Gag, um das Team bei Laune zu halten.

Und ausgerechnet bei Liv hatte mich meine Kreativität völlig im Stich gelassen. Ich hatte eine Auswahl feiner handgemachter Pralinen in Kapstadt gekauft, was ich zu diesem Zeitpunkt für ein tolles Geschenk hielt. Leider hatte ich nicht bedacht, dass wir unterwegs im Eis Schokolade in rauen Mengen in uns hineinstopfen würden. Liv freute sich darüber, und die Schokolade schmeckte köstlich – nur war sie längst nichts so Besonderes, wie ich es mir beim Einkaufen ausgemalt hatte. Liv hatte mich mit ihrem Geschenk hoffnungslos ausgestochen. Die Maultrommel war fantastisch.

Am nächsten Tag meldeten wir uns bei unseren Partnern zu Hause und bei unserem Team in Minnesota. Liv und ich hatten allen *yourexpedition*-Mitarbeitern zu Weihnachten einen Norwegerpullover schicken lassen. Charlie kam einen Augenblick ans Telefon und drängte mich, mehr Videoaufnahmen zu machen. Er wollte unbedingt, dass wir ein paar brauchbare Szenen im Kasten hatten, die wir ihm vom Pol aus schicken konnten. Leider war es fast unmöglich, beim Segeln oder Ziehen zu filmen; wir brauchten unsere Hände für andere Dinge. Und die Zeit, die das Anhalten und Filmen kostete (ganz zu schweigen von dem Verlust an Körperwärme), ließ sich kaum rechtfertigen. Charlie frotzelte, ich solle nur ja nicht die »einäugige« Liv an die Kamera lassen, womit er auf ihren Alleingang zum Südpol anspielte. Einer ihrer Sponsoren hatte Liv eine Digitalkamera mitgegeben, die schwer zu bedienen war, und außerdem war ja auch niemand da, um Fotos von ihr zu machen. Liv richtete also die Kamera auf sich selbst und sagte ein paar Sätze über das Wetter und die Tour. Als sie wieder in Norwegen war und die Filme einschickte, riefen die Sponsoren entsetzt bei ihr an: Es war nicht ein einziges brauchbares Foto vom Zeltinneren dabei. Liv hatte es geschafft, auf allen Filmen den Bildausschnitt so zu wählen, dass man nur ein Auge von ihr sah und sonst nichts. Charlie fand die Geschichte köstlich und zog Liv ständig damit auf. Aber Liv zahlte es ihm gründlich heim, bevor wir nach Kapstadt aufbrachen (und ich fiel auch auf sie herein).

Während ich mit *yourexpedition* in den USA auf Sponsorensuche war, ließ Liv in Norwegen unsere Segel anfertigen. Sie arbeitete mit der Segelmacherin Eva Fischer zusammen, die als eine der wenigen ihrer Zunft und als einzige Frau auf Skisegel spezialisiert war und uns half, die Segel auf unsere Bedürfnisse zuzuschneiden. Eva kombinierte Segel von unterschiedlicher Form und Größe, die Liv und ich dann bei ihrer Hütte in den Bergen von Hallingdal testeten, um die handlichste Konstruktion zu finden. Kurz vor dem Aufbruch nach Kapstadt schickte Liv per E-Mail Digitalfotos von den endgültigen Segelvarianten an Charlie und mich. Ich schnappte buchstäblich nach Luft, als ich die Datei aufmachte. Auf meinem Monitor erschien ein Foto von einer strahlenden Liv, die ein königsblaues Segel in den ausgebreiteten Armen hielt. Quer auf dem Segel prangte in fetten Buchstaben der Slogan »Volvo for Liv« statt »Volvo for Life«. Charlie würde durchdrehen, so viel stand fest. Das Team hatte bereits die Koffer für den Flug nach Kapstadt gepackt, und wir hatten keine Zeit mehr, ein neues Segel anfertigen zu lassen. Ich ging zu Charlie hinüber und fragte ihn, ob er schon in seine Mailbox geschaut hätte. Statt einer Antwort stöhnte er nur: »Was zum Teufel machen wir jetzt?« Wir wussten nicht, wie wir es Liv beibringen sollten, und kamen ganz schön ins Schwitzen. Wir überlegten hin und her, ob ein aufgenähter Flicken mit dem Wort »Life« die Ausgewogenheit des Segels beeinträchtigen oder seinen Wirkungsgrad reduzieren würde. Wir hatten keine Ahnung, wie wir das Problem lösen sollten. Endlich rief Charlie Liv an und erklärte ihr den Fehler. Er stellte das Telefon laut, damit ich mithören und ihm helfen konnte, die richtigen Worte zu finden. Liv nahm beim zweiten Läuten ab.

»He, Liv. Charlie hier. Wie geht's?«

»Super, super. Habt ihr das Foto von dem Segel bekommen?«

»Ja ... ähm ... doch, haben wir.«

»Und? Ist doch irre, oder?«

»Äh ... schon ... das Problem ist nur ...«, stotterte Charlie.

Plötzlich brach Liv am anderen Ende in schallendes Gelächter aus.

»Reingefallen«, sagte sie nur.

Das Foto war gestellt. In Wirklichkeit war das Segel natürlich mit dem richtigen Slogan bedruckt. Charlie und ich mussten lachen, dass Liv uns so hereingelegt hatte.

Je näher das neue Jahr rückte, desto größer wurde der Druck für Liv und mich. Wir rechneten uns aus, dass wir spätestens bis zum 17. Januar am Pol sein mussten, wenn wir die Durchquerung rechtzeitig zu Ende bringen wollten.

Der Neujahrstag war ein fantastischer Segeltag, wenn auch für mich eine Tortur. Wir legten über 64 Kilometer in neuneinhalb Stunden zurück, den größten Teil in einem heftigen Schneesturm. Wir konnten kaum die Hand vor Augen sehen. In den letzten zwei Stunden hatte ich solche Schmerzen, dass ich mich fast übergeben musste. Ich fauchte Liv an, als sie mir in einer Pause aus dem Gurtzeug helfen wollte. Hinterher gab ich mir einen Ruck und akzeptierte ihr Angebot, die Führung zu übernehmen. Abends im Zelt dachte ich an Charlie und das restliche Team. Sie hatten alle so viel Zeit, Energie und Idealismus investiert. Ich war froh, dass sie mir zu Hause in Minneapolis den Rücken freihielten – und dass ich solche Freunde hatte.

Am nächsten Tag mussten wir unsere Schlitten durch einen Whiteout ziehen. Nach vier Stunden bekam Liv einen Schwindelanfall und wir hielten an. Ein Whiteout kann einen völlig fertig machen. Man fühlt sich wie eine Comicfigur auf einem weißen Blatt Papier. Man hat keinerlei Orientierungssinn. Man setzt einen Fuß vor und weiß nicht, wo der Boden ist. Es ist unglaublich, wie unsicher man sich bewegt, wenn man keine Sicht mehr hat. Ohne diese Information weiß der Körper nicht, wie er die anderen Impulse verarbeiten soll. Wir schafften 16 Kilometer an diesem Tag. Ich war mit dem Kochen dran und bat Liv, einen Beutel Trockenmenüs von ihrem Schlitten zu holen. Sie kam ins Zelt zurück und sagte: »Ich habe keine mehr. Sie müssen in deinem Schlitten sein.« Seltsam. Ich ging hinaus und schaute in meinem Schlitten nach: keine Fertigmenüs. Nachdem wir rasch beide Schlitten durchwühlt hatten, bestätigte sich unser Verdacht, dass ein Proviantsack fehlte. Wir hatten ihn bei dem chaotischen Hotelwechsel in Kapstadt zurückgelassen. Ich überprüfte die restlichen Proviantsäcke, machte Inventur und zählte die Rationen ab. Wir hatten mehr als genug Kalorien, um den Pol zu erreichen – aber fast nur in Form von Hafermehl und Schokolade. Wir teilten uns eines der restlichen Fertigmenüs zum Abendessen. Ich hatte oft genug behauptet, dass ich von Schokolade leben könnte. Jetzt würde sich zeigen, ob das stimmte.

Charlie zuliebe stellten Liv und ich am 3. Januar die Kamera auf einem umgedrehten Topf in unserem Zelt auf. Wir ließen sie laufen, während wir Daryn Kagan von CNN ein zweites Interview gaben.

Aber viel Gutes hatten wir nicht zu berichten. Wir saßen gerade in einem Whiteout im Zelt fest und drehten Däumchen, bis wir einigermaßen gefahrlos weitermarschieren konnten. Die arme Daryn musste sich an die Auflagen des Senders halten, der das Ganze offenbar dadurch aufpeppen wollte, dass man die Wetterverhältnisse in Antarktika von einem Meteorologen kommentieren ließ. Liv und ich verbissen uns das Lachen, als der Meteorologe sich am Telefon über das Wetter ausließ, in dem wir festsaßen.

Nach dem Interview gaben wir ein Konzert auf der Maultrommel. Vielmehr führte Liv ihre Künste vor, während ich es vorzog, dem Team zu Hause meine musikalischen Einlagen zu ersparen. Liv spielte ein »Lied an den Wind« und ich bewegte im Rhythmus dazu Hände und Kopf – ein Tanz im Schlafsack gewissermaßen. Nach dem tagelangen Warten auf Wind waren wir überreizt und müde, und es dauerte nicht lang, bis wir die Lust verloren. Liv spielte die Empörte und schimpfte über mein »Herumgehopse«. »Also wirklich, ich gebe hier eine hochkünstlerische Vorstellung, und dann so was!« Irgendwann wälzten wir uns fast am Boden vor Lachen und ich stoppte die Aufnahme und sagte dem Team zu Hause, wir hätten große Sehnsucht nach ihnen, aber sie bestimmt nicht nach uns, wenn sie dieses Video gesehen hätten. John erzählte uns später, es habe ausgesehen, als hätten wir zu viel Aquavit getrunken.

Es folgten weitere Tage mit wenigen Kilometern und Whiteout, und Liv und ich waren der Verzweiflung nah. Wir mussten uns damit auseinander setzen, dass wir den Pol vielleicht nicht rechtzeitig erreichten. Wir riefen Charlie und John in Minnesota an, um die Lage mit ihnen zu besprechen. Unseren Berechnungen nach ginge uns der Proviant aus, wenn wir länger als bis zum 20. Januar unterwegs waren. Wir konnten uns notfalls Proviant aus der Luft abwerfen lassen, aber sollte es so weit kommen, würde es ums nackte Überleben gehen und nicht um die Fortsetzung unserer Tour. Wenn wir den Pol nicht bis zum 17. Januar erreichten, bliebe uns nicht genug Zeit für die zweite Hälfte der Durchquerung vor dem Wintereinbruch. Charlie und die anderen machten sich viel mehr Gedanken wegen der Proviantknappheit als Liv und ich. Wir hatten reichlich Brennstoff, um Eis zu schmelzen, und allein damit konnten wir lang durchhalten. Außerdem hatten wir genügend Kalorien, nur nicht viele Fertigmenüs. Wenn wir ein paar Wochen lang von Schokolade und Haferbrei leben mussten, war das ärgerlich, aber keine Tragödie. Das Einzige, was wir wirklich brauchten, war mehr Wind. Trotzdem mussten wir diverse Szenarios durchspielen – was wir der Presse sagen und wie wir es organisieren sollten, um vom Pol wegzukommen. Liv und mir verging das Lachen, als wir Charlie zuhörten, der die verschiedenen Möglichkeiten aufzählte. Es war ungeheuer wichtig für uns, die Expedition zu Ende zu führen. Und die Hoffnungen und Erwartungen der vielen Menschen, die wir mit auf diese Reise genommen hatten, lasteten in dieser Zeit noch schwerer auf uns als unsere Schlitten. Wir hatten schreckliche Angst, sie zu enttäuschen.

Abends sinnierte ich in meinem Tagebuch über Shackleton. Trotz allem Beifall, mit dem er überschüttet wurde, als er sein Antarktis-Abenteuer wunderbarerweise überlebt hatte, bekam er nie, was er sich von diesem kalten weißen Kontinent erhofft hatte. Er starb 1921 auf einem Schiff, als er seine vierte Fahrt in die Antarktis machte, um den Kontinent zu umrunden. Shackleton sagte einmal: »Jeder hat seinen weißen Kontinent.« Er meinte damit, dass wir alle von unseren Träumen angetrieben werden. Für ihn war Antarktika nicht nur ein geografischer Ort, sondern eine innere, geistige Landschaft. Es ist traurig, schrieb ich in mein Tagebuch, dass Shackleton sich nicht mit der inneren Reise begnügen konnte, die er von 1914 bis 1916 mit seinen Männern erlebt hatte, sondern weiter dem geografischen Ziel nachjagte, bis er daran zu Grunde ging.

Ich fragte mich, was ich empfinden würde, wenn wir am Pol aufgeben mussten. Es würde bedeuten, dass ich mit zwei unvollständigen Spielarten meines Traums leben musste. Ich konnte trotzdem stolz auf diese zwei Expeditionen sein. Aber würde ich die Kraft und die Charakterstärke aufbringen, mich mit dem Erreichten zufrieden zu geben? Oder würde die Durchquerung ein unerreichbares Ziel für mich werden, dem ich, wie Shackleton, wider alle Vernunft nachjagte, auch auf die Gefahr hin, mein restliches Leben dabei zu versäumen?

Endlich. Am 10. Januar zeigte unser Hokuspokus Wirkung. Als wir um fünf Uhr aufwachten, stürmte es draußen heftig. Um halb acht war alles fertig gepackt, und wir sausten los. Wir hatten beide einen schlechten Start. Livs Leinen verhedderten sich und ich wurde ein Stück weit vom Nasa-Segel mitgeschleift. Wir wechselten zu den 15-Meter-Segeln und flogen nur so dahin – 115 Kilometer in zehn Stunden, unsere bisher größte Leistung. Danach folgten ein paar gute, beständige Segeltage, eine kurze Flaute dazwischen und dann ein atemberaubender Segelmarathon. In dieser Zeit erlebte ich die bislang gefährlichste Situation. Am 12. Januar fuhr ich hinter Liv her. Wir segelten mit den Nasa-Segeln flott dahin – mit etwa 15 Stundenkilometern. Ich war gerade auf eine rampenähnliche Sastruga hinaufgeschossen, als ich von einer gewaltigen Windbö erfasst und in die Luft geschleudert wurde. Ich spürte, wie ein Ruck durch mein Gurtzeug ging, dann wurde ich hochgerissen, und plötzlich schaute ich auf den Boden hinunter, der mehr als zwei Meter unter meinen Skiern lag. Mein Schlitten baumelte am Gurtzeug, streifte mit dem einen Ende nur knapp über den Boden. So hing ich fast drei Sekunden lang in der Luft, dann krachte ich wie ein Mehlsack aufs Eis zurück und wurde mehrere Meter weit mitgeschleift. Ich hatte unglaubliches Glück. Nichts gebrochen. Aber der Sturz hatte mich arg mitgenommen. Liv, die das ganze Drama nicht mitbekommen hatte, merkte endlich, dass ich gestürzt war, und hielt an, damit ich sie einholen konnte. Ich war entschlossen, nur noch mit weniger Segelfläche weiterzufahren. Ich wechselte das Segel aus, und wenig später ging es wieder weiter. In einer Pause erzählte ich Liv von meiner »Mary-Poppins-Nummer«, wie wir diesen Zwischenfall später nannten.

Am nächsten Tag segelten wir 14 Stunden lang, aufgeputscht von Schokolade, Verzweiflung und vier Stunden Schlaf, bis wir nur noch eine gute Tagesreise vom Pol entfernt waren – etwa 30 Kilometer. Ich konnte bereits die Kondensstreifen in der Ferne erkennen. Überglücklich befolgte ich die Anweisungen der Habermans, die mir einschärften, als Erstes die »Today«-Redaktion anzurufen, um ein Exklusiv-Interview zu geben. Wir würden es schaffen. Es konnte weitergehen! Bei NBC war eine Praktikantin am Telefon. Ich erklärte ihr, dass ich aus der Antarktis anriefe und dass wir beinah am Pol seien. Sie legte mich eine ganze Weile auf die Warteschleife, dann meldete sie sich schließlich seufzend zurück und sagte: »Ach, könnten Sie sich vielleicht noch mal melden, wenn Sie dort sind? Und rufen Sie ja niemand anderes an.« Nicht zu fassen!

Wieder einmal hatte die kristallklare Verbindung über die riesige Distanz hinweggetäuscht und erst recht über die Mühe, die es uns kostete, den Anruf zustande zu bringen. Wann immer wir ein Interview gaben, musste ich beim Segeln oder Ziehen das Telefon samt Batterie unter der Jacke mitführen, um es warm zu halten. Außerdem musste ich ständig auf die Uhr schauen und die Pausen so legen, dass wir den vereinbarten Zeitpunkt nicht verpassten. Ich musste daran denken, die richtigen Telefonnummern irgendwo in meinem Parka zu verstauen, wo ich sie schnell zur Hand hatte. Und als krönenden Abschluss musste ich anhalten, in der Kälte still stehen *und die Handschuhe ausziehen*, um wählen zu können. Im

Prinzip setzte ich meine Finger für diesen Anruf aufs Spiel, und da wimmelte diese Frau mich ab wie einen lästigen Marktforschungsfritzen. Grrrrr!

Ein paar Stunden später – um vier Uhr morgens am 16. Januar – segelten wir auf das Gelände der Südpolstation. Fast alle schliefen noch. Während wir uns vom Schlitten losschirrten, kam ein Wissenschaftler aus einem Gebäude heraus, um ein paar Wetterdaten abzulesen. Er zuckte zusammen, als er uns sah, war aber zweifellos über unsere Ankunft informiert. Er schaute auf die Uhr und lächelte: »Na, ihr seid ja früh dran, ihr beiden.« Liv und ich wechselten einen Blick. Von wegen früh. Es war höchste Eisenbahn.

~ ~ ~

Als die Südpolstation langsam zum Leben erwachte, wurden Ann und Liv von Katy Jensen in Empfang genommen, einer Bekannten von John Tuttle, die dort arbeitete. Sie sorgte dafür, dass die Cafeteria zeitig aufmachte, und die beiden Abenteurerinnen genossen ihr erstes warmes Frühstück mit frischem Essen (und ohne Schokolade) seit Wochen. Immer mehr Menschen versammelten sich um Ann und Liv, immer neue *polees* kamen an ihren Tisch, um die Berichte von ihrer Tour zu hören. Obwohl Ann und Liv erschöpft waren, antworteten sie brav auf die Fragen, während sie sich mit Essen voll stopften.

Zu Hause in Minneapolis hatte das Team Anns und Livs Position auf dem GPS über Stunden hinweg genau verfolgt. Alle warteten gespannt auf ihren Anruf, und Charlie hatte ein paar Reporter im *yourexpedition*-Büro versammelt. Die Presseleute saßen ungeduldig im Konferenzraum herum, während ein Kameramann die Linse auf das Telefon richtete.

»Müssten sie nicht schon da sein?«, sagte Charlie zu John. John rief seine Freundin Katy an, und nachdem er ein paar Minuten in der

Warteschleife verbracht hatte, kamen zwei pappsatte und ziemlich zerknirschte Entdeckerinnen an den Apparat. Vor lauter Euphorie über ihre Ankunft am Pol, wo sie seit vielen Wochen zum ersten Mal wieder mit »Zimmerwärme« und anderen Menschen in Berührung gekommen waren, hatten sie ganz vergessen, dass das Team zu Hause auf ihren Anruf wartete. Sie antworteten pflichtschuldig (wenn auch etwas verspätet) auf die Fragen der Reporter und telefonierten dann mit anderen Sendern in aller Welt, um die vorab vereinbarten Interviews zu geben. Nach einer kurzen Dusche ruhten Ann und Liv sich aus. Am nächsten Tag wollten sie ihre Schlitten umpacken, vor den Wissenschaftlern und Angestellten der Polstation einen Vortrag halten und sich auf die zweite Hälfte der Strecke vorbereiten.

Die Amundsen-Scott-Station beherbergt in der Sommersaison etwa 125 Wissenschaftler und Angestellte. Sie wird von der US National Science Foundation (NSF) betrieben und führt eine Reihe wissenschaftlicher Projekte zur Erforschung klimatischer und atmosphärischer Veränderungen und geologischer und astrophysikalischer Phänomene durch. Im Winter, wenn die Durchschnittstemperatur auf -50°C absinkt, schrumpft das Personal der Station auf eine Minimalbesetzung von 30 Angestellten, die bereit sind, einem Winter in völliger Dunkelheit zu trotzen.

Die Basis ist nach den beiden Entdeckern benannt, die 1911 den berühmten Wettlauf zum Pol veranstalteten: dem Norweger Roald Amundsen und dem Briten Robert Falcon Scott. Scott kam nur einen Monat später als Amundsen zum Pol und fand dort Amundsens Zelt vor und einen Brief an den König von Norwegen, dazu die Bitte an Scott, er möge diesen Brief abliefern. Amundsens Mannschaft kehrte unversehrt ins Basislager zurück und telegrafierte von dort ihren Sieg in die Welt hinaus, aber Scott und seine vier Männer kamen auf dem Rückweg durch das Landesinnere ums Leben. Scott führte sein Tagebuch bis zum bitteren Ende weiter und dokumentierte auf diese Weise eine der berühmtesten Entdeckertragödien, die von vornehmem Heldentum (und britischem Understatement) geprägt war: Der britische Armeeoffizier Titus Oates, einer von Scotts Männern, der wochenlang qualvolle Erfrierungen an den Füßen erduldet hatte, opferte sich selbstlos. Eines Morgens wachte er auf und sagte zu Scott: »Ich gehe jetzt hinaus und bleibe vielleicht eine Weile fort.« Damit spazierte Oates aus dem Zelt und in den Blizzard hinein – und in den sicheren Tod. Scott schrieb: »Es war die Tat eines tapferen Mannes und Gentleman. Wir alle hoffen, dass wir dem Ende in einem ähnlichen Geist entgegentreten werden, und dieses Ende ist weiß Gott nicht fern.«

Die Errichtung der Südpolstation war in gewisser Weise auch ein Wettlauf. Die Basis wurde 1956 mitten im Kalten Krieg von den Amerikanern gebaut, hauptsächlich um zu verhindern, dass ihnen die Russen zuvorkamen. Das ursprüngliche Gebäude ist heute unter neun Metern Treibeis und -schnee begraben und wird aus allen Richtungen durch den enormen Druck des Polarplateaus zusammengequetscht. Nicht nur Ozeane unterliegen Fließ- und Strömungskräften, sondern auch das Eis in Antarktika – mit dem Unterschied, dass hier die Bewegung so langsam vor sich geht, dass man sie nicht wahrnimmt. Da der Südpol unterhalb des Titan Dome liegt, fließt das Eis am Pol mit allem, was sich darauf befindet – inklusive Gebäude, Fahrzeuge und Menschen –, neun Meter im Jahr ungefähr nach Nordwesten. Die Südpolmarkierung muss daher jedes Jahr aufs Neue angepasst werden, um der Bewegung des Eises Rechnung zu tragen.

1976 wurde die von der US-Navy erbaute neue Amundsen-Scott-Station eingeweiht; die alte Südpolstation blieb nahezu unangetastet stehen, bis hin zu den Tischen im Casino, die dort immer noch auf Mahlzeiten warten, die nie serviert würden. Als Liv 1994 zum

Südpol kam, ging der Getränkeautomat in der jetzigen Kantine kaputt; eine Abordnung von *polees* wurde zur alten Südpolstation geschickt, die noch durch diverse Tunnel zu erreichen ist, um den guten alten, noch völlig intakten Saftautomaten abzustauben.

ANN

Ich glaube, ein Besuch am Südpol ist in jedem Fall ein ziemlich surreales Erlebnis. Nach zwei Monaten totaler Isolation in der Eiswüste im Landesinneren nahm der Aufenthalt dort für Liv und mich geradezu groteske Züge an. Ich hatte erwartet, dass mir das letzte Stück zum Pol vertraut sein würde, da ich schon einmal dort gewesen war. Aber das Eis ist so gewaltig, dass selbst ein Gebäudekomplex von der Größe der Südpolstation nur als winziger Punkt am Horizont aufschimmert. Wir sahen diesen Punkt in der Ferne, wo er sich von Zeit zu Zeit in unser Blickfeld schob und dann wieder verschwand, wenn wir in ein Wellental hinuntersausten. Die Station blieb endlos lange ungeheuer winzig, und ich fürchtete schon, dass ich mich getäuscht hatte. Aber als wir nahe genug herankamen, sahen wir die dicken Abgaswolken der Flugzeuge, die von der Piste aufstiegen.

Wir ließen unsere Segel direkt vor dem offiziellen Südpol fallen – dem rot-weiß-gestreiften Mast, umringt von den Flaggen sämtlicher Staaten, die den Antarktischen Vertrag unterzeichnet haben. Auf dem Gelände der Station hatte sich viel verändert, seit ich das erste Mal hier gewesen war. Inzwischen lief ein riesiges Bauvorhaben zur Verbesserung der Betriebsanlagen. Drei neue Gebäude – auf hohen Pfeilern, um zu verhindern, dass sie unter dem Treibschnee begraben wurden – standen kurz vor der Vollendung und boten Platz für ein neues Generatorsystem, neue Forschungslabore und zusätzliche Wohnräume. Am nächsten Morgen verdrängte das Geräusch hin und her sausender Gabelstapler und das Surren von Baumaschinen die Stille der letzten 64 Tage.

Wir empfanden den Kontrast zwischen dem fast völligen Fehlen von Sinneseindrücken und dem hektischen Treiben am Pol als nervenaufreibend, um es milde auszudrücken. Über eine breite Rampe stiegen wir in die geodätische Kuppel, im Prinzip ein großes, unbeheiztes Gewölbe, das die Gebäude im Inneren vor Treibschnee schützen soll. Darin waren lange Reihen von Wohnmobilen und mehrere Gebäude untergebracht. Katy führte uns ins Casino, wo es für Liv und mich viel zu warm war. Mir tränten die Augen wie verrückt, und ich konnte stundenlang nicht mehr richtig sehen, bis sie sich an die Raumtemperatur gewöhnt hatten. Die Gerüche waren ebenfalls erdrückend – Essen, Reinigungsmittel, Dieselöl und, als wir uns allmählich aufwärmten, auch unsere eigenen Körperausdünstungen. Zu der Flut der Sinneseindrücke, die schon verwirrend genug war, kamen noch die vielen fremden Menschen, die uns plötzlich umringten. Es war so lange her, seit ich das letzte Mal Konversation gemacht hatte, dass mein Gehirn nur im Zeitlupentempo arbeitete. Natürlich war es toll, dass die *polees* so viel Anteilnahme zeigten und uns Fragen über Fragen stellten. Aber ich fühlte mich, als würde ich von einer Meute Paparazzi belagert. Für mich ist es kein Wunder, dass Liv und ich jedes Zeitgefühl und jede Orientierung verloren. Erst als Katy am Telefon verlangt wurde, fiel es uns wieder ein: Ach so, ja ... Wir müssen ja mit den anderen zu Hause reden. Aber wir kamen uns vor wie auf einem anderen Stern. Und als wir endlich den Hörer in der Hand hielten, wurde uns plötzlich bewusst: Ja, natürlich – das ist ein wichtiger Meilenstein auf unserem Weg, und die Presse wartet darauf, dass wir davon erzählen. Wir hätten sofort anrufen müssen. Ich glaube, für Liv und mich war die Ankunft am Pol eher enttäuschend, weil wir bereits dort gewesen waren. Der eigentliche Meilenstein war für uns der Moment, an dem wir diese Etappe hinter uns bringen und den zweiten Teil der Strecke in Angriff nehmen würden.

Es ist nicht Aufgabe der Polstation, Expeditionsteams zu beherbergen, und so stellten wir unser Zelt in der Nähe des offiziellen Südpols auf. Wir hätten genauso gut in der Grand Central Station in New York kampieren können. Die ganze Nacht über (die immer noch taghell war) kamen *polees*, die demnächst zurückfliegen würden, zu unserem Zelt heraus, um Fotos zu machen, und rissen uns mit ihrem Geschnatter aus dem Schlaf.

Wir unterhielten uns lange mit diversen Forschern und Wissenschaftlern, die uns alle möglichen Fragen stellten. Der Pol ist ein Ort, an dem man sehr schnell vertraut miteinander wird, weil die Umgebung so lebensfeindlich ist; man sitzt, abgeschieden von der Welt, in einer Art Kühltruhe, in der es rund um die Uhr taghell ist. Wir fanden es faszinierend, alle diese Menschen kennen zu lernen, waren aber trotzdem froh, als wir endlich ins Zelt kriechen, selbst ein paar Fotos machen und Postkarten an Sponsoren, Freunde und unsere Lieben zu Hause schreiben konnten.

Außer den obligatorischen Aufnahmen, die wir von uns selbst vor dem offiziellen Südpolmast und den Flaggen ringsherum machten, hatten wir noch eine wichtige Bitte zu erfüllen. Vor vielen Monaten, als Liv und ich in der Nähe von Oslo trainierten, erhielten wir unverhofft eine Audienz beim Dalai-Lama, dem spirituellen Oberhaupt des tibetischen Volkes. Liv verehrt den Dalai-Lama genauso sehr wie ich und wir waren überglücklich, dass wir ihn live erleben durften. Wir hatten Eintrittskarten für seinen Vortrag, und Livs Freundin, die Leiterin der Tibetischen Gesellschaft in Oslo, fragte mich, ob ich den Dalai-Lama persönlich kennen lernen wolle. Livs Freundin ließ ihre Beziehungen spielen und wir durften mit einer Gruppe von westlichen Dalai-Lama-Anhängern an einer Fragestunde im Hotel teilnehmen. So landeten wir in einem kleinen Konferenzraum, wo der Dalai-Lama eine halbe Stunde lang Fragen zur politischen Situation in Tibet und China beantwortete. Alle Anwesenden lauschten gebannt. Der Vortrag war viel zu schnell vorbei und der Dalai-Lama musste noch eine andere Gruppe empfangen. Umringt von seinem Gefolge aus Betreuern und Dolmetschern, alle in lange Gewänder gekleidet, verließ er den Raum. Wir durften ihm beim Hinausgehen die Hand geben, ein unvergessliches Erlebnis.

Liv und ich blieben noch eine Weile sitzen, weil wir uns bei Livs Freundin bedanken wollten. Und dann wurde Liv übermütig und fragte, ob wir vielleicht ein Foto von Seiner Heiligkeit und uns machen dürften. Da wir bald in die Antarktis fahren würden und ein weltweites Unterrichtsprogramm für Kinder konzipiert hätten, wäre es schön, wenn er uns seinen Segen geben könnte. Livs Freundin sprach daraufhin mit den »langen Gewändern«, und als sie zurückkam, teilte sie uns mit, der Dalai-Lama wisse nicht, wie lang die nächste Sitzung dauern würde, aber wir sollten warten. Dann gab uns jemand eine Kamera für den Fall, dass wir tatsächlich die Chance bekämen, ein Foto zu machen. Ich war nervös, denn ich fand, dass wir dem Dalai-Lama schon genug Zeit gestohlen hatten. Aber Liv ist unerschrockener als ich und bestand darauf, dass wir blieben. Und plötzlich kam der DalaiLama mit seinem Gefolge aus dem Konferenzraum und ging an uns vorbei. Er verneigte sich und wir verneigten uns, dann ging er in Richtung Tür. Er war schon halb draußen, als ihn einer seiner Helfer am Ellbogen packte und ihm etwas ins Ohr flüsterte. Und – o Wunder – er drehte sich um und kam geradewegs auf uns zu. Dann nahm er unsere Hände in seine und umarmte uns. Ich erstarb fast vor Ehrfurcht, weil ich dem Dalai-Lama so nahe sein durfte, und fand kaum die Sprache wieder, als er sich nach unserem Online-Projekt und den Kindern erkundigte. Er ließ sich mit uns fotografieren und zog uns dabei fest in seine Arme. Dann sagte er Lebwohl und ging zur Tür. Doch plötzlich blieb er stehen, drehte sich um und zog aus der Tasche seines Helfers einen weißen Gebetsschal. Er hielt ihn an die Stirn, segnete ihn und fragte uns, ob wir ihn mitnehmen und am Südpol wehen lassen würden. Wir bejahten und er erklärte uns, wie wir es machen sollten. Dann verneigte er sich, umarmte uns und war verschwunden.

Wir waren im siebten Himmel, konnten es kaum fassen, dass uns dieser große Mann empfangen hatte und dass wir ihm auch noch einen Wunsch erfüllen durften. Auf dem Eis hatten Liv und ich einmal am Telefon eine Bemerkung über den Gebetsschal und die kleine tibetische Flagge gemacht, die Liv als Talisman dabei hatte. Es war kein politisches Statement gewesen, aber trotzdem hatten wir die Betreiber der Südpolstation damit nervös gemacht. Man befürchtete offenbar, dass wir am Südpol eine Solidaritätskundgebung für das tibetische Volk planten. Es gab ein Riesentheater, und Katy, unsere Gastgeberin am Pol, erhielt die strikte Weisung, dass wir unter gar keinen Umständen den Gebetsschal oder die Fahne hissen durften. Es sollte nicht der Eindruck entstehen, dass die Leitung der Station politisch Stellung bezog. Liv und ich reagierten wie immer, wenn uns der Vertreter einer Staatsmacht erklärt, dass wir etwas nicht tun dürfen: Wir ignorierten es einfach.

Wir lagen in unserem Zelt vor dem riesigen rot-weiß-gestreiften Polmast und warteten bis nach Mitternacht, als alle in der Station schliefen. Dann krochen wir hinaus und erfüllten das Versprechen, das wir dem Dalai-Lama gegeben hatten. Wir hissten die Flagge und den Schal und machten ein Foto davon, das wir mit Dank und guten Wünschen an seine Heiligkeit schickten.

Liv

Bei der Ankunft am Pol brach eine Flut von Erinnerungen an meinen ersten Besuch über mich herein: die Herzlichkeit der Menschen hier, das Engagement für ihre Arbeit. Ich schwebte damals auf Wolken, so glücklich war ich, dass ich mein Ziel erreicht hatte. Die sechs Jahre seit damals waren wie im Flug vergangen und es hatte sich auch nicht viel verändert. Als ich 1994 zum Pol kam, wurde ich unter anderem gefragt: »Was sagt Ihr Mann zu dieser Unternehmung?« Niemand wäre auf die Idee gekommen, den japanischen Skiläufer, der dieselbe Route fast zur selben Zeit gemacht hatte, danach zu fragen, was seine Frau davon hielt. Die Reaktionen zu Hause in Norwegen waren manchmal noch viel rüder. Ein paar Zeitungen stellten die Sache so dar, als hätte ich der Expedition zuliebe meine Kinder allein zurückgelassen: »Mutter lässt Kinder im Stich, um den Südpol zu erobern«, lautete eine der Schlagzeilen. Das war natürlich Blödsinn, denn selbst die Jüngste der drei Mädchen war längst in der Schule, als ich die Reise antrat. Die Älteste war bereits ein selbstständiger Teenager und konnte gut für sich selbst sorgen. Außerdem war Einar bei ihnen, der sie ja schließlich lange genug allein versorgt hatte. Trotzdem hatten die Leute falsche Vorstellungen. Viele sind überrascht, wenn sie Einar kennen lernen und feststellen, dass er ein ehrgeiziger Mensch mit eigenen Interessen und Zielen ist. In ihren Augen konnte er nur ein Waschlappen und Stubenhocker sein, wenn er seiner Frau erlaubte, ständig solche Geschichten zu machen. Nach meiner Rückkehr kam ich in meinen Interviews ganz gezielt auf Einar zu sprechen, weil ich finde, Männer sollen wissen, dass eine Partnerschaft mit einer starken Frau sie nicht zu Schwächlingen abstempelt oder daran hindert, eigene Ziele zu verfolgen. Trotzdem wurde ich dieses Mal ebenso oft gefragt, was mein Mann von diesem Abenteuer hielt. Selbst jetzt, nach sechs Jahren, war ich immer noch eine Kuriosität.

Da die Amundsen-Scott-Basis eine Forschungsstation ist, sind alle *polees* freundlich, dürfen aber keine »offizielle« Hilfe leisten. Ann und ich schliefen auch hier im Zelt, und dass wir die Duschräume benutzen und im Casino essen durften, verdankten wir unseren privaten Gastgebern und nicht der Südpolstation als solcher. Mit diesen Regeln will die Station dem Vorwurf entgegentreten, dass sie entweder zu viel Hilfe gewährt oder ihre Hilfe ungleichmäßig verteilt. Und vor allem will man verhindern, dass aus der Basis ein Billighotel für Expeditionen wird. Aber die Angestellten waren begeistert und neugierig. Sie fragten uns Löcher in den Bauch, wie wir mit dem Segeln und dem Schlittenziehen zurechtgekommen seien. Sie bedankten sich überschwänglich, als wir ihnen ein paar Kartons von unserer überschüssigen Schokolade daließen, denn solche Leckereien sind am Südpol Mangelware. Ann und ich konnten das Zeug nicht mehr sehen, es hing uns buchstäblich zum Hals heraus. Ich glaube, ich habe noch nie so viel geredet wie in den paar Tagen am Pol, aber vielleicht kam es mir nur so vor, weil Ann und ich unterwegs so schweigsam gewesen waren. Als wir uns nach dem Abendessen verabschiedeten und zu unserem Zelt hinausgingen, spürte ich, dass einige von den Leuten Mitleid mit uns hatten. Sie ahnten ja nicht, wie glücklich ich war, der Zivilisation wieder den Rücken kehren und mich in mein tröstliches rotes Zelt flüchten zu können.

8 Titan Dome

Die Region, in die Ann und Liv auf dem zweiten Teil ihrer Tour kommen würden, war für beide neu. Manche Abschnitte ihrer Route hatte seit Jahrtausenden keines Menschen Fuß betreten. Sie beide waren die Ersten, die den Shackleton-Gletscher abwärts und nicht aufwärts überquerten. Für Ann und Liv war diese zweite große Etappe der eigentliche Höhepunkt. Das Überschreiten des Pols war an sich schon eine Leistung, aber für Ann und Liv zählte vor allem, dass sie hier im wahrsten Sinn des Wortes »Entdeckerinnen« sein konnten.

Ihr Abenteuer begann auf der Eiskappe des Titan Dome, der neben dem Transantarktischen Gebirge höchsten Erhebung des Kontinents. Unter kilometertiefem Eis, dessen Grundschicht 165 000 Jahre alt ist, liegt eine Bergkette, die höher ist als die Appalachen im Osten der USA. Ann und Liv mussten bis auf 3350 Meter aufsteigen. Wegen der großen Höhe ist die Luft auf dem Titan Dome dünner und kälter, als sie es bisher gewohnt waren. Kurzatmigkeit, Kopfschmerzen und Erschöpfung sind die Folge. Die Temperaturen sinken dort bis weit unter null. Der tiefste Wert, der im antarktischen Winter je gemessen wurde, waren -91°C in Wostok, einer russischen Forschungsstation im Osten des Titan Dome. Zum Vergleich: Kochendes Wasser, das bei -50°C in die Luft geschleudert wird, gefriert auf der Stelle. Kein Mensch kann bei der Wostoker Rekordtemperatur ungeschützt ins Freie gehen, weil die Augen sofort gefrieren und die Kälte in wenigen Minuten in den Körper eindringen und den Herzmuskel in einen Eisklumpen verwandeln würde. Ann und Liv durften also nur die allernötigsten Arbeiten verrichten, um Finger und Zehen zu schonen, solange sie bei antarktischen Sommertemperaturen von »nur« -37°C unterwegs waren.

Zudem waren die Schlitten am Pol mit Proviant aufgestockt worden und deshalb schwerer zu ziehen, während die beiden Frauen je neun Kilo abgenommen hatten, vermutlich wegen der kleineren Essensrationen auf dem letzten Stück zum Pol. Ann wog nur noch 53 Kilo und Liv 65 Kilo, aber beide waren überzeugt, dass sie bei vollen Rationen schnell wieder zu Kräften kommen würden.

Ann

Liv und ich ließen den Südpol am 18. Januar hinter uns. In der Polstation hatten sich die Angestellten versammelt, um uns zu verabschieden und unsere Segelkünste zu bestaunen. Wir waren nervös. Zuschauer hatten wir jetzt mehr als genug, aber wie stand es mit dem Wind? Außerdem befürchteten wir, unsere Segel könnten sich verheddern, was sehr leicht passiert. Das Losfahren ist in dieser Hinsicht immer der kritischste Moment. Es war ein freundlicher Tag, und die Sonne fing sich in den winzigen Eispartikeln in der Luft, so dass alles funkelte und blitzte. Wir hatten unsere Vorräte aus dem Proviant- und Brennstoffdepot aufgefüllt, das im Auftrag von *yourexpedition* zum Pol verfrachtet worden war, so dass unsere Schlitten wieder ihr ursprüngliches Gewicht von 115 Kilo hatten. Als wir den Pol erreichten, wogen sie noch ungefähr 40 Kilo, weil wir Proviant und Brennstoff fast aufgebraucht hatten. An diesem Nachmittag erschienen uns die Schlitten bleischwer und wir warteten sehnlichst darauf, dass der Wind unsere Segel füllte. Ich wagte kaum zu atmen, als ein leichter Windhauch kam und unsere blauen Nasa-Segel anhob. Im nächsten Moment glitten wir davon und die Leute hinter uns pfiffen und johlten. Mir fiel ein Stein vom Herzen.

Die ganze nächste Stunde strahlte ich wie ein Honigkuchenpferd unter meiner Schutzmaske. Ich dachte daran, wie enttäuscht ich 1993 gewesen war, als eine andere Expedition, die mit uns nach Antarktika geflogen war, die zweite Hälfte ihrer Tour antrat, die uns damals verwehrt blieb. Ich sah sie auf dem Rollfeld entschwinden und hätte alles darum gegeben, an ihrer Stelle zu sein. Jetzt, acht Jahre später, war ich die Glückliche.

Während wir übers Eis glitten, entdeckte ich im Westen drei Wolken am Himmel. Ihr Anblick erinnerte mich an meine drei Mentorinnen, die inzwischen alle gestorben waren. Die Erste war Pat McCart, deren Lederbeutel ich um den Hals trug.

Die Zweite hieß Linda Jadwin, eine Geschäftsfrau aus Minneapolis, die ich nach meiner Frauenexpedition kennen lernte. Ihre Firma, die Ceridian Company, gab einen Empfang für unser Team, als wir in die Twin Cities zurückkehrten. Wir mussten unseren riesigen Schuldenberg zurückzahlen und nutzten die Gelegenheit zu einem kleinen Spendenaufruf. In den nächsten Jahren wurde von Zeit zu Zeit in den Nachrichten darauf hingewiesen, dass ich noch immer meine Schulden abbezahlte, und dann trudelten ein paar Schecks ein. Ich verfasste jedes Mal ein persönliches Dankschreiben und mir fiel auf, dass ich von Linda regelmäßig einen Scheck bekam. Ich schickte ihr weiter meine Dankesbriefe, aber nach dem fünften Scheck schrieb ich ihr: »Ich würde Sie gern kennen lernen. Ich habe Sie nie um Geld gebeten, und trotzdem erhalte ich ständig Schecks von Ihnen. Immer steht Ihr Name drauf. Ich möchte mich gern persönlich bei Ihnen bedanken und Ihnen sagen, wie viel mir das bedeutet.« Linda schrieb zurück, sie würde lieber ein Lunch organisieren und ein paar Frauen aus ihrem Bekanntenkreis einladen, die mich bei dieser Gelegenheit kennen lernen und mir Fragen stellen konnten. Ich willigte ein, und es wurde eine höchst interessante Runde – Geschäftsfrauen, Künstlerinnen, Lehrerinnen und Unternehmerinnen, lauter Frauen, die sonst wahrscheinlich nie meinen Weg gekreuzt hätten.

Seither sind Linda und ich befreundet, und sie stand mir mit Rat und Tat bei der Neuorganisation der Stiftung zur Seite, die ich für die AWE-Expedition ins Leben gerufen hatte. Wir wandelten die Stiftung in einen Fonds zur Förderung junger Mädchen um. Vor allem aber lernte ich von Linda, wie man Menschen, insbesondere Frauen, zusammenbringt. Sie hatte einen untrüglichen Blick für Gemeinsamkeiten, Chancen für eine Zusammenarbeit, Partnerschaft oder Freundschaft. Sie wusste, wie man einen Raum mit Frauen füllt, die einfach nur zusammenfinden müssen. Und das alles erledigte sie nebenbei, ohne großes Tamtam, unterstützte und förderte Frauen, indem sie sie in ihren Kreis aufnahm.

Meine dritte Förderin war Kim Cook, die mich in der achten Klasse im Ferienlager betreut hatte. Ich war begeistert von dem Sommercamp, das meiner Liebe zur Natur und meiner Sportleidenschaft sehr entgegenkam, und Kim gab mir das Gefühl dazuzugehören. Während des Schuljahrs kam sie an meine Highschool und trommelte ein paar Mädchen zum Schneefußball zusammen. Ich war in einer Phase, die fast jeder Teenager irgendwann durchmacht: Man versteht sich nicht mehr mit den Eltern, fühlt sich als Außenseiter und hat keine Ahnung, wohin die Reise geht. Bei Kim dagegen durfte ich einfach ich selbst sein. Ich konnte so aufmüpfig und pubertär sein, wie ich wollte, Kim stärkte mir immer den Rücken. Sie hat mich auch dazu gebracht, Tagebuch zu schreiben. Wenn ich heute daran denke, bin ich entsetzt, wie viel Zeit sie mir und meinen kindischen Highschool-Freundinnen geopfert hat. Wir radelten immer zwei Stunden zur University of Minnesota, nur um bei ihr in der Wohnung herumzuhängen. Kim war unsere Zuflucht, und es war ein schwerer Schlag für mich, als sie in meinem zweiten Collegejahr bei einem Autounfall ums Leben kam.

Als ich die drei Wolken über mir sah, wusste ich, dass meine drei Beschützerinnen, wo immer sie sein mochten, auf mich herunterblickten und sich mit mir freuten. Ich musste lachen, als ich mir vorstellte, wie diese drei Powerfrauen, die sich nie gekannt hatten, zusammengluckten. Sie hätten sich bestimmt gut verstanden. Und ich fand den Gedanken tröstlich, dass sie in Antarktika über mich wachten.

Nach sechs Stunden Segeln waren wir beide erschöpft. Wir hatten am Pol nicht gut geschlafen, und unser Körper musste sich erst an die Zeitverschiebung um 13 Stunden gewöhnen. Theoretisch hatten wir nur eine Nacht am Pol verbracht, aber praktisch hatten wir einen Tag verloren, weil wir von Greenwich-Zeit auf neuseeländische Zeit umgestellt hatten (die der Greenwich Mean Time um 13 Stunden voraus ist), die Zeitzone der Station, weil viele Flüge zum Südpol von Neuseeland aus starten. Wir stellten dann aber wieder auf Greenwich-Zeit um, zur großen Erleichterung unseres Teams in Minneapolis. Mit den 13 Stunden Zeitunterschied hatten wir fast den entgegengesetzten Tagesrhythmus zu Minnesota und waren nicht zur richtigen Zeit wach, um mit den anderen zu kommunizieren. Und bei 24 Stunden Sonne am Tag konnten wir uns den Luxus leisten, die Uhren an unseren Biorhythmus anzupassen statt umgekehrt.

Liv

An unserem zweiten Tag nach dem Pol kamen wir in ein Gebiet mit tiefem Pappschnee. Es war, als liefe man auf einem Sandstrand Ski; die Schneekörner hafteten an den Skiern und verhinderten ein müheloses Gleiten. Der Wind reichte nicht aus, um zu segeln, sorgte aber dafür, dass uns die Kälte in Mark und Bein drang. Die Temperatur war dauerhaft auf -37°C abgesunken. Bei dieser Kälte gefriert jede Nässe außerhalb des Körpers sofort. Der Atem bildet Eis unter der Schutzmaske. Die Schutzbrille vereist innen und außen. Wenn man abends im Zelt ausatmet, gefriert der Atem an der Decke und schneit wieder auf einen herunter. Wir trugen jetzt beim Ziehen unsere Daunenjacken – zum ersten Mal. Bisher hatte die durch die Anstrengung entstehende Körperwärme genügt, um uns warm zu halten. Aber hier froren wir sogar mit den Daunenwesten. Ich hatte Mühe, meine Finger warm zu halten. Bei meinem Alleingang zum Südpol hatte ich mir zwei Fingerkuppen an der rechten Hand erfroren. Ich hatte den Fehler gemacht, mit der bloßen Hand das Eis von meiner Schutzbrille abzukratzen. Die Fingerkuppen waren blau gefroren gewesen; seither sind sie extrem kälteempfindlich. Wenn die Blutzirkulation bereits beeinträchtigt ist, handelt man sich beim zweiten Mal viel leichter Erfrierungen ein. Ich musste in den Pausen meine Arme wie Windmühlenflügel herumschwenken, um die Blutzirkulation in Gang zu bringen.

Geraume Zeit verbrachten wir nun mit Ziehen und arbeiteten uns endlose Stunden am Tag durch den Tiefschnee, ohne dass viel dabei herauskam. Ich fragte mich allmählich, warum wir überhaupt weitermachten. Wir stünden ziemlich dumm da, wenn wir uns zwei Wochen lang mit Ziehen abrackerten und uns am Ende trotzdem ausfliegen ließen, weil wir die Durchquerung in der restlichen Zeit nicht mehr schafften. Wenn wir weiter so geringe Fortschritte machten, wäre es am vernünftigsten, zum Pol zurückzukehren und so zumindest die Kosten für eine Bergung auf dem Eis zu sparen. Aber davon wollte Ann bestimmt nichts hören. Sie hatte jahrelang auf diese Expedition hingearbeitet. Und unsere Mitarbeiter würden ihr vermutlich Recht geben und sagen, wir sollten weitermachen, solange es eben ging.

Ann war vollauf mit ihrer verletzten Schulter beschäftigt und verschwendete keinen Gedanken daran, ob wir weitermachen sollten oder nicht. Sie brauchte ihre ganze Energie, um die Schmerzen niederzukämpfen. Ann kann unglaublich stur sein und ich bewunderte ihr Durchhaltevermögen; in vieler Hinsicht grenzte es fast an ein Wunder, dass sie überhaupt so weit gekommen war. Trotzdem ärgerte ich mich, denn mit ihrer Verbissenheit zwang sie uns dazu, unsere Schlitten in langen Tagesetappen durch den Tiefschnee zu ziehen. Ich hatte kein Problem mitzuhalten, aber die Sinnlosigkeit des Ganzen nagte an mir. Vier, fünf armselige Kilometer am Tag waren ein Tropfen auf den heißen Stein. Es würde nicht viel dabei herauskommen.

Aber ich sagte mir, dass es nicht nur meine Sache war. Die Entscheidung hing nicht allein von mir ab. Es spielten noch andere Faktoren mit, wie immer in solchen Fällen. In Gedanken kehrte ich oft zu meinen früheren Unternehmungen zurück, dachte über andere Siege und Niederlagen nach. Ich ließ ein paar wichtige Entscheidungen von damals Revue passieren, weil ich hoffte, sie könnten mir Aufschluss über mein gegenwärtiges Dilemma geben. Irgendwie landete ich immer bei meiner ersten gescheiterten Grönland-Durchquerung. Ich war damals mit drei Frauen unterwegs gewesen, und wir hatten von Anfang an Pech. Gleich am ersten Tag überfiel uns ein *pitarq*, wie die Eskimos es nennen, ein stürmischer Fallwind, der mit der Wucht eines Hurrikans einen Gletscher herunterfegt. Er blies so heftig, dass wir kein Zelt aufstellen konnten. Also packten wir den Inhalt aller vier Schlitten auf zwei um und legten uns Rücken an Rücken in die beiden anderen, die wir mit Segeltuchplanen abdeckten. Irgendwann hatte ich das Gefühl, dass der Wind nachließ, und wollte die Schlitten mit einem Schneeanker sichern. Ich richtete mich auf und lauschte. Ein wildes Brüllen fuhr mir in die Ohren, und ich wurde aus dem Schlitten gerissen und auf den Rücken geschleudert. Um mich herum war nichts als blendendes Weiß. Ich kämpfte gegen die aufsteigende Panik an und zwang mich, den Kopf unten zu behalten. Völlig durchgefroren und durchnässt hievte ich mich schließlich so weit hoch, dass ich die roten

Schlittenplanen erkennen konnte. Ich kroch die zehn Meter zum Schlitten zurück und schlüpfte hinein. 17 Stunden kauerten wir dort und warteten, bis der Sturm nachließ. Aber damit war die Sache noch nicht ausgestanden. Während wir in den Schlitten ausharrten, lief Brennstoff aus und machte unseren Proviant ungenießbar. Ein paar Tage später gab unser Primuskocher den Geist auf. Die Firma, bei der wir den Brennstoff bestellt hatten, hatte uns verbleites Benzin geschickt, obwohl wir unverbleites angefordert hatten. Mit wenig Proviant und ohne einen Kocher, mit dem wir Eis für Trinkwasser schmelzen konnten, war unsere Lage ziemlich aussichtslos. Wir aktivierten unser Notsignal und forderten über Funk ein Flugzeug an, das innerhalb weniger Stunden neue Primuskocher und ein paar hundert Kilo Konserven abwarf. Außerdem erhielten wir von der Polizei in Godthaab, dem grönländischen Regierungssitz an der Westküste, die Anweisung, unverzüglich umzukehren. Dieser Befehl stand in krassem Widerspruch zu den Anweisungen der Polizei in Angmagsalik an der Ostküste, die besagte, dass wir unter allen Umständen weitermachen sollten, weil keine Rettungshubschrauber zur Verfügung standen. Wir waren alle vier einhellig der Meinung, dass wir jetzt genug Proviant hatten, um uns weiter nach Westen vorwagen zu können.

Ein paar Tage später, als wir bereits über die Hälfte des Gletschers bewältigt hatten, funkte uns ein Flugzeug über unseren Köpfen eine Nachricht des Polizeichefs von Godthaab zu: *Wenn Sie nicht umkehren, wird Ihnen die Expeditionslizenz entzogen. Damit wird Ihre Versicherung, die auf dieser Lizenz beruht, ungültig.* Ich kochte vor Wut. Der Mann hatte kein Recht, eine solche Entscheidung zu treffen. Da wir von da an nicht mehr mit Hilfe rechnen konnten, falls wir in Schwierigkeiten gerieten, stimmten wir ab, ob wir weitermachen sollten oder nicht. Ich und eine andere Frau plädierten fürs Weitermachen, aber die anderen zwei wollten aufgeben und das bedeutete auch für uns das Aus. Wir machten kehrt, gaben unser Vorhaben auf und schlugen uns zu einer Jagdsiedlung in der Nähe durch, von wo aus wir unsere Ausrüstung per Schiff nach Hause verfrachten konnten. Später erfuhr ich, was hinter dem Ultimatum steckte. Der Polizeichef hatte in einer Godhtaaber Bar damit geprahlt, er werde »diese Weiber vom Gletscher runterbringen«, koste es, was es wolle. Seine Entscheidung hatte nichts mit unseren Fähigkeiten zu tun. Er war nur wütend, weil wir nicht auf ihn gehört hatten. Ein Jahr später kehrte ich mit meiner Freundin Julie Maske, die bei der missglückten Expedition dabei gewesen war, nach Grönland zurück, und wir schafften die Durchquerung als erste Frauenexpedition ohne fremde Hilfe.

Als wir damals von der Polizei zum Aufgeben gezwungen wurden, war ich zutiefst erbittert. Jetzt durfte ich Ann nicht dasselbe antun, auch wenn ich die besseren, vernünftigeren Argumente hatte. Und selbst wenn ich sie zum Umkehren bewegen konnte, würde sie sich ihr Leben lang fragen, ob wir die richtige Entscheidung getroffen hatten oder ob wir es vielleicht doch noch geschafft hätten – so wie es mir bei dieser ersten Grönlandtour ergangen war.

Der Polizeichef war nicht der Erste, der mir Steine in den Weg legte, nur weil ich eine Frau war. Irgendwie geistert in Norwegen immer noch die Vorstellung herum, dass Entdeckungsreisen und Polarabenteuer Männersache sind. Wahrscheinlich hängt das mit der norwegischen Geschichte zusammen, in der Polarforscher eine so große Rolle spielen: Der Norweger Roald Amundsen war der erste Mensch am Südpol, und Fridtjof Nansen, der Nationalheld, der entscheidend dazu beitrug, dass Norwegen die Unabhängigkeit von Schweden erlangte, führte die erste Expedition durch Grönland an. Das ist ein Teil unserer Tradition und unserer Kultur. Jedes norwegische Kind lernt Ski laufen, sobald es gehen kann. In den letzten Jahrzehnten sind Frauen in viele Bereiche vorgedrungen, die einst Männern vorbehalten waren – Erziehung, Sport, Geschäftswelt –, aber Polarabenteuer sind eine der wenigen Männerdomänen geblieben, die es noch gibt. Und manche Männer halten immer noch daran fest. Als ich als junges Mädchen anfing, an Skiwettkämpfen teilzunehmen, gab es noch große Widerstände, Frauen gegen Männer antreten zu lassen. Zum Birkebeinerrennet, einem Crosscountry-Skirennen über 55 Kilometer, bei dem man mit einem dreieinhalb Kilo schweren Rucksack eine Bergkette überqueren muss, wurden Frauen erst 1970 zugelassen. Ich lief als Teenager bei dem ersten Rennen mit, an dem Frauen teilnehmen durften, und eine Szene wird mir unvergesslich bleiben: Auf einer Abfahrt überholte ich einen Veteranen, der mir seinen Skistock in den Nacken schlug und »Verdammte Weiber!« hinter mir her brüllte.

Während ich meinen Schlitten über den Titan Dome zog, wurde mir bewusst, dass Ann und ich in unserem Leben fast nur Ziele angestrebt hatten, die andere für unerreichbar halten. Ein guter Entdecker stellt die Grenzen des Erreichten in Frage; aber ein guter Entdecker weiß auch, wann er aufgeben muss – wenn die Risiken zu groß sind oder die Mühe sich nicht lohnt. Die Grenze zwischen Hartnäckigkeit und Leichtsinn ist sehr fein. Ich fragte mich allmählich, ob wir sie nicht bereits überschritten hatten. Wir hatten noch über 1600 Kilometer vor uns, die wir in einem knappen Monat schaffen mussten. Ich war nicht sehr optimistisch. Aber ich war mir darüber im Klaren, dass ich mich vielleicht irrte. Und solange wir noch eine Chance hatten – sei sie auch noch so gering –, wollte ich keine Spielverderberin sein und Ann zum Aufgeben überreden. Ich behielt also meine Einwände für mich.

ANN

Es entging mir nicht, dass Liv in der ersten Zeit nach dem Pol völlig geschafft vom Ziehen war. Nicht körperlich natürlich. Liv ist unermüdlich. Sie hängt mich und jeden anderen mühelos ab, wenn sie will. Aber das Warten auf den Wind, den sie mit aller Macht herbeisehnte und der dann doch nicht kam, stürzte sie in ein ständiges Wechselbad der Gefühle, dem sie nur schwer gewachsen war. Wir telefonierten in den ersten Tagen nach dem Südpoltrubel mit John, dessen Windkarte überall Winde aufwies, nur da nicht, wo wir gerade waren. Das Ziehen war anstrengend, aber ich schöpfte psychisch Kraft daraus. Beim Ziehen braucht man genau die Fähigkeiten, die meine Stärke sind: Zähigkeit und Ausdauer. Trotz meiner sportlichen Erfolge glaube ich nicht, dass ich je im Leben die Größte oder Beste war, in welcher Disziplin auch immer. Ich schnitt gut ab, weil ich länger durchhielt als alle anderen. Ich bin einfach zu stur, um aufzugeben. Beim Ziehen fühlte ich mich in mein altes Gleis zurückversetzt: langsam, aber sicher zum Ziel. Für mich war es wie ein Wettkampf zwischen meinem Schlitten und mir, und wenn ich am Ende des Tages, nachdem ich sechs bis neun Stunden über meinen Schmerz oder Frust oder meine Langeweile triumphiert hatte, auf ihn hinunterblickte, hatte ich das Gefühl, dass er richtig beleidigt oder kleinlaut aussah. Ich glaube, meine Ausdauer rührt zum Teil daher, dass ich im Augenblick lebe und nicht in Gedanken vorauseile. Das Ziehen gab mir die Möglichkeit, mit der Enttäuschung fertig zu werden, dass uns der Wind im Stich ließ. Was blieb uns schon anderes übrig, wenn wir nicht im Zelt herumsitzen und uns verrückt machen wollten? Liv wachte morgens auf und wurde ganz euphorisch, wenn das Zelt sich in einer leichten Windbö rührte. Wenn der Wind dann abflaute, stand ihr die Enttäuschung ins Gesicht geschrieben und ihre Stimmung sank auf den Nullpunkt. Ich hatte keine Lust, auf diese Achterbahn der Gefühle einzusteigen.

Vielmehr zitterte ich insgeheim vor der nächsten Reihe guter Segeltage. Trotzdem sehnte ich den Wind so sehr herbei, dass ich ihn fast schmecken konnte. Ohne Wind würden wir dieses Unternehmen nicht zu Ende bringen. Und natürlich hatte ich beim Segeln dazugelernt, genau wie Liv, aber ich wurde das Gefühl nicht los, dass ich bisher Glück gehabt hatte. Und ich hatte Angst, meine Glückssträhne könnte bald zu Ende gehen.

Am 27. Januar kehrte der Wind zurück. Hoch über uns wehten starke Winde, die unsere Segel zogen, und zugleich rührte der Wind einen so genannten Bodenblizzard auf. Dabei wird der lockere Schnee vom Boden zu einer etwa hüfthohen Wolke aufgepeitscht. Darüber ist der Himmel strahlend blau und man hat eine kilometerweite Sicht. Darunter sieht man nicht einmal die eigenen Füße oder den Boden. Außerdem hat ein Bodenblizzard die unangenehme Eigenschaft, überall Schnee hinzuwirbeln – er dringt in die Hose ein, durch die Zeltverschlüsse, in den Schlafsack. Das Leben im Zelt wird strapaziöser, weil man viel mehr Energie darauf verschwendet, den Schnee aus den Kleidern zu schütteln, und weil man nie richtig trocken wird. Wenn man den Schnee nicht zu fassen kriegt, bevor er in der Körperwärme schmilzt, verwandelt er einen in ein nasses, kaltes, schlotterndes Häufchen Elend.

Das Segeln bei einem Bodenblizzard ist ziemlich gefährlich, aber wir hingen sieben Stunden in den Leinen und bewegten uns teils segelnd, teils gehend fort. Am nächsten Tag hatten wir siebeneinhalb Stunden ideale Segelbedingungen. Die letzten zwei Stunden legten wir an einem Stück zurück, ohne Pausen. Das war ein Fehler. Als wir endlich anhielten, schmerzte mein rechtes Knie so sehr, dass ich nicht mehr auftreten konnte. Ich setzte mich hin und heulte. Es dauerte ein paar Minuten, bis ich mich erholt hatte. Liv merkte offenbar nichts davon, schien ganz in ihre Gedanken vertieft und auf ihre Segel konzentriert. Ich war überrascht, wie schnell ich wieder obenauf war. Der heftige Schmerz ließ rasch nach, als ich mir die Füße vertrat.

Der Wind frischte so stark auf, dass wir die 15-Meter-Segel gegen die Sturmsegel vertauschten. Liv ging zum Schlitten zurück, um ihres zu holen, und ich kroch hinüber, um meines auszupacken. Prompt riss die Sicherungsklammer an meinem Segel und es trudelte davon. Liv erwischte es im letzten Moment. Während wir damit beschäftigt waren, mein Sturmsegel zu entwirren, ließ Liv das ihre eine Sekunde lang los. Wuusch! – schon flog es übers Eis. Ich sauste ihm nach, laut keuchend und schnaufend in der dünnen Luft. Ich holte es erst nach etwa eineinhalb Kilometern ein, gerade als Liv mit ihrem 15-Meter-Segel hinter mir angefegt kam.

Zwei Tage später musste Liv meinem Segel hinterherjagen. Gegen acht Uhr abends stürzte ich, nicht weiter schlimm. Aber ich wurde mitgeschleift, und als ich das Segel einholen wollte, zerbrach die Stahlklammer, mit der es am Steuerbügel befestigt war. Ich starrte fassungslos hinterher, als es davonwehte. Liv war weit vorn. Ich stand auf, zog mein Walkie-Talkie heraus und brüllte verzweifelt hinein: »Liv, mein Segel! Segel! Es ist weg!« Ich sah, wie Liv sich umdrehte und ihr Blick auf das Segel fiel, das bei der nächsten Bö an ihr vorbeitrudelte. Liv raste hinterher. Ich schaute ihr nach, bis ich sie nicht mehr sehen konnte. Dann ging ich zu ihrem Schlitten und wartete. Wartete eine Ewigkeit, wie mir schien.

Ungefähr 20 Minuten verstrichen und mir gingen grässliche Bilder durch den Kopf. Wenn Liv nun zu weit abgekommen war und die Orientierung verloren hatte? Ich sah keinerlei Skispuren, denen ich hätte folgen können. Ich las die Position der Schlitten auf dem GPS ab und marschierte los, wobei ich dem Wind in die Richtung folgte, in die er das Segel getragen hatte. Nach ungefähr drei Minuten sah ich eine Gestalt in der Ferne, und beim Näherkommen erkannte ich Liv – die etwas festhielt. Ich holte sie ein und nahm ihr das Segelknäuel ab. Sie hatte ihre Schutzbrille samt Maske bei der Verfolgungsjagd verloren; ich gab ihr meine Gletscherbrille.

Abends im Zelt redeten wir über unser Abenteuer und stellten fest, dass wir unglaubliches Glück gehabt hatten. Während Liv ihre schneeweiß gefrorenen Finger aufwärmte, erzählte sie mir, dass Einars Botschaft an diesem Morgen gelautet hatte: »Kein Problem ist so groß, dass man ihm nicht davonsegeln könnte.« Sie schüttelte den Kopf, lächelte und sagte: »Die Frage ist nur, wie wir unseren Problemen davonsegeln sollen, wenn unsere Segel uns davonsegeln.«

Wir waren in guter Stimmung, denn trotz unseres Segeldebakels wurde das Transantarktische Gebirge am Horizont immer größer. Schon bald würden wir auf dem Shackleton-Gletscher segeln, der sich zwischen diesen Bergen hindurchschlängelte. Dieser Gletscher war das Tor zum Rand des Kontinents und dem Ross-Eisschelf dahinter. Die Zielgerade war endlich in Sicht. Über 2400 Kilometer hatten wir geschafft, noch gut 880 lagen vor uns. Wir hatten noch ungefähr 20 Tage Zeit, so dass wir im Durchschnitt 44 Kilometer pro Tag zurücklegen mussten. Das war nicht so übermäßig viel, wenn wir an die letzten Tagesetappen vor dem Pol dachten. Ich rechnete mit ein paar guten 110-Kilometer-Tagen, mit denen wir die langsamen Abschnitte wettmachen konnten.

Die erste Februarwoche machte unsere zuversichtliche Stimmung schnell wieder zunichte. Wir wurden weiterhin von Bodenblizzards verfolgt. Zweimal in dieser Woche saßen wir wegen eines Blizzards und schlechter Sicht im Zelt fest. Der wirbelnde Schnee drang in unsere Schlafsäcke, unsere Kleidung, ja sogar in die Socken ein. Mein Daunenanzug fühlte sich klebrig und feucht an. An den Tagen, an denen wir unterwegs sein konnten, mussten wir uns in einem stark zerklüfteten Gebiet mit hartem, festgebackenem Schnee vorwärts kämpfen. Wir mussten vor jedem Schritt den Boden mit den Skistöcken sondieren. Es herrschten Lichtverhältnisse, wie ich sie noch nie erlebt hatte. Durch das Schneetreiben drang kaum mehr Sonnenlicht, so dass eine Art Dämmerung entstand.

Wir hatten das Gefühl, uns bei Nacht fortzubewegen. Aber von Zeit zu Zeit brach plötzlich die Sonne durch den Blizzard, fast wie ein Scheinwerfer. Ich fühlte mich an alte Gemälde erinnert, auf denen das Wirken der göttlichen Macht als Lichtkegel dargestellt wird, der den Himmel teilt. Es war ein überwältigender Anblick – schön, aufregend, unheimlich, beängstigend, alles was ich mir immer von einer Expedition in diesen Breitengraden erträumt hatte.

Liv

Mein Schlitten trieb mich allmählich zur Verzweiflung. Er schlingerte links und rechts hinter mir herum und hüpfte über Spalten, die ich sorgfältig umgangen hatte. In einer kurzen Segelphase von einer Stunde kippte er um, so dass eine Brennstoffflasche zerbrach. Die Kälte war extrem, aber erträglich. Um meine Lebensgeister aufrechtzuerhalten, rief ich mir die fantastischen Touren in Erinnerung, die ich mit Einar bei unseren Skiwanderungen auf arktischen Gletschern gemacht hatte. Einar war jetzt bereits auf dem Weg nach Tasmanien. Dort würde er an Bord des Schiffs gehen, das Ann und mich im McMurdo-Sund auflesen sollte. (Pam wollte nach Tasmanien fliegen und uns dort bei unserer Rückkehr in Empfang nehmen.) Ann und ich hatten noch ungefähr 20 Tage, um den Shackleton-Gletscher und den Ross-Eisschelf zu überqueren. Die Tatsache, dass das Schiff bald in See stechen würde – mit Einar und Mariko Miyamoto, unserer Betreuerin in Kapstadt, sowie zahlreichen Reportern an Bord –, machte diese Deadline greifbarer für uns. Die Sir Hubert Wilkins war klein für antarktische Gewässer, die jetzt, gegen Ende des Sommers, rasch zufroren. Je tiefer Ann und ich in den antarktischen Winter hineingerieten, desto größer wurde die Gefahr, dass wir schlechtes Wetter auf dem Festland bekamen und das Schiff im Packeis hängen blieb. Eine Seerettung ist nicht einfach und schon gar nicht billig. Und die Gefahr, dass jemand verletzt wird oder umkommt, wenn das Schiff in einen Sturm gerät oder vom Packeis beschädigt wird, war sehr real. Mich quälte allmählich nicht nur der Gedanke, dass Ann und mir etwas zustoßen könnte, sondern ich bangte um die Menschen, die uns abholten. Ich hoffte inständig, die Antarktis möge uns freundlich gesinnt sein – Wind für uns und eine ruhige See für unsere Lieben.

9 Endlose Strapazen

ANN

Unser erster Tag auf dem Shackleton-Gletscher verlief trügerisch glatt. Wir segelten zunächst ein Stück hinunter, das ursprünglich ein sanfter Hang gewesen war. Wegen der Berge, die zu beiden Seiten von uns aufragten, kamen wir uns wie in einer überdimensionalen Rutschbahn vor. Deshalb hatten wir uns auch dafür entschieden, den Shackleton hinunterzusegeln. Wir dachten, dass es schneller und sicherer sei. Aber mit der Zeit stellten wir fest, dass wir durch das Zusammenwirken von starkem Wind, Schwerkraft und glattem Eis viel zu schnell wurden, um unsere Fahrt noch steuern zu können. Wir sausten eine Weile in vollem Tempo dahin, bis wir plötzlich schmerzhaft auf dem harten Eis landeten. Dann kamen wir in eine Spaltenzone, wo das Segeln zu gefährlich wurde. Ungefähr alle drei Schritte brachen unsere Skistöcke in tiefe Risse ein.

Aber der eigentliche Albtraum begann erst am nächsten Tag. Kein Wunder, dass wir dieses Gebiet später »die Hölle« nannten. Ich hatte noch nie solches Eis gesehen; der ganze Gletscher bestand nur aus Kämmen und Spalten. Man denke sich eine Landstraße mit einer dicken Eisschicht, die sich in Form von riesigen Schlaglöchern und Reifenabdrücken auf- und abwölbt. So ungefähr sah es auf dem Shackleton aus. Liv und ich kamen uns wie zwei Feldmäuse vor, die in diesem riesigen, zerklüfteten Labyrinth umherirrten. Das meiste Eis, das über den Spalten lag, war faul: teilweise geschmolzen und kristallisiert. Obwohl wir sehr vorsichtig waren und den Boden ständig mit den Skistöcken sondierten, brachen wir oft im Eis ein.

Es lässt sich schwer beschreiben, was in einem vorgeht, wenn man bis zu den Schenkeln oder Hüften einbricht. Das Erste, was man wahrnimmt, ist das bröckelnde Eis unter den Füßen, dann setzt der Adrenalinstoß ein, wenn man spürt, dass man fällt. Noch hat man keine Ahnung, wie tief das Loch ist. Wenn man Glück hat, prallt der Fuß einen halben Meter tiefer auf festes Eis – hoffentlich nicht so heftig, dass man sich den Knöchel bricht. Es kann aber auch sein, dass man bis zu den Ellbogen durchfällt, so dass die Beine plötzlich über einer Spalte im Eis baumeln, die womöglich kilometertief hinunterreicht. Dann muss man sich im Bruchteil einer Sekunde fangen und Halt am erstbesten soliden Eisrand finden, den man erwischt. Das nächste Problem ist der Schlitten. Manchmal ist er ein Verbündeter, der einen über dem Abgrund festhält, so dass man sich aus der Spalte herausziehen kann. Liegt aber das Loch, in das man fällt, unterhalb des Schlittens, verwandelt er sich in einen Torpedo, der auf einen zurast und nur ein Ziel hat: ins Eis zu stürzen und einen mit hinunterzureißen. Bei jedem Sturz reagiert der Körper wie im schlimmsten Ernstfall, wie wenn man in einen abgrundtiefen Schacht gefallen wäre. Das Herz rast, der Adrenalinstoß setzt ein, und angetrieben vom Überlebensinstinkt, läuft der Körper auf vollen Touren. Dazu kommt noch, dass man bei jedem Schritt mit diesem Sturz rechnet. Die geistige Konzentration, die einem abverlangt wird, ist enorm und die ständige Alarmbereitschaft zermürbend. Ob man in einer Spalte den Tod findet oder ohne jede Verletzung davonkommt, hängt letztlich von einer Mischung aus Erfahrung, Geschicklichkeit, guten Reflexen und Glück ab. Liv und ich blieben auf diesem Teil des Shackleton eng beisammen, in nur wenigen Metern Abstand. So konnten wir einander mehr als einmal zu Hilfe kommen, wenn die Schlitten von einer Spalte abgehalten oder aus einem Loch herausgezogen werden mussten. Am Ende des ersten Tages waren wir total erledigt. Wir hatten weniger als 18 Kilometer zurückgelegt und über neun Stunden gezogen, die meiste Zeit mit Steigeisen an den Schuhen. Da der Gletscher abwärts verlief, wurden unsere Zehen bei jedem Schritt in die Stiefelspitzen gerammt. Wir waren wie gerädert und völlig aufgeschürft, als wir abends unser Lager aufbauten. Das Loch an der Seite von Livs Schlitten wurde zusehends größer, je mehr das Eis daran schrammte. Liv konnte den Schlitten ohne die Zugstange nicht in der Spur halten, und es hatte keinen Sinn, ihn zu reparieren, solange wir in diesem zerklüfteten Gebiet waren.

Erschöpft und mutlos rief ich abends beim Team zu Hause an. Stan Oleson nahm das Gespräch entgegen. Wir plauderten ein paar Minuten. Er war bester Laune, und nachdem wir zwei Minuten über das Eis geredet hatten, erzählte er mir auch, warum: Er hatte auf eine zweite Blutanalyse gewartet, nachdem die erste ergeben hatte, dass der Tumor nachgewachsen sei, aber das war blinder Alarm gewesen, wie er jetzt erfahren hatte. Stan war euphorisch, wie erlöst. Er war jetzt seit sechs Monaten ohne Befund. Er hatte uns den ersten Test verschwiegen, weil er uns nicht mit seinen Problemen belasten wollte, solange wir auf dem Eis waren. Ich war ungeheuer froh über diese gute Nachricht und musste anschließend die ganze Zeit daran denken. Angesichts von Stans Problemen rückten die Kämpfe, die Liv und ich durchzustehen hatten, wieder in die richtige Perspektive. Ich dachte an die Gespräche, die ich mit ihm in Minnesota geführt hatte, darüber, wie der Krebs sein Leben verändert hatte, wie er mental und psychisch mit der Krankheit umging. Er hatte mir ganz am Anfang anvertraut, dass er sich mit der Krebstherapie ausgesöhnt habe, seit er nicht mehr gegen die Krankheit ankämpfe. Das bedeutete nicht, dass er aufgegeben hatte, aber ihm war bewusst, dass er nur seine Energie verschwendete, wenn er den Krebs in seinem Körper verfluchte. Es war sinnlos, sich zu fragen: Warum ausgerechnet ich? oder den Krebs fortzuwünschen. Erst als Stan die Krankheit akzeptiert hatte, konnte er seine ganze Kraft auf die Heilung konzentrieren. Er war sogar fähig, das »Bereichernde« an seinem Krebs zu sehen, wie er es ausdrückte. Er legte seine Bestrahlungstermine in die Bürozeiten, und jeden Tag holte ihn ein anderer Freund ab und brachte ihn zur Behandlung. Es war nicht zu übersehen, dass die Wärme und Unterstützung, die er in seinem vertrauten Freundeskreis erfuhr, auf der psychischen Ebene mindestens genauso viel bewirkte wie die Bestrahlung auf der körperlichen.

Das Gespräch mit Stan führte mir wieder vor Augen, dass ich viel zu sehr auf den Wind fixiert war, dass ich aufhören musste, mir anderes Wetter, besseres Eis, mehr Zeit zu wünschen. Stan hatte ein Bild dafür, das den Unterschied verdeutlichte: eine westliche und eine japanische Säge. Die westliche Handsäge wird durch das Holz nach vorn geschoben, eine Bewegung, bei der die Schulter strapaziert und extremer Druck auf das Sägeblatt ausgeübt wird. Die japanische Säge dagegen zieht man durch das Holz zum Körper hin, eine Bewegung, bei der mehr Druck auf das Holz ausgeübt wird, weil sie die natürliche Kreisbewegung der Schulter aufnimmt. Die Säge schneidet mühelos, im Einklang mit dem Körper, so dass sie leichter und sicherer zu handhaben ist. Ich erkannte, dass sich Stans Metapher auch auf unsere Tour anwenden ließ. Liv und ich waren in dieser Hölle viel zu sehr von dem Gedanken besessen, gegen das Eis anzukämpfen. Es musste doch eine Möglichkeit geben, anders damit umzugehen.

Am nächsten Tag einigten wir uns darauf, immer nur einen Schlitten gemeinsam vorwärts zu bewegen, anstatt beide Schlitten jeweils allein zu ziehen. Wir zogen den einen Schlitten, bis wir den anderen fast aus den Augen verloren hatten, und stellten ihn dann auf einer Eisdüne ab, wo er nicht wegrutschen konnte. Dann gingen wir zurück und holten den anderen. So kamen wir zwar langsamer voran, sparten aber viel Zeit und Energie, die wir sonst darauf verwendet hätten, unsere Schlitten aus den Spalten herauszufischen. Am nächsten Tag, als das Eis ein bisschen glatter wurde, konnten wir die Schlitten aneinander koppeln. Ich zog von vorn und Liv bremste von hinten – unsere Version der japanischen Säge. Wir befestigten einen zwei Meter langen Textilstreifen, ein locker geflochtenes flaches Seil, am Ende des zweiten Schlittens. Liv hielt dieses Seil, bremste unseren »Schlittenzug«, wenn wir bergab fuhren, und lenkte um die Spalten herum. Mit dieser Methode kamen wir viel sicherer und besser voran. Das Gelände freilich wurde dadurch nicht ungefährlicher. Und wir wurden bald unsanft daran erinnert, wie tückisch dieser Teil des Shackleton-Gletschers sein kann.

LIV

Was am 9. Februar auf dem Shackleton passierte, verursacht mir heute noch Albträume. Es war das schlimmste Erlebnis, das ich je auf meinen Touren hatte. Bei unserer Erfahrung hätte das nie-mals passieren dürfen; aber man kann nicht den ganzen Tag lang jede Sekunde hundertprozentig wachsam sein. Und schon das geringste Nachlassen der Konzentration kann einen teuer zu stehen kommen.

Ich ging hinter Ann, nach vorn gebeugt, um den hinteren Teil ihres Schlittens von einer Spalte wegzusteuern. Ich hatte das Seil, das am Schlittenende befestigt war, um die linke Hand geschlungen. Als ich das Gewicht verlagerte, hörte ich ein unheilvolles Knirschen, und im nächsten Moment war ich bis zur Brust ins Eis eingebrochen – genau in die Spalte, vor der ich Anns Schlitten bewahrt hatte. Unter meinen Füßen war nichts als leere Luft. Ich baumelte über einem Abgrund, der so tief war, dass er weit unter mir in unergründliche Schwärze überging. Ich packte den Gurt, der sich am Rand der Spalte so verfangen hatte, dass er mich hielt, ohne mein Gewicht auf den Schlitten zu übertragen. Ohne diesen schwachen Anker wäre der Schlitten mit seiner glatten Unterseite so weit nachgerutscht, dass er mich in den Abgrund gerissen hätte. Mein rechter Ellbogen ruhte auf dem Rand des Lochs. Blitzschnell schwang ich den rechten Fuß nach hinten und rammte ihn mit voller Wucht in die Innenwand der Spalte, damit sich meine Steigeisen so tief wie möglich ins Eis bohrten. Aus dieser Position konnte ich mich in Schwimmerhaltung über die Spalte hochhieven und herausziehen. Das Gurtband hatte unterdessen die Schlitten hinter Ann festgehalten. Als ich aus der Spalte kletterte, schlingerten die Schlitten, und ich hörte Ann schreien: »Nicht schieben!«

Mein Herz hämmerte, und ich war wie gelähmt vor Angst. Ich hatte keine Ahnung, warum sie sich so aufregte. Hinterher erfuhr ich, dass sie mich warnen wollte, die Schlitten ja nicht von hinten anzuschieben; wäre ich beim Herausklettern aus der Spalte zu heftig dagegen gestoßen, hätte ich Ann in eine Spalte gestürzt, die direkt vor ihr klaffte. Sie hatte meinen Sturz nicht mitbekommen und daher keine Ahnung, welchem Desaster wir gerade mit knapper Not entronnen waren. Der Wind war so laut, dass sie das krachende Eis nicht gehört hatte. Ich wiederum konnte die Spalte nicht sehen, die ihr einen solchen Schreck eingejagt hatte. Grimmig dachte ich: Ist das der Dank dafür, dass ich ihren Schlitten gerettet habe? Aber plötzlich musste ich lachen. Der Adrenalinstoß hatte mich wohl etwas aggressiv gemacht. Dabei konnte ich heilfroh sein, dass ich noch am Leben war.

ANN

Beim Abendessen erzählte mir Liv, wie knapp wir an einer Katastrophe vorbeigeschrammt waren. Der Sturz muss ein Albtraum für sie gewesen sein, aber meine Lage war auch nicht gerade rosig. Wir konnten es kaum erwarten, den Shackleton hinter uns zu bringen.

Am letzten Tag auf dem Gletscher, dem 10. Februar, konnten wir endlich unsere Steigeisen abnehmen und die Skier anschnallen. Das war eine große Erleichterung, denn auf dem Weg über den Gletscher war je eines unserer Steigeisen zerbrochen. Wir hatten sie notdürftig repariert, wodurch sie noch unbequemer wurden – etwa so unbequem wie extrem hohe Pumps. Wir hatten nicht damit gerechnet, dass wir so oft Steigeisen brauchen würden, sonst hätten wir ein Ersatzpaar mitgenommen oder andere Stiefel gewählt. (Die weichen Stiefel, für die wir uns entschieden hatten, weil sie auf Skiern so bequem waren, wurden von den Steigeisen gründlich ramponiert.) Wir wussten nicht, wann das Eis aufhören und ob unsere Steigeisen lang genug halten würden, um uns heil hinüberzubringen. Bei diesem Gedanken musste ich lachen. Ich stellte mir den miserablen Zustand von Shackletons Ausrüstung vor, als er mit zwei Männern loszog, um Hilfe zu holen, und schließlich auf der falschen Seite von South Georgia Island landete. Shackleton und seine Männer überquerten den Gletscher, um zu einer Walfangstation auf der anderen Seite der Insel zu gelangen. Sie bastelten sich provisorische Steigeisen mit den Nägeln, die sie aus ihrem Rettungsboot zogen und in ihre Stiefelsohlen hämmerten. Dass sie es schafften, grenzt an ein Wunder. Im Vergleich dazu war unser Schuhwerk geradezu luxuriös.

Am späten Nachmittag nahmen wir gemeinsam das verbleibende Gletscherfeld vor uns in Augenschein. Es bestand aus großen Schneebrocken, ein weißer, mit riesigen grauen Blöcken gesprenkelter Teppich. Über die Hänge der schneebedeckten Gipfel zu unserer Rechten zogen sich große Gletscher. Links leuchteten die Felsen in flammendem Rot, das von mineralischen Ablagerungen herrührte. Trotz des Zeitdrucks, unter dem wir standen, genossen wir diese Etappe. Wir machten Fotos von der atemberaubenden Landschaft. Die Schönheit dieser Umgebung gab uns Kraft und stärkte unseren Willen zum Weitermachen.

Jetzt brauchten wir vor allem ein paar gute Segeltage. Wir mussten Strecke machen, und endlich bekamen wir auch einen anständigen Rückenwind. Das Eis vor uns war schneebedeckt, aber ich wusste, dass darunter breite Spalten lauerten, möglicherweise groß genug, um uns samt Skiern, Schlitten, Segeln und allem Drum und Dran zu verschlingen. Aber ganz so schlimm wie das Gelände, das wir gerade überquert hatten, sah es zum Glück nicht aus. Ich hatte Angst. Falls es Liv genauso ging, ließ sie es sich zumindest nicht anmerken. Ich sagte, ich müsse einen Augenblick nachdenken. Ich entfernte mich ein paar Meter von ihr und blickte über den Gletscher und den dahinter liegenden Eisschelf. Elf Jahre lang hatte ich davon geträumt, von Küste zu Küste zu kommen – nur darum ging es. Stellte das Segeln hier ein vertretbares Risiko dar, oder war es purer Leichtsinn? Was unseren Zeitplan anging, kämpften wir mit dem Rücken zur Wand. Wir brauchten mindestens ein paar 80-Kilometer-Tage, wenn wir es noch schaffen wollten.

Wir entschieden uns fürs Segeln. Es war eine wilde Angelegenheit. Liv übernahm die Führung mit dem 15-Meter-Segel, und ich folgte. Bald fiel ich ein Stück zurück, weil ihr Schlitten riesige Spalten vor mir aufriss. Ein paar Mal schrammte ich knapp daran vorbei, und mein Herz raste. Wir erkannten das durchsichtige Blau der eisbedeckten Spalten, wenn wir darauf zuglitten, und fuhren sie schräg an, um so kurz wie möglich mit dem ganzen Gewicht auf dem dünnen Eis zu sein. Es war nervenaufreibend. Liv ließ nach ein paar Minuten ihr Segel fallen und schlug vor, auf die Sturmsegel umzusteigen. Sie hatte Angst, und ich konnte es ihr nicht verdenken. Die Sturmsegel ließen sich etwas leichter manövrieren. Nach einigen Kilometern vertauschten wir sie wieder gegen die 15-Meter-Segel. Livs Segel verhedderte sich hoffnungslos, noch ehe sie es ganz ausgepackt hatte. Ich schlug ihr vor, sich doch hinten an meinen Schlitten anzuhängen, und mein 15-Meter-Segel zog uns beide noch etwa zehn Kilometer weiter durch den Tiefschnee. Aber der Wind hielt nicht lange an. Wir waren verdrossen und gereizt, als wir am Abend unser Zelt aufstellten. Der ganze Ärger mit dem Segeln hatte uns nur wenige Kilometer eingebracht, und jetzt brauchten wir mehrere Stunden, um die Leinen zu entwirren und die nötigen Reparaturen zu machen.

Am nächsten Morgen erwachten wir in fröhlicherer Stimmung, auch deshalb, weil die nächste Etappe unmittelbar vor uns lag: Der Ross-Eisschelf war nur noch knapp 24 Kilometer entfernt. Der Eisschelf ist, wie schon der Name sagt, eine riesige schwimmende Eismasse, die über den Rand des Kontinents quillt. Er hat ungefähr die Größe Frankreichs und verlagert die Küstenlinie des Kontinents gut 650 Kilometer ins Meer hinaus. Der Ross-Schelf ist relativ flach, und nach allem, was wir gehört hatten, fegt der Wind hier mit voller Wucht herunter. Wir rechneten mit guten, langen Segeltagen, so dass ich durchaus zuversichtlich war, als wir unsere Schlitten aus der Gletschermündung auf den Schelf hinauszogen. Es war unser 90. Tag auf dem Eis. Mit der Aussicht, auf dem nächsten Stück richtig gut voranzukommen, wich der Zeitdruck etwas. Wir zogen unsere Schlitten und genossen das Panorama. Der Mount Speed lag zu unserer Linken, und hinter uns ragten die Hänge des Transantarktischen Gebirges auf. Wir legten gut 21 Kilometer in neun Stunden zurück und kampierten am Fuß des Ross-Eisschelfs.

Ich war so beglückt von der Aussicht auf das Segeln am nächsten Tag und von der Schönheit um uns herum, dass mir der große Augenblick gar nicht bewusst war. Als das Zelt stand, drehte Liv sich zu mir um und sagte: »Hey, Ms. Bancroft, ich glaube, wir haben was zu feiern. Wir haben soeben den Kontinent durchquert.«

Und sie hatte Recht. Wir waren am Rand der Landmasse angelangt und hatten somit tatsächlich den Kontinent durchquert. Für mich endete die Tour erst mit der Überquerung des Eisschelfs, aber im Hinblick auf die historische Bedeutung unseres Unternehmens waren das zusätzliche Kilometer ohne Belang. Wir hatten soeben als erste Frauenexpedition die Landmasse Antarktikas durchquert.

Liv filmte mich vor dem Schelf und wir stießen mit Aquavit an. Es war ein gutes Gefühl, aber noch fehlte etwas. In meinen Augen war die Expedition erst zu Ende, wenn wir die McMurdo-Station erreicht hatten. So hatten wir es geplant, und ohne den Schelf würde unsere Durchquerung in Polarexpeditionskreisen nicht anerkannt werden. Mein Kindheitstraum war noch mit einem Fragezeichen versehen, das sich nur ausradieren ließ, wenn ich den Schelf überquerte. Ich war überzeugt, dass wir es schaffen würden. Wir waren körperlich und psychisch gut in Form; wir hatten mehr als genug Proviant. Alles, was wir jetzt noch brauchten, war ein kräftiger Wind.

Liv

Als wir unser Lager aufgebaut hatten, erklärte ich Ann, dass wir diesen Tag zum »Ann's Day« erheben würden, weil wir den Rand des Festlandsockels erreicht hatten. Der Gedanke war mir schon kurz nach dem Titan Dome gekommen, als ich mich damit ausgesöhnt hatte, dass wir nicht umkehren würden. In Anns Augen war es noch nicht das richtige Ende der Expedition, aber ich bestand darauf, dass wir unseren Sieg gebührend feierten.

Einars Botschaft an diesem Tag lautete: *»Du må ingenting!«* – »Du musst nichts.« Das stimmte. Wir hatten die Expedition aus freien Stücken begonnen. Und es war gut, sich daran zu erinnern, dass es allein an uns lag, ob wir weitermachen wollten oder nicht.

Wir hatten noch 787 Kilometer bis zur McMurdo-Station vor uns und nur zehn Tage Zeit. Wir brauchten unbedingt ein paar ergiebige Segeltage, so wie in unseren besten Zeiten vor dem Pol. Aber der Wind hatte uns fast die ganze Zeit im Stich gelassen, und so hofften wir wohl vergeblich auf ein Wunder.

~ ~ ~

Ann und Liv konnten nicht wissen, dass die Nachricht von ihrer historischen Leistung bereits um die Welt ging. Der Journalist Jerry Zgoda, der in der *Minneapolis Star Tribune* darüber berichtet hatte, war mit Einar und Mariko an Bord der *Sir Hubert Wilkins*. Das Schiff erhielt die Bestätigung vom Basislager, dass die beiden Entdeckerinnen den Schelf erreicht hatten, und Zgoda gab seine Story über Satellit durch. Die Montagsausgabe der Zeitung trug die riesige Schlagzeile: »Zwei Frauen erobern den weißen Kontinent«. Begeistert hieß es da, dies sei die längste Skitour, die Frauen je unternommen hätten.

10 Ende der Expedition

Ann

Ein leichter Wind trieb uns frühmorgens am 91. Tag aus unseren mollig warmen Schlafsäcken. Wir starteten mit den 15-Meter-Segeln und glitten in gemäßigtem Tempo eine halbe Stunde lang durch den Tiefschnee. Ich hatte den Autopilot eingeschaltet: Meine Arme und Beine manövrierten das Segel und die Skier, aber in Gedanken war ich nicht bei den restlichen Kilometern und der Frage, ob wir es schaffen würden oder nicht. Der Wind flaute ab und wir mussten wieder einmal ziehen. Ich schob mechanisch einen Ski vor den anderen, nahm nur wahr, wie meine Oberschenkelmuskeln sich spannten und das Gewicht des Schlittens an meinem Gurtzeug zerrte. Zum ersten Mal überhaupt war ich nicht mit dem Herzen dabei. Wir zogen neun Stunden lang. Der Wind fegte im Lauf des Tages aus allen Richtungen heran. Er verleitete uns dazu, die Segel auszupacken, und ließ sie dann im nächsten Moment schlaff auf den Schnee und das Eis niedersinken.

Abends im Zelt war ich unglaublich erschöpft. Wir gaben ein paar Interviews über das Satellitentelefon, bei denen die Verbindung ständig abbrach. Gegen Mitternacht lag ich im Zelt und versuchte abzuschalten. Ich war den Tränen nah vor Enttäuschung, hatte aber Angst, mir die Niederlage einzugestehen. Ich brauchte unbedingt diese letzten 650 Kilometer. Wenn ich mir einen Ruck gab und die Entscheidung aufschob, ob wir weitermachen sollten oder nicht, würde sich das Blatt am nächsten Tag vielleicht wenden.

Am nächsten Morgen, dem 13. Februar, klingelte der Wecker um halb sieben. Kein Wind. Ich stellte den Wecker auf halb acht. Genau eine Stunde später zündete ich den Kocher an. Ich fragte Liv nach ihren nächtlichen Gedanken zu unserer Deadline. Plötzlich hatte ich einen dicken Kloß im Hals. Ich konnte die Tränen nicht mehr vor Liv verbergen. Irgendwie war ich selbst erstaunt über meine Reaktion. Natürlich war mir klar, dass wir unter Zeitdruck standen, und auf dem Gletscher hatte ich auch daran gedacht, aber eher theoretisch. Ich hatte es vermieden, über die Konsequenzen nachzudenken und darüber, wie ich darauf reagieren würde – vielleicht weil es für mich nur eine Möglichkeit gab, damit umzugehen: Zähne zusammenbeißen und durchhalten. Wenn wir nicht an diesem oder am nächsten Tag richtig Strecke machten, war die Sache gelaufen. Und selbst dann war es praktisch unmöglich, die restlichen Kilometer bis zu unserer Deadline zu schaffen.

Liv und ich entschieden uns fürs Ziehen, nur um aus dem Zelt zu kommen. Wir waren sieben Stunden unterwegs und rackerten uns ab, ohne dass etwas dabei herauskam. Am Abend riefen wir Charlie, Stan und John an, um die Alternativen mit ihnen zu besprechen. Sie sagten, die Entscheidung liege bei uns. Wir baten um 20 Minuten Bedenkzeit. Ich legte auf und schaute Liv an. Über uns am Zeltdach prangten unsere Tagesleistungen in schwarzem Filzstift – zu den letzten Eintragungen würde es nun nicht mehr kommen. Was gab es schon groß zu sagen? Wir wussten nur zu gut, dass es keinen Sinn mehr hatte weiterzumachen. Wir mussten rechtzeitig unser Schiff, die *Sir Hubert Wilkins*, erreichen. An dieser Deadline war nicht zu rütteln. Wenn das Schiff heil aus dem McMurdo-Sund herauskommen sollte, musste es sich einem Eisbrecher anschließen, der groß und leistungsfähig genug war, um das Packeis zu durchpflügen. Der letzte Eisbrecher verließ den McMurdo-Sund am 23. Februar. Wir hatten also noch neun Tage Zeit für die 645 Kilometer bis dorthin. Um pro Tag gute 70 Kilometer zurückzulegen, was im Prinzip nicht unmöglich war, bräuchten wir genug Wind.

Aber wir hatten auf der ganzen Reise nie länger als vier Tage am Stück guten Wind gehabt. Warum sollte sich das jetzt plötzlich ändern? Und wenn wir uns fürs Ziehen entschieden und weiterhin zehn Kilometer am Tag zurücklegten, bräuchten wir noch 50 Tage, um ans Ziel zu gelangen. Freilich konnten wir das Schiff zurückschicken und uns aus dem McMurdo-Sund ausfliegen lassen – sofern wir bereit waren, unser junges Unternehmen in finanzielle Schwierigkeiten zu stürzen und die *Sir Hubert Wilkins* als Fehlinvestition abzuschreiben. Aber selbst dann war es fraglich, ob wir aus eigener Kraft bis zur Basis kommen würden. In Anbetracht des Wetters war es gut möglich, dass unser Abenteuer mit einer Bergungsaktion im großen Stil enden würde, und es wäre äußerst verantwortungslos gewesen, die ANI-Piloten, die uns in diesem Fall hätten herausholen müssen, unnötig in Gefahr zu bringen.

Wäre es nur um Liv und mich gegangen, hätten wir vielleicht noch ein paar Tage weitergemacht, ehe wir uns endgültig entschieden hätten. Aber es standen eine Menge anderer Menschenleben und Investitionen auf dem Spiel. Das hier war nicht nur »meine« oder »Livs« Unternehmung. Wir mussten auch an die Menschen denken, die wir mit hineingezogen hatten – die Kinder, unser Team zu Hause, unsere Sponsoren. Sie alle überließen die Entscheidung großzügig uns. Aber es gab nichts mehr zu überlegen. Selbst meine Verdrängungsmechanismen kapitulieren, und ich sorgte dafür, dass es auch so blieb. Es dauerte also nicht lange, bis unsere Entscheidung gefallen war. Wir nutzten die restliche Zeit, um etwas Haltung zu gewinnen. Für mich war es fast so, als wäre ich mit dem Tod eines geliebten Menschen konfrontiert. Ich riss mich zusammen, um die nötigen Vorkehrungen mit klarem Kopf treffen zu können. Als ich zum zweiten Mal anrief, war ich kaum fähig, eine Begrüßung zu stammeln, ehe mir die Stimme versagte. Ich gab das Telefon an Liv weiter.

Charlie frotzelte als Erstes: »Na, wie viele Kilometer habt ihr geschafft, seit wir zuletzt miteinander gesprochen haben?« Ich lachte, aber nur, weil ich sonst in Tränen ausgebrochen wäre. Ehrlich gesagt, glaube ich immer noch, dass wir sofort den Hörer aufgelegt und die Segel hervorgeholt hätten, wenn in diesem Moment der Wind zurückgekommen wäre. Wir waren bitter enttäuscht. Aber wir wussten, was wir zu tun hatten.

»Also«, sagte Charlie zögernd. »Was meint ihr?«

»Na ja, die Zeichen sind nicht zu übersehen«, sagte ich nur. »Wir sind uns einig, dass wir einen Flug anfordern sollten.«

Und das war's dann. Charlie und Stan klärten noch ein paar logistische Fragen mit uns: ob wir die Entscheidung rückgängig machen konnten, nachdem ANI verständigt war; wie lange es dauern würde, bis die Maschine uns erreichte. Charlie bestand darauf, dass die anderen ihre Zustimmung gaben, ehe er ANI anrief. Er schlug uns vor, die Entscheidung noch einen Tag aufzuschieben, falls wir am nächsten Tag erheblich – das heißt in der Größenordnung von 100 Kilometern – vorankommen sollten. Beim nächsten Tag ohne Wind wäre die Expedition dann aber endgültig gestorben. Ann und ich waren einverstanden.

~ ~ ~

Am nächsten Tag, dem 14. Februar, um 3 Uhr Central Standard Time (10 Uhr vormittags auf dem Eis) läutete das Telefon in John Tuttles leerem Büro. Der Anrufbeantworter schaltete sich ein und Ann sagte: »Hi, Charlie, Stan und John. Hier Ann und Liv. Wenn ihr unsere Argos-Position gecheckt habt, könnt ihr euch ja denken, was jetzt kommt. Von Wind keine Spur und folglich auch kein Segeltag. Hat keinen Sinn, die Sache noch einen Tag länger rauszuzögern. Ihr habt hiermit grünes Licht für den Anruf bei ANI und könnt alles Nötige in die Wege leiten.«

Im Lauf des Vormittags telefonierte das *yourexpedition*-Team mit Ann und Liv, um die Bergung zu planen. Die beiden Frauen waren niedergeschmettert. Sie trauerten den letzten unbewältigten Kilometern und einem Abenteuer nach, das immer unvollständig für sie bleiben würde. Charlie und die anderen konnten ihre Enttäuschung bis zu einem gewissen Grad verstehen, aber für sie war das Unternehmen trotzdem ein grandioser Erfolg. Die Medien hatten die Durchquerung als historische Leistung gefeiert, als erste Frauenexpedition in der Geschichte, die sich ohne fremde Hilfe durch die Eiswüste gekämpft hatte. Über drei Millionen Kinder in 116 Ländern hatten die Reise im Internet verfolgt. Das Echo auf die Expedition war unbestreitbar, aber Ann und Liv, die am Ende der Welt in ihrem kleinen Zelt kauerten, hatten noch kein Ohr dafür.

Charlie gab sein Bestes, um sie zu trösten: »Die Öffentlichkeit und die Schulkinder sehen es anders. In ihren Augen habt ihr euren Traum, die Durchquerung Antarktikas, voll und ganz verwirklicht. So kommt das bei den Leuten an. Ihr habt Geschichte geschrieben. Der Eisschelf ist für die Öffentlichkeit nur der Weg vom Kontinent herunter, nicht das Ende der Expedition.«

Nach einer langen Pause fügte Stan hinzu: »Auch wenn ihr das natürlich anders seht.«

»Nein, tun wir nicht«, sagte Liv. »Wir sind nur sehr aufgewühlt. Aber wir verstehen schon, was du mit der Reaktion der Öffentlichkeit meinst, Charlie. Wir sind froh, dass die Leute es so sehen.«

Charlie, der befürchtete, dass Liv einen Rückzieher machen wollte, plädierte noch einmal dafür, die Expedition zu beenden. »Wir hätten euch diesen Entschluss bestimmt nicht nahe gelegt, wenn wir nicht der Meinung wären, dass Sicherheit unser oberstes Gebot sein muss ... Es ist schwer ...«

»Charlie«, unterbrach ihn Liv, »wir sind absolut eurer Meinung. Es ist die richtige Entscheidung, zumal wir ja sehen, dass die Menschen in aller Welt unsere Botschaft verstanden haben. Wir sind nur« – hier versagte ihr die Stimme – »persönlich so enttäuscht …«

Die Stimmung am Konferenztisch war düster, als das Team in Minneapolis das Gespräch beendet hatte. Stan wollte sich wieder mit Ann und Liv in Verbindung setzen und ihnen Instruktionen von ANI zum Abstecken einer Landepiste geben. Charlie vergab weitere Termine für Presse- und Fernsehinterviews. Plötzlich streckte Zoë Alderfer Ryan den Kopf herein und fragte: »He, wollt ihr vielleicht mit einer Schule sprechen?« Die bisherigen Versuche, Liv und Ann live in die Klassenzimmer zu bringen, waren wegen schlechter Verbindungen oder stürmischen Wetters fehlgeschlagen. Ann und Liv erklärten sich gehorsam zu dem Gespräch bereit, das gleich nach einem Interview mit CNN auf die Liste gesetzt wurde. Zoë hatte eine vierte und fünfte Klasse in Fairibault, Minnesota, ausgewählt. Die Schüler hatten das Abenteuer der beiden Frauen verfolgt und Geschichten für die Regionalzeitung darüber geschrieben. Ann und Liv sahen dem Anruf mit gemischten Gefühlen entgegen, weil sie befürchteten, sie müssten eine Schar enttäuschter Kinder aufmuntern, wo sie doch selbst Trost gebraucht hätten. Am nächsten Tag unterbrachen sie ihre Abreisevorbereitungen, um die Schule anzurufen. Ann holte tief Luft und wählte.

In einem überfüllten Klassenzimmer am anderen Ende der Welt drängten sich 78 Kinder um die Freisprechanlage, die auf einem Hocker mitten im Raum stand. Als das Telefon klingelte, schnappten ein paar Kinder hörbar nach Luft, schlugen die Hand vor den Mund und rissen erschrocken die Augen auf. Sie konnten es nicht fassen: Ann und Liv riefen sie tatsächlich aus Antarktika an. Sarah Juncker, die Lehrerin, nahm den Anruf entgegen. Ann und Liv hörten das aufgeregte Füßescharren, als die Kinder näher an den Apparat herandrängten. Sarah Juncker dankte Ann und Liv mit erstickter Stimme, dass sie den Schülern die Möglichkeit gegeben hatten, an ihrer Expedition teilzunehmen. Sie könne ihnen gar nicht sagen, wie wichtig ihre Lektionen für die Kinder gewesen seien. Dann kamen die Kinder an die Reihe. Einer nach dem anderen knieten sich die Schüler vor das Telefon und lasen ihre Fragen ab, die sie auf Karteikarten notiert hatten: Was ist es für ein Gefühl, als erste Frauenexpedition die Antarktis zu durchqueren? Wie war es für Ann, als sie einen Sponsor suchte und zu hören bekam, dass sie zu klein sei? Wie haben Ann und Liv sich kennen gelernt?

Ann und Liv, die im Schneidersitz im Zelt saßen und mit den Ohren buchstäblich am Telefon klebten, beantworteten die Fragen und tauten im Lauf des Gesprächs immer mehr auf. Die Kinder sangen ein Lied, das sie für Ann und Liv geschrieben hatten und in dem sie schilderten, wie die beiden Frauen ihre Segel mit Zahnseide flickten. Nach ein paar weiteren Fragen kam ein dunkelhaariger Junge ans Telefon und stellte sich als Logan vor. Er hatte auch eine Karteikarte dabei, las aber nichts ab. Stattdessen beugte er sich übers Telefon und sagte: »Ich wollte euch nur sagen, wie toll ich euch finde. Ich bin nicht so gut in der Schule und ich hab mir nie sehr viel zugetraut. Aber seit ihr das geschafft habt, weiß ich, dass ich alles kann, wenn ich es nur wirklich will. Ihr habt mein Leben verändert.«

In der Pause, die darauf folgte, fiel alle Enttäuschung und Müdigkeit von Ann und Liv ab. Plötzlich wussten sie, dass jeder Sturz, jeder Kilometer, jede Verletzung und jede Schale Haferbrei, die sie mit Todesverachtung hinuntergewürgt hatten, die Mühe wert gewesen waren – für Logan und für alle anderen da draußen, denen es ging wie ihm.

Zum ersten Mal seit vielen Tagen strahlten Ann und Liv.

Ann

Dieser Anruf veränderte alles. Ich werde den kleinen Jungen, der uns von seinen Problemen erzählte, nie im Leben vergessen. Er hat mich auf den Boden zurückgeholt. Für mich stand fest, dass er außer mit der Lehrerin noch nie über seine Schulschwierigkeiten gesprochen oder zugegeben hatte, wie wichtig unsere Expedition für ihn war. Ich war verblüfft, wie klar er die Verbindung zwischen der Erfüllung unseres Lebenstraums und seinen eigenen Zielen und Kämpfen hergestellt hatte.

Genau das hatten wir erreichen wollen, und nun schöpften wir Kraft bei diesen kleinen Fünftklässlern, die uns im Grunde nichts anderes sagen wollten, als dass wir das Ziel unserer Reise erreicht hatten – der größeren Reise. Was wir bei diesem Anruf zu hören bekamen, war der wahre Grund für unser Abenteuer gewesen. Konnte es einen besseren Trost für uns geben? Wir redeten fast 40 Minuten mit den Kindern. So etwas war noch nie vorgekommen. Wir konnten uns einfach nicht vom Telefon losreißen.

Liv

Als ich den Kindern aus Fairibault zuhörte, dachte ich die ganze Zeit nur an Ann. Ich rief mir in Erinnerung, was sie über Pat McCart erzählt hatte, die Lehrerin, die Ann das Vertrauen in ihre eigenen Fähigkeiten gegeben hatte; über ihren Tennistrainer an der Highschool, der ihr eine letzte Chance verschafft hatte, das Examen als Lehrerin zu machen; über die Menschen, die sich für sie eingesetzt, die ihr Leben verändert und letztlich diesen entscheidenden Moment mit herbeigeführt hatten.

Und nun erlebten wir, wie unsere Tour bei diesen Kindern dasselbe bewirkte. Wir waren überglücklich. Wir hatten Jahre damit zugebracht, von dieser Durchquerung zu träumen und sie zu planen, aber die Hoffnung, dass der Funke auf andere überspringen würde, dass wir weitergeben konnten, was unsere Lehrer und Mentoren uns beigebracht hatten, begleitete uns schon ein Leben lang. Das hatten wir erreicht. Was waren dagegen die 650 Kilometer?

Am nächsten Tag las Charlie via Satellitentelefon einen Leitartikel aus der Minneapolis Star Tribune vor. Hier ein Auszug:

Wenn unsereiner nach einer anstrengenden Durchquerung den Ross-Eisschelf erreicht hätte, würde er es wohl damit gut sein lassen. Er würde seinen 115 Kilo schweren Schlitten abstellen, sich aus dem Gurtzeug quälen und ein Lufttaxi zum McMurdo-Sund anfordern, um sich dort mit dampfend heißem Kaffee und Aquavit aufzuwärmen.

Aber im Ernst, was sind schon ein paar zusätzliche Kilometer nach einer 90-tägigen Gewalttour über Berge, Gletscher und klaffende Eisspalten? Wer würde es auf sich nehmen, diese letzten 650 Kilometer auf einer schwimmenden Packeisplatte zurückzulegen und einen Wettlauf mit der Zeit zu beginnen, in der Hoffnung, dass er rechtzeitig das offene Wasser erreicht, ehe das Schiff, das ihn nach Hause bringen soll, in See sticht?

Ann Bancroft und Liv Arnesen alle Mal. Und wenn Sie es nicht fertig bringen, die beiden zum Weitermachen anzufeuern, falls sich die nächste Woche etwas flau anlässt, dann ist Ihnen der Sinn der ganzen Aktion vermutlich entgangen.

Bei der Bancroft-Arnesen-Expedition geht es nämlich nicht um Punkte auf einer Landkarte oder um historische Leistungen, ja nicht einmal um den Beweis, dass Frauen »ihren Mann stehen« können.

Es geht um die Verwirklichung von Träumen, wie die beiden Entdeckerinnen bei jeder Gelegenheit betonen, und um einen Aspekt des Menschseins, der sich, wenn auch nur unzulänglich, mit Begriffen wie Begeisterungsfähigkeit, Selbstvertrauen, Durchhaltevermögen umschreiben lässt … Letztendlich sind die Kräfte, die einen Menschen ans Ende der Welt treiben, die ihn an seine Grenzen und da-rüber hinaus bringen, etwas zutiefst Persönliches. Sie bilden die Triebfeder für eine nach innen gerichtete Entdeckungsreise, bei der es vielleicht Pausen gibt, aber keine Endpunkte und die der Entdecker selbst weder zu schildern noch zu begründen vermag. Eine solche Suche ist bemerkenswert in einer Zeit, in der Selbsterfahrung den immer gleichen ausgetretenen Pfaden folgt, vergleichbar einem All-Inclusive-Urlaub.

Auch die Miesmacher, die sich darüber mokieren, dass man Ann Bancroft und Liv Arnesen als Entdeckerinnen bezeichnet, haben nichts von alledem begriffen. Antarktika sei, wie die restliche Welt, längst entdeckt, merken sie an; außerdem sei es heutzutage zum puren Zeitvertreib für die Superreichen geworden, Grönland zu durchqueren, den Mount Everest zu besteigen oder die Erde im Heißluftballon zu umrunden.

Mag sein, aber die beiden über 40-jährigen ehemaligen Lehrerinnen, die heute draußen auf dem Eisschelf sind, haben die inneren und äußeren Kräfte aufgebracht, ihre Schlitten 2300 Kilometer durch die lebensfeindlichste Umgebung der Erde zu ziehen. Wem der Ausdruck »Entdeckerinnen« zu hoch gegriffen ist, der mag sie auch Abenteurerinnen und Expeditionsreisende nennen – oder, noch besser, Heldinnen.

11 Mit knapper Not

ANN

Die Evakuierung vom Eisschelf war eine heikle Angelegenheit. Wir mussten mehrere Tage auf gute Sicht warten, sowohl an unserem Standort auf dem Schelf als auch in Patriot Hills auf der anderen Seite des Kontinents, wo die ANI-Maschine starten sollte. So spät im Jahr ändert sich das Wetter fast jede Viertelstunde, ein Grund mehr, möglichst schnell vom Eisschelf herunterkommen zu wollen. Der Winter war eindeutig angebrochen. Wir schafften es kaum, genug Saft in unser Satellitentelefon zu bekommen, um die Landung mit ANI zu besprechen. (Wir hatten die Batterie bei dem Gespräch mit den Kindern in Fairibault aufgebraucht und seither nicht genug Sonne gehabt, um das Solarpanel aufzuladen.) Am Nachmittag des 16. Februar ließ ANI uns wissen, dass die kleine Propellermaschine, die uns auflesen sollte, in Patriot Hills gestartet war.

Wir dachten, dass wir noch massenhaft Zeit hätten, denn der Flug von Patriot Hills dauert acht Stunden. Wir hatten unsere Schlitten bereits auf die ebenste Stelle gezogen, die wir finden konnten, aber auch die war noch ziemlich zerfurcht. Das ganze Gebiet strotzte nur so vor Sastrugi, ein Beweis für die ständigen Winde auf dem Schelf. Wir machten mit unserem Satellitentelefon herum, das sich nicht aufladen ließ, packten unsere Sachen und aßen zu Mittag. Die Batterien waren alle verbraucht und wir schleppten sie unter dem Hemd herum, um auch das letzte bisschen Saft aus ihnen herauszuholen, indem wir sie warm hielten. Schließlich befolgten wir die Anweisungen von ANI und steckten mit unseren Ausrüstungsgegenständen eine Landebahn ab. Unsere leuchtend bunten

Proviantsäcke legten wir in einem Abstand von je 100 Metern auf den Boden, wo wir sie mit einem Gewicht beschwerten oder in den Schnee spießten, damit sie nicht wegflogen. Wir wussten nicht so genau, wie sicher die Landebahn war – wie hätten wir auch feststellen sollen, ob unter der abgesteckten Eisfläche Spalten lauerten? Nur wenige Minuten nachdem wir die Landebahn markiert hatten, hörten wir ein schwaches Flugzeugdröhnen über uns. Bald konnten wir die Maschine sehen. Sie flog in Richtung McMurdo-Sund, war aber viel zu hoch am Himmel, um nach uns Ausschau zu halten.

Liv rief aus dem Zelt: »Sind sie das?« Ich schaute nach oben und sagte: »Ich glaube nicht.« Liv brüllte zurück: »Wer soll es denn sonst sein?« Sie hatte Recht. Der Pilot hatte uns einfach nicht gesehen. Endlich konnte ich die Maschine ausmachen. Sie suchten nicht einmal. Sie waren anscheinend in einem anderen Gebiet tiefer gegangen und drehten jetzt zum McMurdo-Sund ab.

Liv warf unseren halben Hausrat aus dem Zelt zu mir heraus – Brennstoffflaschen und alles, was sie sonst noch für brennbar hielt. Ich stand draußen und zündete Getränkepulver und Granola an – alles, womit man Rauchwolken in die Luft jagen konnte –, damit das Flugzeug uns sehen würde. Dann kehrte die Maschine wunderbarerweise um – nicht wegen unseres kleinen Feuerwerks, sondern weil sie das rote Zelt entdeckt hatten. War für ein Glück! Das Wetter und die Sichtverhältnisse waren schlecht und die Maschine war überhaupt nur gestartet, weil man nicht damit rechnen konnte, dass sich die Situation bessern würde. Urplötzlich war es Winter geworden. Beim ersten Versuch konnten die beiden Piloten uns nicht sehen. Sie gaben auf und wollten zur McMurdo-Station zurückfliegen, aber es war noch ein dritter ANI-Mann an Bord, und der entdeckte den roten Punkt – unser Zelt.

Der Pilot setzte behutsam auf der Eisfläche auf und kam knapp vor unserem Zelt zum Stehen. Gleich danach gab es einen Wettersturz, der uns einen richtigen Whiteout bescherte. Die Crew stieg aus der Maschine, begrüßte uns und teilte uns mit, dass wir an diesem Tag auf keinen Fall vom Schelf herunterkommen würden. Dann bauten sie ein Zelt für sich auf. Als Liv und ich losgingen, um unsere Ausrüstung von der provisorischen Landebahn aufzusammeln, stellten wir fest, dass die Maschine beim Landen ein riesiges Loch ins Eis gerissen hatte, groß genug, um einen ganzen Reisebus zu verschlingen. Wir hatten die Landebahn über einer der größten Spalten angelegt, die Liv und ich in der ganzen Zeit zu sehen bekommen hatten. Als die drei Männer ihr Zelt aufgestellt hatten, machten wir sie auf das Loch aufmerksam. Mit Schaufeln und Sondierungsstöcken gingen sie auf die Suche nach einer besseren Piste für den Start.

Wir warteten zwei Tage darauf, dass das Wetter im McMurdo-Sund und auf dem Schelf aufklarte. Inzwischen sprach der Pilot davon, dass das Wetter in Patriot Hills besser sei und dass wir vielleicht lieber dorthin fliegen sollten. Liv und ich gerieten in Panik. In dem Fall würden wir das Schiff im McMurdo-Sund nicht erreichen und müssten das Wiedersehen mit dem Team platzen lassen, ganz zu schweigen von den zusätzlichen Kosten für den Rückflug von Patriot Hills nach Chile oder wo auch immer ANI uns abzusetzen geruhte.

Mit dem letzten Rest Batteriestrom, der noch im Telefon war, rief ich Charlie an, um ihn vorzuwarnen. Ich befürchtete, dass der Pilot das schlechte Wetter als Vorwand nehmen würde, um den für ihn bequemeren Weg zu wählen, nämlich zurück zur Basis. Ich hatte keine Befugnis, das zu verhindern, und wollte natürlich nicht, dass er eine riskante Entscheidung traf. Andererseits konnten wir uns nicht darauf verlassen, dass er die Wahrheit sagte, wie uns die Erfahrungen mit ANI gelehrt hatten. Ich wollte, dass er sich, mit aller gebotenen Vorsicht, trotz des Wetters an seinen Auftrag hielt und uns an das vereinbarte Ziel brachte.

Sobald Charlie abhob, sagte ich: »Charlie, nicht reden, nur zuhören. Du musst unbedingt alle Hebel in Bewegung setzen und dafür sorgen, dass ANI uns zum McMurdo bringt. Der Pilot redet schon von einem anderen Zielort. Und was sollen wir machen, wenn er sagt, es ist eure Entscheidung, und sich gleichzeitig auf das schlechte Wetter und das Sicherheitsrisiko beruft?« Kaum hatte ich das letzte Wort gesagt, als das Telefon den Geist aufgab. Wir konnten nur hoffen, dass Charlie mich gehört und verstanden hatte.

LIV

Am 18. Februar erwachten wir mitten in der Nacht vom Gerumpel von Treibstofffässern, die über das Eis gerollt wurden. Wir fuhren beide hoch und streckten die Köpfe aus dem Zelt. Die ANI-Crew hatte alles fertig gepackt und war startbereit. Wir fragten uns, ob sie uns wohl noch geweckt hätten. Blitzschnell holten wir unsere Schlitten und bauten das Zelt ab. Die Crew wies uns an, neben der ursprünglichen Landepiste zu warten, denn sie gingen davon aus, dass ihre Maschine die einzige Spalte auf dieser Strecke bereits aufgerissen hatte. Bei einer neuen Piste müssten wir noch mehr unbekanntes Terrain in Kauf nehmen. Das Flugzeug rollte an und rumpelte langsam an Ann und mir vorbei zum Ende der Landebahn, knapp vor der großen Spalte. Dann drehte es um. Wir rannten zu der Maschine und sprangen hinein. Binnen Sekunden waren wir in der Luft und stiegen auf. Ich schaute aus dem Fenster, um einen letzten Blick auf den Schelf zu werfen, den wir nicht mehr geschafft hatten, aber er wurde vom wirbelnden Schnee verhüllt.

ANN

Trotz aller Vorbehalte gegenüber ANI kann ich es dem Piloten nicht verübeln, dass er nicht im McMurdo-Sund, einem US-Stützpunkt, landen wollte. Die Basis ist für ihr unfreundliches, ja fast schon feindseliges Verhalten gegenüber Besuchern bekannt. Wir bekamen schon Ärger, bevor wir überhaupt landeten. Im Tower war man nicht gerade auskunftsfreudig im Hinblick auf die Wetterverhältnisse gewesen. Wir mussten auf einer blanken Eisplatte landen, und die Bürofritzen unten hatten Angst, gegen ihre Weisungen zu verstoßen, wenn sie »Hilfe leisteten«. Unser kanadischer Pilot frotzelte, wir könnten von Glück sagen, dass wir zumindest einen amerikanischen Staatsbürger an Bord hätten – mich –, denn dadurch verringerten sich die Chancen, dass sie uns einfach abschießen würden. Ich schämte mich für die Ungastlichkeit meiner Landsleute. Am Südpol haben sich die Bestimmungen seit einiger Zeit gelockert, weil die Station zum Reiseziel geworden ist, und dem Personal dort fällt die Gratwanderung zwischen unerlaubter Hilfeleistung und einfacher Freundlichkeit offenbar leichter. In der McMurdo-Basis sind Besucher eine Seltenheit und der Umgangston uns gegenüber war entsprechend steifer. Die Basis hat strikte Vorschriften, wie das Personal sich gegenüber Expeditionsreisenden zu verhalten hat, diesen »hochgejubelten Touristen«, wie die dortigen Bürokraten sie nennen würden. Als vor Jahren eine Verkehrsmaschine am Mount Erebus zerschellte, wurde die Basis wegen ihrer Reaktion auf den Unfall scharf kritisiert. Damit begann eine heftige Protestwelle gegen die Bestimmung, dass nur Wissenschaftler Zugang zum antarktischen Kontinent haben sollten. Die McMurdo-Basis trat der Kritik dadurch entgegen, dass sie grundsätzlich jede Verbindung zu Expeditionen wie unserer ablehnte. Bei ihren Betreibern waren wir jedenfalls nicht gern gesehen, was uns in Form zahlloser Vorschriften deutlich vor Augen geführt wurde. Wir fühlten uns daher ziemlich unbehaglich, als unsere kleine Maschine zur Landung ansetzte, zumal sich herausstellte, dass zwar der Minihubschrauber der *Sir Hubert Wilkins*, der uns an Deck fliegen sollte, in der Basis eingetroffen war, aber das Wetter uns vorerst einen

Strich durch die Rechnung machte. Wir mussten die Nacht also hier verbringen.

Die McMurdo-Basis ist riesig; in Antarktika wird sie »die City« genannt. Wir bekamen die Anlage bei unserem Aufenthalt gar nicht richtig zu sehen, sondern durften uns nur an der Peripherie von »Mactown« aufhalten, draußen bei der Landepiste und ein paar Nebengebäuden. Als wir hereinrollten, wies uns der Tower einen Platz zu. Der Pilot manövrierte die Maschine an die vorgeschriebene Stelle. Er stellte die Motoren ab und wir machten uns zum Aussteigen fertig. Plötzlich bemerkten wir, dass uns ein weißer Van gefolgt war, der knapp vor dem Flugzeug anhielt. Das Beifahrerfenster glitt herunter, eine Kamera kam zum Vorschein und machte Aufnahmen von uns. Wir wurden überwacht! Ich schämte mich halb tot für diesen rüden Empfang, und wir wussten alle nicht so recht, was wir tun sollten. Durften wir aussteigen? Ein Häufchen Menschen, alle in roten Jacken, stand am anderen Ende der Piste; alle starrten uns an, aber keiner machte Miene, zu uns herüberzukommen. Der Van stand die ganze Zeit mit laufendem Motor da und die Kamera blieb weiter auf uns gerichtet. Endlich brach der Pilot den Bann. Er sprang aus dem Flugzeug, ging zu dem Van hinüber und redete mit einem der Insassen. Er vergewisserte sich, dass wir am richtigen Platz waren, und erhielt die Erlaubnis, sein Zelt unter der Tragfläche der Maschine aufzustellen. Als er zu uns zurückkam, fuhr der Van fort.

Liv und ich stiegen aus und begannen mit dem Ausladen der Ausrüstung. Es war bitterkalt. Die ganze Zeit starrten uns die Rotjacken an. Wir wussten nicht, was wir tun sollten. Wir waren ein bisschen eingeschüchtert und wollten die Leute nicht in Schwierigkeiten bringen. Außerdem wussten wir nicht, ob diese Leute uns freundlich gesinnt waren oder nicht. Doch sobald der weiße Van verschwunden war, winkten sie uns zu, und ein paar von ihnen hüpften herum und johlten. Das waren unsere Fans in der McMurdo-Basis. Sie hatten unsere ganze Tour verfolgt. Aber wie wir später erfuhren, war es ihnen untersagt, zur Landepiste herauszukommen und mit uns zu sprechen. Wir mussten zu ihnen gehen. Liv und ich kapierten immer noch nicht, warum sie wie angewurzelt dastanden, und wir gingen verlegen hinüber, um sie zu begrüßen. Sie empfingen uns so herzlich, dass wir auf der Stelle dahinschmolzen. Anne Dal Vera, eine meiner Partnerinnen bei der American Women's Expedition, hatte den Sommer in der McMurdo-Basis verbracht und dort das Müll-Recycling-Projekt geleitet. Sie hatte ihren Freunden im Stützpunkt viel über Liv und mich erzählt und ihr Interesse an uns geweckt. Wir hatten Anne übrigens ganz knapp verpasst – sie war am selben Morgen zurückgeflogen. (Zu dieser Jahreszeit liefen im McMurdo-Sund alle Vorbereitungen auf Hochtouren, um den größten Teil des Personals nach Hause zu schicken, ehe der Winter einsetzte.)

Die Angestellten in den roten Parkas der National Science Foundation (NSF) führten uns in eine kleine Küche neben der Landepiste. Alle hatten etwas mitgebracht, das sie sich vom Mund abgespart hatten – Brownies und Bier, Spezialitäten aus den Carepaketen von zu Hause, einen Eimer voll Obst. Irgendwann tauchte jemand mit frischen Handtüchern auf, und wir konnten uns in den Ruheräumen waschen. Den ganzen Abend kamen Besucher. Sie hatten Wind von unserer Ankunft in Mactown bekommen und Mitfahrgelegenheiten ergattert, um zu uns zu kommen. Sie holten sogar einen Angestellten aus dem Bett, der die Poststelle aufmachte, damit wir Briefmarken für unsere Briefe und Postkarten kaufen konnten. Wir wurden also gut versorgt, auch wenn man uns offiziell die kalte Schulter zeigte.

Liv

Am nächsten Nachmittag informierte uns der Hubschrauberpilot, dass es eine kurze Gut-Wetter-Phase gebe. Wir verabschiedeten uns von den Leuten hier wie von alten Freunden. Als ich zur Landepiste kam, war ich entsetzt, wie klein der Hubschrauber war. Er sah aus wie ein Spielzeughelikopter, in dem kaum zwei Personen Platz hatten. Ich setzte mich neben den Piloten und dann stieg Ann neben mir ein. Sie konnte nicht einmal die Tür richtig schließen – zwischen Tür und Rumpf schimmerte ein Spalt Himmel durch. Ich schob den Arm über Anns Schulter und packte den Türgriff, damit sie nicht hinausfiel. Der Pilot fragte, ob wir Lust auf ein bisschen Sightseeing aus der Luft hätten. Ich verneinte rasch. Ich kannte Leute, die in einem solchen Minihubschrauber ums Leben gekommen waren. Ann war höflicher und zeigte auf einen Berg vor uns. Ich war inzwischen fast so weit, dass ich mich in die riesige Frachtmaschine mit den Treibstofffässern und russischen Kettenrauchern zurückwünschte.

Wir waren etwa zehn Minuten in der Luft, als das Schiff in Sicht kam. Es war ebenfalls winzig. Während der Hubschrauber über der *Sir Hubert Wilkins* kreiste, erkannten wir die zwischen Mast und Bug aufgezogenen Flaggen: Norwegen, Amerika, Australien, Südafrika – alles, was man sich denken kann. Ich sah ein paar Gestalten an Deck und erkannte Mariko, Michael und Einar. Er war nicht zu übersehen, denn in seiner orangeroten Daunenjacke und seiner komischen Mütze überragte er alle. Ich lächelte und mir wurde ganz warm ums Herz. Der Hubschrauber landete an Deck und wir sprangen heraus. Ich merkte, dass die Leute zurücktraten, damit Einar mich begrüßen konnte, und dieses öffentliche Wiedersehen machte mich plötzlich verlegen. Aber im nächsten Moment nahm Einar mein Gesicht in seine Hände, lachte, küsste mich, weinte und brachte kein Wort hervor.

Wir gingen nach drinnen, wo Essen und Wein bereitstanden, ein Luxus, den wir auf dem Eis ganz vergessen hatten. Alle waren respektvoll und ruhig, nahmen Rücksicht darauf, dass wir so lange von der Welt abgeschnitten gewesen waren. Wir waren wie erschlagen von den vielen Leuten, die alle auf einmal mit uns sprechen wollten. Dann überbrachte Mariko uns gute Nachrichten: Wir hatten die Genehmigung, die Hütten von Shackleton und Scott zu besichtigen. Schon als Kind hatte ich ehrfürchtig die Fotos von diesen beiden Hütten bestaunt, in denen Shackleton und Scott während ihres Aufenthalts an der antarktischen Küste gelebt hatten, und mich immer gefragt, ob ich sie jemals mit eigenen Augen sehen würde. Jetzt ging dieser Kindheitstraum in Erfüllung.

ANN

Die Besichtigung von Shackletons Hütte auf Cape Royds war natürlich die Krönung unseres Abenteuers. Damit schloss sich für uns der Kreis. Jetzt konnten wir in die Bilder hineingehen, über denen wir als Kinder gesessen und von Antarktika geträumt hatten. Shackleton war 34 Jahre alt und Leutnant der British Royal Navy, als er 1908 die Hütte baute. Sie diente als Stützpunkt für seine zweite Antarktis-Expedition, mit der er als Erster den Südpol erreichen wollte. Die Expedition scheiterte, so wie später das Endurance-Projekt. Auch hier handelte Shackleton vernünftig und umsichtig, indem er eine schwere Entscheidung traf, die seiner Mannschaft das Leben rettete. Als er feststellte, dass sie nicht genügend Proviant hatten, um zum Pol zu kommen, ließ Shackleton seine Männer umkehren, obwohl sie nur noch 156 Kilometer vom Pol entfernt waren. 156 Kilometer! Nachdem ich selbst gerade eine schmerzliche, aber kluge Entscheidung hatte treffen müssen, fühlte ich mich meinem Helden noch ein gutes Stück näher als zuvor.

Shackletons Hütte ist wie ein Museum, ganz genau so erhalten, wie er sie zurückgelassen hat. Kakaobüchsen und Konservendosen füllen neben zerbrochenem Steingutgeschirr die Regale. Auf den längst erkalteten Brennern des schwarzen Doppelherdes stehen noch Töpfe. In der Küchenecke stapeln sich große Kisten mit dem

Aufdruck »British Antarctic Expedition 1908« bis fast zur Decke. Neben dem Ofen aufgereiht stehen Stiefel und Schuhe, wahrscheinlich irgendwann zum Trocknen dort hingestellt. Und schließlich Shackletons Schreibtisch, ein Holzbrett auf zwei leeren Proviantkisten. Ich hatte so viele Bilder gesehen und Bücher darüber gelesen, dass ich jeden Winkel der Hütte auswendig kannte. Für mich war es, als würde ich nach langer Zeit in das Haus meiner Großmutter oder eines anderen vertrauten Menschen zurückkehren.

Wir fuhren an der Küste entlang hinunter nach Cape Evans, wo die Hütte steht, die Scott auf seinem Unglücksmarsch zum Südpol gebaut hat. Diese Hütte ist gespenstisch – man kann die Stimmen der Männer geradezu hören. Alles deutet darauf hin, dass sie überstürzt aufgebrochen sind; Kleider und Geschirr liegen wild durcheinander. Liv und ich setzten uns einen Augenblick an Scotts Schreibtisch. Draußen vor der Tür liegt ein versteinerter Hundekadaver, an dem noch das Halsband hängt, und auf dem Platz zwischen Hütte und Stall verteilt liegen runde Heuballen für die Zugponys. Man kann das Heu fast riechen.

Diese Hütten verkörpern die Geschichte, die uns zu unserer eigenen Expedition motiviert hat. Das waren die Männer, deren Abenteuer unsere Fantasie beflügelten. Ich dachte auf dem Eis fast jeden Tag an Scott und Shackleton – manchmal, um mich damit zu trösten, dass sie viel schlimmere Strapazen aushalten mussten als wir, manchmal einfach voller Ehrfurcht. Sie waren wie Freunde für mich, weil ich mich schon so lange mit ihrem Leben und ihren Reisen beschäftigte; vielleicht auch wegen der seltsamen Verbundenheit, die in der Antarktis entsteht, weil nur so wenige Menschen je im Inneren des Kontinents waren. Womit ich nicht sagen will, dass ich mich als eine der ihren betrachte. Shackleton und Scott haben in einer anderen Liga gespielt als wir es tun.

Ich ging wie im Traum in den Hütten herum. Ich fühlte mich in die Vergangenheit zurückversetzt, als wäre ich plötzlich in einem meiner zerfledderten Kindheitsbücher gelandet. Wir hatten kaum das Schiff betreten, als wir auch schon zu den beiden Hütten aufbrachen. Ich war immer noch nicht richtig angekommen und hatte Mühe, die vielen Eindrücke zu verdauen: dass die Reise zu Ende war, dass die vielen Leute um mich herum keine Fata Morgana waren, dass ich am Ausgangspunkt meines Traumes stand. Niemand sprach, als hätten wir Angst, in ein verbotenes Heiligtum einzudringen. In Shackletons Hütte erging es mir ähnlich wie vor acht Jahren, als ich am Heiligabend ganz allein den Südpol erreicht hatte. Ich war erschöpft und ausgelaugt. Der Platz in meinem Herzen, den der Ehrgeiz eingenommen hatte, Antarktika zu durchqueren, war jetzt leer. Aber ich empfand nicht dieselbe Genugtuung wie damals. Ich hatte es noch nicht verschmerzt, dass die schlechten Eisverhältnisse uns gezwungen hatten, den letzten Teil des Schelfs im Flugzeug zu überqueren. Das ganze yourexpedition-Team, Ann und ich hatten zwei Jahre lang auf diese Expedition hingearbeitet; Ann und ich hatten uns 97 Tage auf dem Eis abgeplagt. Jetzt war es vorüber. Was nun? Meine Gedanken kehrten zu Shackleton zurück. Er war nur zufrieden, wenn er ein neues Projekt planen oder eine Expedition anführen konnte. Sein ganzes Lebensglück hing so sehr davon ab, dass er schließlich zu einem Besessenen wurde, der seinen Traum mit dem Leben bezahlte. Und ich? Würde ich die Enttäuschung mit der Zeit überwinden können, dass wir nicht den ganzen Weg zum McMurdo-Sund geschafft hatten? Oder würde es mich bis in meine Träume verfolgen und mir keine Ruhe lassen, ehe ich nicht einen weiteren Versuch unternommen hatte?

Als wir Shackletons Hütte den Rücken kehrten und zum Schiff hinuntergingen, wusste ich die Antwort. Ich wollte nicht wie der große Entdecker enden, der diese Hütte gebaut hatte. Ich war entschlossen, meinen Traum loszulassen, nachdem ich meine ganze Energie und Willenskraft hineingesteckt hatte. Es war vorbei. Jetzt hieß es in die Zukunft schauen. Zeit für einen neuen Traum.

Als Nächstes legte das Schiff den kurzen Weg zum Cape Evans und zu Scotts Hütte zurück. Es war eine sträfliche Verschwendung, zwei fast gleiche Hütten so dicht beisammen in Antarktika zu bauen, und es zeugt von dem unversöhnlichen Hass und der Rivalität, die zwischen den beiden englischen Entdeckern herrschte. 1902 versuchte Scott zum ersten Mal, den Südpol zu erreichen, und Shackleton gehörte zu seiner Mannschaft. Die beiden Männer gerieten oft in Streit und gingen als erbitterte Feinde auseinander. Sechs Jahre später führte Shackleton eine eigene Expedition zum Südpol, und Scott erlaubte ihm nicht, seine kostbare Hütte zu benutzen, woraufhin Shackleton selbst eine baute. Ich dachte an die schicksalhaften Entscheidungen, die Shackleton auf dieser Reise treffen musste. Er war über die Bay of Whales nach Antarktika gesegelt. Nur drei Jahre später schlug Roald Amundsen in dieser Bucht sein Lager auf und wählte damit einen Startpunkt, der die Route zum Pol entscheidend verkürzte. Hätte Shackleton vor der Walbucht kampiert und nicht hier, wäre ihm die Durchquerung vermutlich geglückt und wir Norweger hätten einen Helden weniger. Aus zeitlicher Distanz erscheinen solche Entscheidungen oft in einem anderen Licht. Wieder fragte ich mich, ob ich eines Tages darüber hinwegkommen würde, dass wir unser Unternehmen vorzeitig beendet hatten, oder ob ich mich ein Leben lang mit dem Was-wäre-gewesen-wenn herumquälen würde. Wenn Shackleton den Pol erreicht hätte, wäre mein Leben vielleicht ganz anders verlaufen; dann hätte ich mich wahrscheinlich nie für diese Eiswüste am Ende der Welt interessiert und sie wäre erst recht nie zum Ziel meiner Wünsche geworden.

Auf dem Weg vom Schiff zu Scotts Hütte kam mir die schlimme Zeit auf dem Titan Dome in den Sinn, bevor ich mich endgültig zum Weitermachen entschlossen hatte. Ich dachte damals oft an Scott und seine Männer, die von Skorbut, Erfrierungen und Wundbrand heimgesucht wurden, und ich hielt mir vor Augen, wie gut es uns vergleichsweise ging, auch wenn wir momentan auf eine harte Probe gestellt wurden. Was war schon ein bisschen Zeitdruck, verglichen mit der Gefahr, Leib und Leben zu verlieren?

Wir traten leise in Scotts Hütte ein, als hätten wir Angst, die Bewohner dort zu stören, und tatsächlich war es, als würden die Entdecker jeden Moment zurückkommen. Überall lagen Kleidungsstücke und Geschirr herum. Ich kam mir wie ein unerwünschter Eindringling vor und war froh, als wir wieder hinausgingen und zu der Gedenkstätte über der Hütte hinaufstiegen.

Draußen riefen wir Charlie über das Satellitentelefon an. Wir hatten ihm in den letzten Tagen so viel Trauriges aufgebürdet, jetzt sollte er auch an unserer Freude teilhaben, dass wir hier an dieser historischen Stätte sein durften. Er klang fröhlich und aufgeräumt, wieder ganz der alte Charlie, so wie wir ihn von früher kannten.

~ ~ ~

Nach der Rückkehr auf das Schiff begann eine stürmische 14-tägige Überfahrt, auf der alle bis auf Ann ständig seekrank waren. Ann und Liv hatten die langsame Schiffsreise vom McMurdo-Sund nach Hobart in Tasmanien gewählt, um den Zivilisationsschock etwas abzumildern, der sie nach 97 Tagen in völliger Isolation erwartete. In Hobart feierte Ann ein tränenreiches Wiedersehen mit Pam, und die beiden Paare gönnten sich eine zweitägige Atempause. Dann flogen sie nach New York zurück, wo Ann und Liv sich der Presse und dem Fernsehen stellen mussten.

Auch als Ann und Liv allmählich aus ihrem Eiskokon auftauchten, war ihnen die Tragweite ihres Unternehmens noch kaum bewusst. Nach einem Interview mit David Letterman und Katie Couric wurden sie in New York auf der Straße angesprochen und um Autogramme gebeten. (Anne Atwood stellte mit Genugtuung fest, dass die beiden Entdeckerinnen nur in ihrer Polarfleece-Bekleidung auftraten und nicht in knappen Miniröcken.) Ann war fassungslos, als sie nach Minneapolis zurückkam und einen ganzen Trainingsschlitten voller Briefe und ausgedruckter E-Mails von ihren Fans vorfand.

In einem Anfall von Übermut hatten Ann und Liv auf dem Schiff eine Sprudelflasche genommen und ein *yourexpedition*-Plastiklogo mit einer Botschaft an den Finder hineingesteckt. Das ist ein alter Brauch bei Expeditionen, mit dem man Gott und der Welt symbolisch verkündet: Ich war da. Bei Ann und Liv war es jedoch nicht nur symbolisch. Millionen Menschen hatten bereits Anteil an ihrem Abenteuer genommen. Alles in allem hatten drei Millionen Kinder aus fünf Kontinenten die Expedition im Internet verfolgt. *Yourexpedition* erhielt (und beantwortete) über 20 000 an Ann und Liv adressierte Briefe und E-Mails. Daraus ging hervor, wie sehr die beiden alte und junge Menschen motiviert hatten, ihre eigenen Träume zu verwirklichen. Auch Ann und Liv und ihr ganzes Team hatten sich im Lauf der Expedition unwiderruflich verändert.

ANN

Ich weiß nicht, welchen Platz die Bancroft-Arnesen-Expedition in den Geschichtsbüchern einnehmen wird. Wir haben damit eine doppelte Pionierleistung vollbracht: Wir haben als erste Frauenexpedition den antarktischen Landsockel durchquert und zugleich die längste Skitour gemeistert, die je von Frauen unternommen wurde. In Expeditionskreisen freilich wird die Tour ohne den Ross-Eisschelf niemals als »Festlanddurchquerung« anerkannt werden. Mir macht das immer noch zu schaffen, aber ich bin überzeugt, dass wir die richtige Entscheidung getroffen haben, und das tröstet mich. Ich bin stolz, dass wir uns zu diesem Verzicht durchringen konnten, auch wenn es immer noch wehtut. Bezeichnenderweise waren es am Ende die Kinder, die uns an unsere eigenen Lektionen erinnern mussten: Der Weg ist das Ziel. Was zählt, sind nicht einzelne Träume, sondern der Grund, aus dem man träumt – das Abenteuer, einen Traum zu leben, und nicht der Applaus, den man für seine Erfüllung einheimst.

Wie oft habe ich mit anderen Leuten das Was-wäre-gewesen-wenn durchgespielt: Hätte es etwas geändert, wenn wir die kürzere, üblichere Route über den Kontinent genommen hätten? Oder wenn wir in Kapstadt nicht aufgehalten worden wären? Oder Punta Arenas als Startpunkt gewählt hätten? Jeder einzelne Umstand hätte entscheidend sein können. Aber wenn ich zurückdenke, fallen mir andere Dinge ein. Ich höre Livs Lachen und das Knirschen des Schnees unter meinen Skiern; ich sehe den majestätischen »Wolfszahn« und die glitzernde Pracht der Sastrugi vor mir. Warum? Selbst wenn ich mit Sicherheit wüsste, dass einer der erwähnten Umstände zum Erfolg geführt hätte, würde ich es kein bisschen anders machen. Großes Ehrenwort. Das ist eine Erkenntnis, die ich auf der Schiffsreise nach Hobart gewonnen habe. Immer wieder kam mir eine Passage aus dem Buch in den Sinn, das Pam mir mit aufs Eis gegeben hat, ein Zitat aus *Kitchen Table Wisdom: Storys that Heal* von Rachel Naomi Remen. Meine Freundin Alice Johnson, die sich (wie üblich) nicht an die Regeln hielt, hatte statt eines Gedichts diesen Text für mich ausgewählt. In dem Buch schildert R. N. Remen ihre Arbeit mit AIDS-Kranken und ihre Erfahrungen mit einer Realität, die so ganz anders ist als die trügerische heile Welt, die wir uns zurechtzimmern:

»… für mich war Freude immer ein Synonym für Glück, aber jetzt erscheint sie mir viel weniger zerbrechlich. Freude ist Ausdruck eines bedingungslosen Lebenswillens, die Fähigkeit, sich nicht zu verschließen, nur weil das Leben nicht unseren Wünschen und Erwartungen entspricht. Freude entsteht aus der Bereitschaft, das Ganze zu akzeptieren und sich dem zu stellen, was ist. Das verleiht ihr eine Unverwüstlichkeit, die uns verloren ginge, wenn wir auf ein bestimmtes Ergebnis fixiert wären. Was am Ende bleibt, ist nicht der Krieger, der mit Blick auf ein bestimmtes Ziel kämpft, immer vom Gespenst der Niederlage bedroht, sondern der Liebende, der ohne Angst vor einem möglichen Verlust in seiner Liebe aufgeht, oder der Spieler, für den das Spiel mehr zählt als Sieg oder Niederlage.

Wer bereit ist, Siege wie Niederlagen zu akzeptieren, braucht nicht mehr gegen das Leben anzukämpfen und gewinnt eine Offenheit, die stark macht. Aus einer solchen Haltung heraus können wir uns dem Leben viel besser stellen. Nicht nur dem schönen, bequemen Leben oder unseren Vorstellungen davon, wie es zu sein hat, sondern dem ganzen Leben. Freude ist für mich näher verwandt mit Lebendigkeit als mit Glück …«

Und weiter schreibt R. N. Remen:

»Hier stoßen wir auf etwas äußerst Paradoxes: Je weniger wir am Leben hängen, desto lebendiger werden wir. Je weniger wir auf bestimmte Dinge fixiert sind, desto tiefer können wir das Leben erfahren und daran teilhaben. Das hindert mich nicht daran, Bagels lieber zu mögen als Blaubeer-Muffins. Nur dürfen mir Bagels nicht so wichtig sein, dass ich morgens nicht aufstehen mag, wenn ich keine bekomme, oder dass mir der ganze Tag dadurch vergällt ist. Es geht im Leben um mehr als um Bagels und Blaubeer-Muffins. Was zählt, ist das Vertrauen in die eigene Fähigkeit, sich an jedem neuen Tag zu erfreuen und offen zu sein für alles, was er bringen mag.«

Mir gefällt, was in dieser Passage über die Freude gesagt wird und wo man sie finden kann. Ich glaube, die Autorin hat Recht. Das Schönste war für mich die Expedition selbst: die Kinder, die uns begleitet haben, alles, was ich unterwegs gesehen und erlebt habe. Ich möchte sogar noch einen Schritt weitergehen und behaupten, dass das Ergebnis, auf das man fixiert ist, nicht immer das beste sein muss. Im Endeffekt haben die Schulkinder auf diese Weise mehr gelernt, als wenn wir den Schelf problemlos überquert hätten. Sie haben an einer Diskussion teilgenommen, die sonst nie stattgefunden hätte, in der es um schmerzliche Entschlüsse ging, um Verantwortung, um den Sinn von Träumen. Und da die Kinder, die wir erreichen wollten, der Hauptgrund für die Expedition waren, scheint mir das hier das bessere Ergebnis zu sein. Mit anderen Worten: Ungeachtet aller bisherigen Erfahrungen oder vermeintlichen Wünsche ist der Blaubeer-Muffin manchmal tatsächlich besser als der Bagel. Man weiß es nur nicht.

Liv

Es gibt verschiedene Formen der Geschichtsschreibung. Eine davon sind die Geschichtsbücher, in denen man die Taten berühmter Persönlichkeiten und historische Fakten nachlesen kann. Für mich ist es ein seltsamer Gedanke, dass mein Name vielleicht eines Tages in einem solchen Buch in einem Kapitel über die Entdeckung der Antarktis auftauchen wird. Das war für mich nie eine Triebfeder. Ich möchte in diesem Zusammenhang ein Gedicht von Antonio Machado zitieren, das mir ein Freund zu lesen gab, bevor ich 1994 allein zum Südpol aufgebrochen bin. Übersetzt lautet es etwa so:

Wanderer, der einzige Weg ist dein Schritt,
es gibt keinen anderen.
Wanderer, es gibt keinen Weg,
du schaffst ihn beim Gehen.
Im Gehen schaffst du den Weg,
und hältst du inne und blickst zurück,
siehst du den Weg, den deine Füße nie wieder nehmen werden.
Wanderer, es gibt keinen Weg –
nur Schaumspuren auf dem Meer.

Wir sind so winzig im Universum und jeder von uns muss seinen eigenen Weg gehen. Es ist sehr schwer, den Sinn und Zweck des eigenen Daseins zu finden, den Platz, den man in der Welt einnimmt. Das Gedicht macht mir Hoffnung, dass ich auf diesem Weg ein Stück weiter gekommen bin. Und es bestärkt mich darin, dass es nicht so wichtig ist, Geschichte zu schreiben. Unsere eigenen Schritte bestimmen unseren Weg, nicht die Erwartungen der Welt an uns oder das Urteil, das die Historiker im Nachhinein fällen. Wie aber soll man den Weg finden, den man gehen will? So wie Ann und ich es unser Leben lang gemacht haben: die Route beim Gehen abstecken, nur Schritte machen, die man aus tiefstem Herzen bejahen kann.

Ich glaube aber, dass es noch eine andere Geschichte gibt – die persönliche Geschichte, die jeder mit sich herumträgt, unser eigener Rechenschaftsbericht von uns selbst und den Ereignissen, die uns geprägt haben. Für mich ist es keine Frage, in welcher Geschichte ich auftauchen möchte. Wenn ich mir überlege, welches Erbe ich hinterlassen will, denke ich an Logan und die anderen Kinder, die wir erreicht haben. Für viele von ihnen war unsere Expedition nichts weiter als ein spannendes Schulprojekt, an das sie sich später gern erinnern werden. Aber es gibt andere, auf die der Funke übergesprungen ist, für die unser Abenteuer ein echter Wendepunkt in ihrem Leben war, so wie wir es eingangs formuliert haben. Ich brauche nur die Briefe zu lesen, die wir von den Kindern bekommen haben, dann weiß ich, dass ich mich nicht irre. Das heißt wohl, dass ich mehr zur Pädagogin als zur Entdeckerin tauge, und das ist mir auch lieber.

Stimmen aus aller Welt

In den folgenden Interviews kommen Menschen zu Wort, die an Anns und Livs Expedition beteiligt waren oder sie im Internet verfolgt haben. Sie erzählen, wie dieses Abenteuer sich auf ihr eigenes Leben und Umfeld auswirkte.

Norwegen

Per Visnes, Stellvertretender Direktor (im Ruhestand) der Mølladammen-Schule

Über 400 Kinder an seiner Schule haben die Arnesen-Bancroft-Expedition im Internet verfolgt und mit Schülern aus aller Welt die ganze Palette ihrer Träume erforscht.

Ich wurde durch eine norwegische Zeitung auf diese Expedition aufmerksam. In dem Artikel stand, dass Ann und Liv über die erforderliche technische Ausrüstung verfügten, um mit der restlichen Welt kommunizieren zu können. Diese Information ließ mich aufhorchen, denn ich sah sofort die Möglichkeit, dass meine Schüler die Expedition auf diese Weise hautnah verfolgen konnten.

Was aus meinem ersten Telefonat mit Liv entstand, war fantastisch. Ich nahm mit Ann und Liv an einem internationalen Pädagogen-Kongress teil und lernte dort andere Lehrer kennen, die das Antarktisabenteuer in ihren Unterricht einbauen wollten. Am Ende hatten wir ein internationales Netz von Schulklassen beisammen, die an dem Online-Projekt teilnehmen wollten. Auf diese Weise sollten unsere Schüler die Möglichkeit bekommen, mit anderen

Ländern und Kulturen in Kontakt zu treten und mehr darüber zu erfahren, wie die Welt jenseits ihres Erfahrungshorizonts aussieht. Während der Expedition schickten die Kinder E-Mails an die anderen Schulen, berichteten von ihren Träumen und was sie im Leben erreichen wollten. Liv war schon einmal an unserer Schule gewesen und hatte den Kindern erzählt, wie weit ihr Traum von Antarktika zurückreicht – sie war damals noch nicht 14 oder 15, also jünger als unsere Schüler heute.

Das Ergebnis war hochinteressant. Unsere Schule liegt in einem wohlhabenden Viertel am Stadtrand von Oslo. Die meisten Kinder kommen aus der so genannten Oberschicht. Sie betrachteten die gestellte Aufgabe mehr oder weniger wie eine Wunschliste oder ein Lottospiel, und einige schrieben, dass sie davon träumten, eines Tages reich zu sein. Es war ein Schock für sie, als eine Mail von einem gleichaltrigen Jungen eintraf, der in einem palästinensischen Dorf in der Westbank lebt. Er träumte von einem Studium in England, und eines Tages wollte er nach Hause zurückkehren und mit dem Wissen, das er erworben hatte, in seinem Dorf für bessere Lebensbedingungen sorgen. Dass andere junge Menschen so völlig andere Träume hatten, brachte unsere Schüler dazu, ihre eigenen Werte in Frage zu stellen und vielleicht ein Stück erwachsener zu werden. Durch diesen Austausch erlebten sie unmittelbar, wie privilegiert sie im Vergleich zu anderen Kindern in dieser Welt waren – eine Einsicht, die wir ihnen so nie hätten vermitteln können.

TAIWAN

Yue-Chane Grace Hsing, Direktorin

Taiwan Schoolnet, ein Online-Lehrplan, den die Lehrer via Intranet heruntergeladen können.

In Taiwan haben ungefähr 10000 Schüler Anns und Livs Reise verfolgt und an dem Online-Projekt von yourexpedition *teilgenommen.*

Die Expedition hat den Horizont unserer taiwanesischen Schüler beträchtlich erweitert. Wir leben in den Tropen, wo es weder Eis noch Schnee gibt. Die antarktische Eiswelt geht über ihre Vorstellungskraft. Auf diese Weise kamen unsere Schüler auch mit globalen Themen und Kindern in aller Welt in Berührung. Allein in Taiwan setzten sich mindestens 40 Lehrer regelmäßig zusammen, um über den Lehrplan und die Expedition zu sprechen und Erfahrungen darüber auszutauschen, wie die einzelnen Schulen das Projekt in den Unterricht integrierten. Es war ungeheuer spannend. Und für die Schüler war es ein einzigartiges Projekt – es wird schwer sein, ein neues Unterrichtsprogramm auszuarbeiten, das mit diesem hier Schritt halten kann.

Für uns hier waren Ann und Liv ganz besonders wichtig. Bevor sie aufbrachen, gab es ein schreckliches Erdbeben in unserer Region, bei dem viele Schulen zerstört wurden. Aber während wir mit dem Wiederaufbau begannen, begleiteten wir Ann und Liv übers Eis und lernten von ihnen, was es heißt, Hindernisse zu überwinden. Für uns sind sie Heldinnen.

Aus unserer Sicht war es viel mehr als eine Expedition. Ann und Liv haben ihre Reise mit einem globalen Unterrichtsprogramm gekoppelt, das übers Internet in alle Welt verbreitet wurde. So etwas hat es noch nie gegeben. Und ich finde es fantastisch, dass so viele Länder denselben Lehrplan verwenden konnten: Norwegen, Südafrika, Kanada, und die USA.

Das Projekt gab unseren Schülern auch die Möglichkeit, über ihre Träume nachzudenken und sich zu überlegen, wie sie sich verwirklichen lassen. Da wir den Lehrplan übersetzt haben, konnten auch einige Schüler in Singapur und Hongkong die Expedition verfolgen. Unsere Schüler diskutierten mit Kindern in fernen Ländern über ihre Träume. Sie lernten sich über die yourexpedition-Website kennen, und viele von ihnen haben bis heute Kontakt zueinander.

Ich bin sehr dankbar, dass wir an den Erlebnissen von Ann und Liv teilhaben durften. Es hat ungeheuer Spaß gemacht, jeden Tag ihre E-Mails zu lesen und ihre Stimmen live aus dem Eis zu hören. Ein paar von unseren Lehrern in Taiwan waren so begeistert von dem Abenteuer, dass sie bald selbst in die Antarktis reisen wollen. Ann und Liv und das yourexpedition-Team haben die Voraussetzungen für dieses positive Lernerlebnis geschaffen – ein Unterrichtsprojekt, von dem jeder Lehrer nur träumen kann. Es war ein fantastisches Abenteuer, das die Kinder nie vergessen werden.

USA
Sarah Juncker, Lehrerin
Fairibault, Minnesota
100 Schüler der dritten, vierten und fünften Klasse beteiligten sich an einem Schreibprojekt und verfassten Artikel und Geschichten über Anns und Livs Expedition für die Regionalzeitung. Die Kinder lernten, wie man sachliche Berichte zu spannenden Geschichten umschreibt, und wagten sich schließlich sogar an Lieder und Gedichte. Sarah Junckers Schüler wurden für ein Live-Interview ausgewählt, das Ann und Liv auf dem Ross-Eisschelf gaben, nachdem sie den Entschluss gefasst hatten, einen Bergungsflug anzufordern. Außer Sarah Juncker waren ihre Kolleginnen Pat Otis, Deb Scheil und Theresa Aldinger-Lauver an dem Projekt beteiligt.

Ich glaube, Antarktika hat die Fantasie der Kinder auf Anhieb beflügelt, weil es so weit weg ist und noch niemand dort gewesen ist. Außerdem waren sie von den beiden Frauen fasziniert, die dort »ihr Ding durchzogen«, ihren Träumen nachjagten, denn auf Träume sprechen Kinder unmittelbar an. Die Mädchen fanden es natürlich toll, dass zwei Frauen ein solches Abenteuer erleben, aber die Jungen waren genauso begeistert bei der Sache. Besonders cool fanden sie, dass Ann und Liv 115 Kilo schwere Schlitten über das Eis zogen, und wollten später einmal genauso *tough* wie die beiden Entdeckerinnen werden.

Jeden Tag klickten wir die *yourexpedition*-Website an, um uns Anns und Livs Berichte anzuhören. Die Schüler konnten es kaum erwarten, ins Klassenzimmer zu kommen und den Computer einzuschalten. Sie verfassten nicht nur Zeitungsartikel über Antarktika, sondern verwandelten auch die Website in eine kreative Plattform. Wir diskutierten über die »goldene Zeile«, einen Begriff, den einer der Schüler ins Spiel gebracht hatte und der uns besonders treffend erschien. Von Zeit zu Zeit wurden auch Gedichte eingestreut. Als Ann und Liv in einem Blizzard in ihrem Zelt festsaßen und sonst nicht viel passierte, kam eines der Mädchen auf die Idee, einen Songtext umzudichten. Sie schrieb ein Lied über die beiden Entdeckerinnen, die ihre Segel mit Zahnseide flickten, nachdem ihnen der Faden ausgegangen war.

Viele der Kinder schrieben zum ersten Mal in ihrem Leben einen Text, der veröffentlicht wurde. Sie hatten so viel zu sagen. Nachdem sie ein ganzes Jahr lang über Ann und Liv geschrieben hatten, waren ihnen die beiden Frauen richtig vertraut.

Für das vereinbarte Telefongespräch am Ende der Expedition stellten wir eine Freisprechanlage auf einen kleinen braunen Hocker in die Mitte des Klassenzimmers und die Schüler setzten sich im Kreis darum herum. Bevor die Verbindung zustande kam, war ungefähr ein halber Meter Platz zwischen dem Telefon und der vordersten Schülerreihe. Aber die Kinder waren so aufgeregt, dass sie im Lauf des Gesprächs immer weiter nach vorn drängelten, und nach den ersten 20 Minuten saßen sie praktisch auf dem Telefon. Es war am Valentinstag, und eigentlich war eine Party angesagt, aber die Schüler wollten nichts davon hören, weil doch »Ann und Liv heute anrufen«.

Ich werde nie vergessen, wie wir die Minuten zählten und die ganze Zeit gebannt auf das Telefon starrten. Ich hoffte inständig, es möge klappen, denn die Kinder wären tief enttäuscht gewesen, wenn das Gespräch nicht zustande gekommen wäre. Endlich läutete das Telefon. Die Kinder hielten den Atem an. Ich glaube, die Kamera erfasste ein kleines Mädchen in der vordersten Reihe, das laut nach Luft schnappte und sich schnell die Hand vor den Mund schlug. Es war unglaublich: Ann und Liv riefen uns tatsächlich aus der Antarktis an.

Ich war überrascht, was die Kinder Ann und Liv mitzuteilen hatten. Einige von ihnen brachten die Expedition unwillkürlich mit ihren eigenen Schwierigkeiten in Verbindung. Logan, der Ann und Liv mit einem spontanen Dankeschön überraschte, hatte in der Schule sehr zu kämpfen. Aber jetzt sah er die Parallele zu Anns und Livs Expedition und konnte seine Situation leichter akzeptieren. Das ganze Leben ist schließlich eine Herausforderung. In Ann und Liv hatte er zwei Vorbilder gefunden, die ihm Mut machten, an sich selbst zu glauben. Seine Dankesworte gingen uns allen ans Herz.

Danach konnten Ann und Liv sich nicht mehr vom Telefon losreißen. Das Mitteilungsbedürfnis auf beiden Seiten war kaum zu bremsen: Bitte lasst uns noch weiterreden. Die Kinder saugten begierig die Worte der beiden Frauen auf, die allem, was sie selbst im vergangenen Jahr gemacht hatten, mehr Wirklichkeitsnähe und Bedeutung verliehen, während Ann und Liv einen lebenden Beweis brauchten, dass die Strapazen, die sie auf sich genommen hatten, nicht umsonst gewesen waren. Mir wurde erst später bewusst, wie sehr die Kinder den beiden geholfen hatten, und heute glaube ich, dass Ann und Liv die Kinder ebenso brauchten wie die Kinder sie.

Als wir auflegten, sprangen alle johlend im Zimmer herum und machten ihrer Aufregung Luft. Die ganze Klasse schwebte wie auf Wolken.

Ich sorgte dafür, dass ich dabei war, als Ann und Liv am Flughafen von Minneapolis in Empfang genommen wurden. Nicht um zu glotzen, sondern weil es mir wichtig war, den beiden Frauen persönlich zu danken und ihnen zu sagen, wie sehr sich unsere Kinder über ihren Anruf gefreut hatten. Dank Zoës und Charlies Vermittlung konnte ich tatsächlich mit ihnen sprechen, und so erfuhr ich, wie viel auch ihnen dieser Anruf bedeutet hatte. Meistens antwortete mir Ann. Sie nahm meine Hand und sagte: »Wenn Sie wüssten, wie sehr wir diesen Anruf gebraucht haben.« Ich war fasziniert von Anns Augen, die vor Lebendigkeit blitzten, und lauschte ihr gebannt. Sie strahlt so viel Kraft und Begeisterung aus. Diese Begegnung werde ich nie vergessen.

Die Schüler, damals Drittklässler, sind jetzt in der Fünften. Ich sehe sie hin und wieder auf dem Flur, und manchmal frage ich ihre Lehrer, wie es um ihre Schreibkünste steht. Natürlich lässt sich nicht sagen, inwieweit ihre Fortschritte auf unser Projekt zurückgehen, aber das Schreiben fällt ihnen heute eindeutig leichter. Sie haben ihre Notizbücher und gehen bereitwillig an neue Aufgaben heran. Es ist wohl nicht übertrieben, wenn ich sage, dass sie bessere Schüler geworden sind – und vielleicht auch bessere Menschen –, weil sie an einem Abenteuer teilhaben durften, das ihnen bewusst gemacht hat, was in der Welt draußen vorgeht und was in ihrem Inneren.

Südafrika

Liz Barrett, Lehrerin

früher an der Greenfield Girls Primary School in Kapstadt, Südafrika

Ungefähr 340 Mädchen der Greenfield School verfolgten die Arnesen-Bancroft-Expedition und nahmen an einem damit gekoppelten Online-Projekt über die Antarktis teil. Insgesamt verfolgten fast 5000 Schüler in Kapstadt die Expedition.

Ich stolperte im Internet über Anns und Livs Expedition, und als ich erfuhr, dass sie von Kapstadt aufbrechen wollten, setzte ich sofort alle Hebel in Bewegung, um sie an unsere Schule zu holen. Kinder lieben Abenteuer und sind von Natur aus lernwillig. Echtes Lernen setzt meiner Meinung nach voraus, dass man als Lehrer spürt, was die Schüler begeistert, und dann das Feuer schürt, bis der Funke überspringt. Kinder möchten beim Lernen träumen können und Spaß haben. Die Expedition war der ideale Anknüpfungspunkt dafür.

Die Mädchen waren begeistert von der Offenheit und Ehrlichkeit, mit der Ann und Liv über ihre Expedition, ihre Vorbereitungen und die Wunder der Antarktis redeten. Es gibt auch andere Entdecker, die ihre Reise mit einem Unterrichtsprogramm koppeln, aber dort geht es im Grunde nur um Geld und Ruhm und nicht darum, die Kinder an dem Abenteuer teilhaben zu lassen und ihnen Mut zum Träumen zu machen. Bei Ann und Liv war das anders. Sie meinten es ernst, und unsere Mädchen sprachen sofort darauf an.

Die Schülerinnen waren begeistert von der Begegnung mit den beiden Frauen, besonders ein Mädchen in meiner Klasse, das eine Lernschwäche hat. Ann sprach ganz offen über ihre Legasthenie, und trotzdem war klar, dass sie sie nicht daran gehindert hatte, ein erfolgreiches und glückliches Leben zu führen. Für das Mädchen war das eine bahnbrechende Erkenntnis: Sie wusste jetzt, dass ihre Lernschwäche nicht ihr ganzes Leben beherrschen musste. Auf einmal war es in Ordnung, anders zu sein, weil sie trotzdem etwas aus sich machen konnte, so wie Ann. Die Schülerinnen waren fasziniert, dass Ann und Liv schon Mitte vierzig waren. Die beiden hätten ihre Mütter sein können. Und ich kann nur sagen, dass auch wir Lehrerinnen, von denen viele um die vierzig waren, uns hinterher ein bisschen anders sahen.

Vor Anns und Livs Besuch hatten die Mädchen einen Dokumentarfilm über eine Männerexpedition zum Südpol gesehen. Am Ende dieser Expedition waren die Männer alle zerstritten und machten sich gegenseitig schlecht. Von Teamgeist konnte keine Rede mehr sein. Bei Ann und Liv dagegen spürte man, dass sie ein gutes Team sind, mit einer absolut positiven Einstellung zueinander. Anschließend meinten die Schülerinnen einhellig, dass Ann und Liv es schaffen würden, weil sie so hilfsbereit und kooperativ seien. Frauen seien eher bereit, sich gegenseitig zu unterstützen, sagten sie, und insofern besser für Expeditionen geeignet als Männer.

Jeden Morgen hörten wir im Unterricht als Erstes den Bericht an, den Ann und Liv am Vortag aufgezeichnet hatten. Die Mädchen konnten es kaum erwarten, in die Schule zu kommen und das Neueste über »ihre beiden Entdeckerinnen« zu erfahren. Sie hatten sie persönlich kennen gelernt und hörten jeden Tag ihre Stimmen, so dass es ihnen vorkam, als wären die beiden tatsächlich hier. Die Mädchen gehörten praktisch mit zur Expedition und machten sich am Ende große Sorgen um die beiden Frauen. Ich bin überzeugt, dass manche von ihnen nachts nicht schlafen konnten. Sie fürchteten, Ann und Liv könnten trotz des schlechten Wetters keinen Flug anfordern, sondern sich zum Weitermachen entschließen. Die Mädchen wussten, wie kritisch der Wintereinbruch war, und sie hatten Angst, dass Ann und Liv sich verletzen oder sogar ums Leben kommen könnten. Wir hatten sie die ganze Zeit beobachtet und kannten die Gefahr. Ich weiß noch, wie erleichtert wir waren, als sie schließlich doch den Flug anforderten. Ein paar von den Mädchen meinten, Männer hätten das an ihrer Stelle nicht gemacht. Und die ganze Klasse war sich einig, wie dumm und leichtsinnig das gewesen wäre.

Für die Schülerinnen war es eine ausgezeichnete Lektion, dass man nicht immer alles im Griff haben kann und mit den Gegebenheiten zurechtkommen muss, auch wenn man es gern anders hätte.

Die Pfadfinderinnen

Dee Ebersole-Boukouzis

Girl Scouts of the USA, Sport- und Fitnessberaterin

Durch Girl Scouts of the USA wurden 860 000 Frauen und 2,7 Millionen Mädchen über die Arnesen-Bancroft-Expedition informiert.

Charlie Hartwell und das *yourexpedition*-Team sprachen uns 1999 wegen einer eventuellen Zusammenarbeit an und gemeinsam stellten wir ein Projekt für die Girl Scouts auf die Beine (bei dem die Mädchen bestimmte Abzeichen gewinnen konnten). Es gab ohnehin viele Berührungspunkte zwischen dem Arnesen-Bancroft-Projekt und den Zielen der Girl Scouts.

Zu dem Projekt gehörte ein Arbeitsbuch mit allen Daten der Expedition – von der technischen Ausrüstung, die Ann und Liv benötigten, über die Kleidung, die sie trugen, bis hin zu der Route, die sie gewählt hatten. Die Mädchen konnten die Expedition im Internet verfolgen und Fragen an yourexpedition stellen. Wir erhielten das stärkste Echo, das wir je bei einem solchen Projekt erlebt haben – 10 000 Mädchen nahmen daran teil, doppelt so viele wie unsere bisherige Rekordzahl und dreimal so viele wie im Durchschnitt. Obwohl das Projekt im Mai 2002 beendet wurde, gingen noch über ein Jahr nach der Expedition Anfragen von Gruppenleiterinnen und Pfadfinderinnen bei uns ein.

Warum die Sache so ein Riesenerfolg war? Ich glaube, das liegt daran, dass Ann und Liv ihre Verantwortung ernst nehmen. Es ging ihnen nie um Geld oder Presserummel. Bei ihnen war alles echt. Man merkte, dass ihnen die Mädchen und ihre Träume wirklich am Herzen liegen, und darauf sprechen die Menschen an, Kinder wie Erwachsene. Ein wichtiger Faktor war sicher auch, dass unsere Mädchen die Entdeckerinnen live durch die Antarktis begleiten konnten. Es war alles packende Wirklichkeit, was sich vor ihnen abspielte, wenn sie morgens ins Internet gingen. Gut 10 000 Mädchen machten mit, um sich die Abzeichen zu verdienen, aber ich bin überzeugt, dass viele die Expedition einfach nur zum Spaß verfolgten.

Wir werden jedes Jahr von vielen Leuten angesprochen, die sich Zugang zu unserem Personenkreis verschaffen möchten, und wir wählen sorgfältig aus, mit wem wir uns zusammentun. Bei Liv und Ann ist das gar keine Frage. Wir werden weiter mit ihnen arbeiten, denn wir brauchen Helden im Alltag. Selbst erwachsene Gruppenleiterinnen um die vierzig identifizierten sich mit den beiden Entdeckerinnen, die im ewigen Eis ihrem Traum nachjagten. Es gibt nicht so viele starke weibliche Identifikationsfiguren auf der Welt und Ann und Liv erfüllen alle Voraussetzungen dafür. Ihre Charakterstärke – ihre geistigen und körperlichen Fähigkeiten – und die Tatsache, dass sie nicht nur ihre eigenen Ziele verfolgen, sondern sich für andere einsetzen, sind einzigartig. Leider gibt es viele Profisportler, die sich nicht im mindesten bemühen, eine Vorbildfunktion für junge Menschen zu übernehmen. Ann und Liv dagegen meinen es ernst mit ihrem Anspruch, Kinder zum Träumen zu motivieren. Das ist ihr Ziel.

Geschäftspartner

Fred Haberman und Sarah Haberman

Haberman and Associates, PR-Agentur von Ann und Liv

Die Geschichte von Anns und Livs Expedition ging weltweit durch die Presse und wurde von Medienstars wie David Letterman und Daryn Kagan von CNN aufgegriffen. Alles in allem erreichten die Publikationen und Fernsehsendungen, in denen über die Expedition berichtet wurde, 2,5 Milliarden Menschen in aller Welt.

Sarah: Warum diese Expedition die Fantasie der Menschen beflügelt hat? Wenn man es auf die philosophische Ebene heben will, war sie der Inbegriff einer Heldenreise. Ann und Liv sind moderne Heldinnen, die einen Mythos zum Leben erweckt haben, der in uns allen schlummert. Wenn man diese Geschichte richtig erzählt, bringt sie in jedem von uns eine Saite zum Klingen.

Fred: Und weil es eine Heldenreise war, löste sie ungeheuer starke emotionale Reaktionen aus. Wir stellten fest, dass Topjournalisten in aller Welt – von CNN bis BBC, von Katie Couric bis Daryn Kagan – das Bedürfnis hatten, über die Expedition zu berichten, weil sie ganz persönlich davon berührt waren. CNN unterbrach sogar eine Nachrichtensendung über das Patt bei der Präsidentenwahl, um über Ann und Liv zu berichten. Ich glaube, es ist nichts Alltägliches, dass auch die Journalisten, die sonst eher skeptisch sind, ganz im Bann dieser Reise standen.

Mich persönlich beeindruckt an Ann und Liv am meisten, dass sie ganz normale Menschen sind, die etwas Außergewöhnliches gemacht haben. Sie laufen nicht mit aufgeblasenem Selbstbewusstsein herum, strahlen nicht die übliche Selbstgerechtigkeit aus. Sie kommen mir vor wie die Sorte Schüler, die beim 800-Meter-Lauf in der siebten Klasse völlig unerwartet das Rennen gewinnen; danach nehmen sie den Preis entgegen und lassen andere die Lorbeeren dafür einheimsen. Genau wie Ann und Liv. Sie bleiben auf dem Teppich, und obwohl sie oft genug Gelegenheit hatten, im Rampenlicht zu stehen, schreiben sie ihre Erfolge immer anderen zu.

Sarah: Ich glaube, das Faszinierendste an den beiden ist ihre Authentizität: Eltern, Kinder, Reporter – alle sprechen auf etwas an, das echt ist. Dank dieser Authentizität ist es den beiden gelungen, ein enges Band zu Menschen in aller Welt zu knüpfen. Ihre Expedition rief Träume wach, die viele als 12-Jährige hatten – Träume, die unendlich verheißungsvoll und aufregend waren –, und zeigte ihnen gleichzeitig, dass es nie zu spät ist, diese Träume in die Tat umzusetzen. Ich glaube, was Ann und Liv erreicht haben, hat andere Menschen überall auf der Welt ermutigt, ihr Leben in die Hand zu nehmen und das zu tun, was sie sich vorgenommen haben.

Die Firma

John Tuttle, Technischer Leiter von *yourexpedition*

Ich hatte keine Ahnung, wie groß das alles werden würde, wie viele Menschen in aller Welt sich in die Expedition einklinken würden. Etwa ein halbes Jahr vor Beginn der Expedition hatten wir einigen Besuch auf unserer Website. Dann kam ein Bericht in den Medien, und das Interesse wurde lebhafter. Als wir das Online-Projekt auf die Beine stellten, erhielten wir einige Aufmerksamkeit. Aber ehrlich gesagt hätte ich nicht geglaubt, dass das Interesse an unserer Expedition über Kanada, Norwegen und natürlich die USA hinausgehen würde. Ich hatte nicht genug Erfahrung mit der Internet-Mundpropaganda, um mehr zu erwarten. Charlie sagte: »Wir können Millionen damit erreichen, blablabla ...« Aber Charlie redet immer so. Er ist ein Mensch mit großen Visionen.

Wir übersetzten den Lehrplan ins Chinesische – und es war ein Bombenerfolg. Dann gingen Ann und Liv auf Lehrerkongresse. Plötzlich hatten wir Besucher aus zehn, fünfzehn Ländern auf der Website. Erst jetzt dämmerte mir, dass das eine große Sache werden könnte. Das Projekt sprach sich in Lehrerkreisen herum. An dem Tag, an dem Ann und Liv nach Kapstadt flogen, brachen die Besucherzahlen auf unserer Website alle Rekorde. Statt 500 pro Tag waren es jetzt 10 000. Dann schlug die erste CNN-Story ein und unser Server brach zusammen.

Und dann die Post! Ursprünglich hatten wir nicht einmal einen Platz auf der Website, wo man Ann und Liv anmailen konnte. Aber die Leute schrieben ihnen direkt in die Kommentarbox, die für den WebMaster war – mich. Wir richteten dann ein Link für E-Mails an Ann und Liv ein und bekamen bald mehrere hundert Zuschriften am Tag. Der Rekord waren fast 400 Mails an einem Tag! Und es war meist kein oberflächliches Gelaber, sondern Briefe, in denen Kinder, Lehrer und Pfadfinderinnen Ann und Liv ihr Herz ausschütteten, ihnen sagen wollten: Wir begleiten euch, ihr macht uns Mut.

Stan und ich hatten eine Routenkarte auf der Website installiert und gaben Anns und Livs Position mit genauen Koordinaten an. Daraufhin mailten uns Navigations- und Orientierungsklubs: »Hallo, Leute, das stimmt nicht. Ihr habt euch um 100 Meter vertan.« Ich hätte gern zurückgemailt, jetzt macht mal halb lang, Jungs, wir wollen ihnen schließlich keine Weihnachtsgeschenke auf den Schlitten runterwerfen. Dann ließen wir uns einfach mitreißen. Als wir bei 43 Ländern angekommen waren, hörte ich auf zu zählen.

Ich glaube, die Expedition fand deshalb so viel Zuspruch, weil man Ann und Liv live auf dem Eis erleben konnte. Wenn man ihre täglichen Berichte herunterlud, konnte man ihre Stimmen hören. Sie palaverten nicht endlos über ihre Position und ihre Ausrüstung, sondern gaben den Leuten einen Gedanken für den Tag mit auf den Weg oder sprachen über das Schlittenziehen und machten kein Hehl daraus, wie anstrengend es war. Man hatte keinen Sprecher im Studio und keinen Reporter mit Mikrofon vor sich, die alles aus dritter Hand berichteten. Was Ann und Liv sagten, war direkt an ihr Publikum gerichtet. Wir bekamen von Tag zu Tag mehr Bestätigung, dass dieses Unternehmen für manche Menschen große Bedeutung hatte. So schrieb uns ein Mann, der bei einem Unfall beide Beine verloren hatte und jetzt mit der Rehabilitation anfing, wie viel Mut ihm Ann und Liv gemacht hatten und dass er am liebsten sofort aus dem Bett gesprungen wäre. Wenn das nichts ist!

Auch mich hat diese Expedition nachhaltig verändert: mein Verhältnis zu anderen Menschen, was ich für machbar halte und was nicht, wie ich mit Schicksalsschlägen umgehe. Gibt es überhaupt unlösbare Probleme? Mag sein, aber man kann unendlich viel tun, ehe es so weit kommen muss. Ich bin glücklich, dass ich diesen Job habe und bei *yourexpedition* arbeiten kann. Hier kann ich mich einbringen und notfalls auch mal aus der Rolle fallen, und es gibt so viel zu tun, was mir Spaß macht. Vor meiner *yourexpedition*-Zeit wurde ich einmal gefragt, worauf es mir im Leben ankomme, und eines meiner Ziele war, eine Arbeit zu haben, die mir Freude macht. Ich hatte damals keine genaue Vorstellung, wie eine solche Arbeit aussehen sollte und was alles dazugehörte. Aber hier habe ich sie gefunden und damit einen Traum verwirklicht. Ich weiß, wie viele Leute unglücklich in ihrem Job sind und wie sehr das oft die Atmosphäre um sie herum vergiftet. Ich will mehr vom Leben. Ich will, dass meine Kinder einen Beruf ergreifen, der sie ausfüllt. Ich will nicht, dass sie bei ihrer Arbeit etwas darstellen müssen, was sie gar nicht sind. Und für mich selbst will ich das auch nicht.

Stan Oleson, Firmenanwalt von *yourexpedition*

Ich glaube, am meisten hat mich an dem Job bei *yourexpedition* gereizt, dass ich mit der halben Welt in Kontakt treten konnte.

Ich richtete einen regelmäßigen Newsletter ein, der »*From the sled*« (Vom Schlitten) überschrieben war, und wenn ich auf »Versenden« klickte, ging er an ein paar tausend Empfänger. Auf eine der ersten Rund-Mails antwortete mir kaum fünf Minuten später eine Frau, die am Südpol arbeitete. Wir mailten den ganzen Tag hin und her. Am Ende chatteten wir über unseren Anwaltsberuf, wie viel Spaß er uns machte und wie froh wir waren, etwas Sinnvolles damit bewirken zu können. Ich fand es grandios, dass ich mit dieser Frau am anderen Ende der Welt korrespondieren konnte und dass wir so viele Gemeinsamkeiten hatten. Auch unsere »Erleuchtung« durch die Expedition war etwas anderer Art. Sie bestand nicht darin, das Leben völlig um-zukrempeln, sondern bestärkte uns beide eher in der Überzeugung, dass der Weg, den wir eingeschlagen hatten, der richtige war, für sie wie für mich.

In einem unserer täglichen Web-Updates berichtete ich, was Ann und Liv auf dem Eis aßen, und erwähnte, dass sie pro Tag je eine Dose Kartoffelchips verdrückten. Am nächsten Tag mailten uns ein paar Kinder aus Usbekistan zurück: »Bei uns in Usbekistan gibt es keine Kartoffelchips, aber wir wissen, wie sie aussehen. Wie macht ihr es, dass sie nicht zerkrümeln?« Das riss mich vom Hocker – dass wir Menschen erreichten, die geografisch und kulturell so weit entfernt von meiner vertrauten Welt waren. Einfach toll, dass etwas so Banales wie Kartoffelchips ein Gespräch über Kontinente und Meere hinweg in Gang setzen konnte. Natürlich schrieb ich sofort zurück: »Wir haben nicht sehr viele Regeln bei *yourexpedition*, aber eine davon ist, dass wir umgehend alle Post aus Usbekistan beantworten.«

Für mich persönlich kam dieses Gefühl der Verbundenheit in einer sehr wichtigen Phase in meinem Leben. Kurz bevor Liv auf der Bildfläche erschienen war, hatten wir alle ein Wochenende in Charlies Hütte verbracht, wo jeder von uns eine Skizze oder Karten von seiner ganz persönlichen Expedition machte. Ich stellte meine damals unter das Motto: »Schon etwas betagt, aber noch nicht tot.« Als ich wenige Wochen später erfuhr, dass ich Krebs hatte, fand ich das längst nicht mehr so witzig. Ich bin froh, dass ich meinen sicheren Posten schon vor der Krebsdiagnose gegen den Job bei *yourexpedition* eingetauscht hatte, denn damit hatte ich den ersten wichtigen Schritt bereits getan: nicht mehr den Weg des geringsten Widerstandes zu gehen. Es brauchte also keine Lebenskrise, um mich aufzurütteln, aber die Krankheit hat mich sicherlich in meiner Entscheidung bestärkt.

Ich durchlebte die viel zitierte Nacht, in der man sein ganzes Leben Revue passieren lässt, und ich fragte mich, was ich gern anders gemacht hätte. Es gab nicht viel, was ich hätte ändern wollen oder bereute. Und das war ein gutes Gefühl. Ich glaube, dass man das erst ehrlich beurteilen kann, wenn man mit dem Rücken zur Wand steht und sich nichts mehr vormachen kann. Aber in dieser Nacht der Wahrheit hatte ich das Gefühl, mein Leben und meine Entscheidungen von einer höheren Warte aus sehen zu können. Ich erkannte, wie die Verwirklichung von Träumen und die Entscheidung für weniger ausgetretene Pfade ineinander griffen. Und in dieser Nacht reifte in mir der feste Entschluss: »Nie wieder will ich auch nur einen einzigen Tag vergeuden.« Natürlich kommt es immer noch vor, dass ich meine Zeit verplempere oder mich von Lappalien aus der Bahn werfen lasse. Aber ich bin mir dessen eher bewusst und kann mich hoffentlich schneller davon lösen als früher. Das war eine wichtige Lektion, die ich auf meiner persönlichen Expedition gelernt habe.

Charlie Hartwell, Geschäftsführer von *yourexpedition*

Mein großes Aha-Erlebnis hatte ich an dem Tag, an dem ich Ann kennen lernte und mir sofort eine Geschäftsidee kam. Ich wusste, dass diese Expedition eine große Sache werden würde, hätte aber nie gedacht, dass wir drei Millionen Kinder in 65 Ländern erreichen würden. Oft war ich von der schieren Größe unseres Projekts überwältigt: Als ich an einem kritischen Punkt der Expedition morgens um drei zur Arbeit fuhr und NPR hörte, kam plötzlich ein Bericht des BBC-Reporters von der *Sir Hubert Wilkins*, die Ann und Liv im McMurdo-Sund abholen sollte. Es war eine fantastische Vorstellung, dass dieser Bericht in aller Welt gehört wurde. Ein Freund schrieb mir aus Angola, CNN habe eine Sendung über die Expedition gebracht. Immer wieder wurde mir vor Augen geführt, wie klein die Welt durch die Antarktis-Durchquerung der beiden Frauen geworden war. Kinder aus Taiwan, Südafrika, Norwegen, Brasilien, Ecuador verfolgten die Expedition im Internet und diskutierten miteinander und mit uns über ihre Träume, so als lebten wir alle am selben Ort.

Aber wenn man gesehen hat, wie Kinder auf Ann und Liv reagieren, versteht man auch, warum das so war. Es waren Kinder dabei, die sich keine sieben Minuten am Stück auf etwas konzentrieren konnten (außer beim Nintendo-Spielen), bei Anns Vorträgen aber eine Dreiviertelstunde still saßen und wie gebannt an ihren Lippen hingen. Sie und Liv haben etwas an sich, auf das Kinder instinktiv ansprechen.

Ich finde das mehr als erstaunlich, wenn man bedenkt, wie sehr sich Ann und Liv von den üblichen Identifikationsfiguren der Kinder unterscheiden. Viele Kinder himmeln Michael Jordan an. Das ist eine Fantasie, unwirklich. Ann und Liv dagegen sind real, greifbar. Und was sie sich vorgenommen hatten, haben sie mit viel Talent und Können verwirklicht, aber auch dank einiger Fähigkeiten, die jeder von uns entwickeln kann: Entschlossenheit und Überzeugung.

Anne Atwood, Sponsoring-Abteilung von *yourexpedition*

Keine Frage, dass mich die Reise persönlich berührt hat. Ich bin daran gewachsen und habe viel gelernt, besonders von Ann. Sie hat mir einmal erzählt, dass sie 1986 nach ihrer Expedition zum Nordpol, den sie als erste Frau erreicht hatte, eine Verpflichtung gegenüber allen Frauen verspürte. Das war bei einer Buchpräsentation des Titels *Remarkable Women of the 20th Century*. In diesem Buch wurde Ann zusammen mit Gloria Steinem porträtiert. Als ich ihre Rede hörte, wurde mir klar, dass Frauen in aller Welt tatsächlich die Verpflichtung haben, ihre Geschichten zu erzählen und als Vorbilder zu dienen – nicht nur für Frauen, sondern auch für Männer. Die Verpflichtung, selbstbewusst zu sagen: »Ich habe das und das getan, ich bin so und so groß, niemand hat mich finanziert, und ich habe es trotzdem geschafft.« Damit meine ich, dass wir für die Träume der nächsten Generation verantwortlich sind, die der Männer wie die der Frauen. Und wie sollen sie alle ihre Fähigkeiten umsetzen, wenn wir ihnen nicht ständig von unseren eigenen Triumphen, Schwierigkeiten und Misserfolgen erzählen? Solche Geschichten sind unendlich wichtig für die jüngere Generation und können sehr viel bewirken. Das war mir nicht klar, bevor ich diesen Job annahm. Aber genau darin liegt für uns persönlich die Bedeutung dieser Expedition – dass sie Teil einer Bewegung ist, die Veränderungen anstoßen will.

Widmung

Ann

Für Pam, meine Muse und Partnerin in allen Dingen: innig, wahnsinnig, für immer. Und für unser Team in Minnesota, das uns geholfen hat, unseren Traum Wirklichkeit werden zu lassen. Ihr seid mehr als Kollegen; ihr seid wie eine große Familie. Danke für eure Leidenschaft, Energie, Freundschaft. Und schließlich für die drei Millionen Kinder, Lehrer und all die anderen, die unsere Expedition verfolgt haben. Ihr habt unserem Vorhaben Sinn und Seele verliehen, und das gibt uns Kraft zum Weitermachen.

Liv

Für Einar, meine Liebe.
Für das *yourexpedition*-Team: Euer unermüdliches Engagement beim Geldauftreiben, Planen und Unterstützen der Antarktis-Expedition war der Wind in den Segeln der Träume, die Ann und mich zusam-mengeführt haben.
Für die Kinder, die der wahre Grund für dieses Unternehmen waren.

Cheryl

Für meine Mutter, die mich mit ihrer Kraft und ihrem Optimismus beflügelt.

Dank

Ann und Liv

Wir danken unserer Mitarbeiterin und Autorin Cheryl Dahle, die unserer Geschichte eine klare Stimme verliehen hat. Cheryl hat uns geholfen, unsere Gedanken und Erfahrungen zu ordnen, und den Text mit ihrem tiefen Verständnis für unsere Liebe zu der fernen, zerbrechlichen Eiswelt Antarktikas erfüllt.

Besonderen Dank schulden wir den Firmensponsoren und Förderern, die an uns geglaubt, uns großzügig durch Geld- oder Sachspenden unterstützt und unser Unternehmen überhaupt erst ermöglicht haben. Ihre Begeisterung und ihr Engagement für unsere Expedition stellt sie auf eine Stufe mit den großen Visionären der Polargeschichte, die Shackletons Schiffe ausrüsteten oder Amundsens Hundegespanne finanzierten. Wir danken Hans-Olov Olsson, Sören Johansson, Roger Ormisher, Thomas Andersson und Kjell Bergh von Volvo Cars Worldwide. Bei Pfizer Pharmaceuticals geht unser besonderer Dank an Barbara Gerolimatos, Ruth Merkatz, Fredrik Bendiksen, David Helgans und Rebecca Tillet. Bei Motorola danken wir John Cipolla, John Melby, Corrine Miller und Dave Weisz. Besonders dankbar sind wir Steve Wilhite und Suzanne Lindbergh von Apple Computer, Jeff Farmer von Continuum Control und Michael Cookson von Get Real Girl.

Wir hatten das Glück, mit Organisationen zusammenarbeiten zu können, die uns geholfen haben, möglichst viele Kinder mit unserem Online-Projekt zu erreichen. Hier danken wir besonders Dee Ebersole-Bouzoukis, Verna Simpkins von den Girl Scouts of the

USA und allen Pfadfinderinnengruppen; außerdem Lynne Whitt und Teresa Stahl vom Natonial Center For Health Education.

Für Sachspenden in Form von Ausrüstung, Zubehör und Proviant danken wir: Dr. Steve Sterner, Dr. Jeff Ho und Dr. Bill Heegaard von HCMC; Dr. Nina Lindstad in Norwegen, die uns geholfen hat, die Reiseapotheke zusammenzustellen; Bill Wheelehan, Guy Rudisill und Ed Aymar von den United States Armed Forces, die uns großzügig Satellitentelefone und Universalchips spendeten; Rottefella für die Skibindungen; Swix für die Skistöcke; Madshus für die Skier; Fjellpulken für unsere Schlitten; Teamtrade AS für die Titan-Zugstangen; Hotel Finse 1222 in Norwegen für Unterkunft und Verpflegung während des Vorbereitungstrainings; Alfa Skofabrikk für die Skistiefel; Stibolt- Norge Ski AS für Seile, Steigeisen und Karabiner; REAL Turmat und Drytech für die Fertigmenüs; Freia, unserem Schokoladenlieferanten; Stan Ryan für Speiseöl; Phil Stringer für GU; Hilleberg für das Tunnelzelt; Grain Millers für die Hafergrütze und Norrøna für unsere Jacken; außerdem danken wir Framkomiteen, Mountain Hardware und Hans Clausen Invest AS; Simon Foster von Simon Delivers, der die Kühlräume zur Verfügung stellte, in denen wir unsere technische Ausrüstung testen konnten.

Einige Meister ihres Fachs haben spezielle Ausrüstungsteile und Geräte für unsere Expedition angefertigt. Wir danken ihnen für die gute Zusammenarbeit und ihre hervorragenden Leistungen: Bjørn Nordstrøm konstruierte unsere Titan-Zugstangen; Jan Martinussen kaufte das Titan ein; Nils Finsrud entwarf und konstruierte unser Segel-Gurtzeug; Steinar Børke entwarf und fertigte unsere Messer an und konstruierte auch das Metallverbindungsstück zwischen Titan-Zugstangen und Gurtzeug. Außerdem danken wir Eva Fischer, die alle Segel mit konzipierte und nähte; sowie den Skiseglern Arve Roaas, Sigurd Parmann und Morten Svatun, die uns mit Rat und Tat hilfreich zur Seite standen.

Weiter geht unser Dank an alle, deren professionelle Unterstützung uns das Leben erleichterte: Arne Storhaug, Leiter des Hotel Finse 1222; Pål Olimb von Alfa-Skistiefel; Torbjørn Ragg von Rottefella; Lars Hanstad von Madshus; David Durkan von Stibolt Norge Ski AS; Anne Rustadstuen von Fjellpulken; Rolf Hansen von Drytech.

Unser herzlichster Dank geht an die Freunde und Angehörigen, deren persönliche Geschenke uns Mut machten und uns auf dem Eis und auch sonst »verwöhnten«: Peg Murray für das Cinema Toffee; Sue Giller für den Scotch; Jan Arnold für unseren Gourmet-Kakao; Berit Arnesen für ihren Spezial-Kentucky-Cake; Alicia Gutierrez für ihre selbst gestrickten Handschuhe; Randi B. Noyes für den Wein und Ruth Ann Brown für Ausrüstungszubehör. Und schließlich Octavio Ruiz und Ron »Bear« Cronick für ihre starke Medizin und ihre Gebete.

Dieses Unternehmen wäre nicht möglich gewesen ohne die unermüdlichen Anstrengungen des yourexpedition-Teams und eines großen Kreises externer Helfer: Charlie Hartwell: Deine Vision, Energie und Leidenschaft waren das Herz der Expedition; danke. Unsere Liebe und unser Dank gilt dem gesamten yourexpedition-Team: Anne Atwood, John Tuttle, Stan Oleson, Kristi Russo, Steve Rosengren, Carolee Lindsey, Lee Lyon, Susan Zarambo und Mary Wagner. Unser besonderer Dank geht an Zöe Alderfer Ryan, ehemalige Mitarbeiterin von *yourexpedition*, die das Unterrichtsprogramm koordinierte. Danke auch den anderen *yourexpedition*-Mitarbeitern, die uns auf einem Teil der Reise begleiteten: Randal Dietrich, Neal Kielar, Beth Gipsky, Nick Reti und Eric Madson.

Für Haberman and Associates, unseren engen Partnern bei dieser Odyssee: Der Wunsch, unsere Geschichte anderen Menschen nahe zu bringen, ist nur der erste Schritt auf dem Weg dorthin. Dank der Professionalität und des Engagements, mit dem ihr der Welt unsere

Expedition präsentiert habt, konnten wir Millionen Kinder, Lehrer und andere Menschen erreichen, die bereit waren, uns zu begleiten. Wir danken Fred Haberman und Sarah Bell Haberman, Liz Morris Otto, Suzanne Fedoruk, Molly Gaines, Carol Schuler und Brian Wachtler.

Ganz besonders danken wir dem Kongressabgeordneten Jim Ramstad, der uns das Satellitentelefon beschaffte; Gedney Tuttle für seine Hilfe in derselben Sache; Mike Wright von Super Valu, unserem Förderer; Mariko Miyamoto, unserer persönlichen Assistentin und Lebensretterin in Kapstadt; dem Sir-Huey-Team und Michael Cohen; Sir Charles Swithinbank für Informationen über den Shackleton-Gletscher; Katy Jensen von der Südpolstation, unserer liebenswürdigen Gastgeberin; John Lindsay von Oregon Public Broadcasting; Børge Ousland, Lars Ebbesen und Jan Erling Haugland für ihren Rat und ihre Anregungen; Ulf S. H. Christiansen, dem ehemaligen Generalkonsul für Norwegen in Minneapolis; Inger Tallaksen vom NACC; Paul Røer; Diana und Stein Hoff; Marv Mikesh, die das internationale Online-Projekt initiierten; Christi Mack, die uns Türen und Herzen öffnete; Kathy Flynn, Elena Gandia und Mary Palmer Lilly, Volontärinnen, die uns halfen, die E-Mails zu beantworten und im yourexpedition-Büro mit Hand anlegten; Lanie van Reenen und den Mitarbeitern des Welgelegen Guest House in Kapstadt.

Unser innigster Dank geht an: John und Lucy Hartwell, David Hartwell und Elizabeth DeBaut, Jill und Tim Geoffrion; Jeff und Lucy Heegaard, Randy Sukovich, Joanne Kletscher, Donna Schmitz; George Appleby. Desgleichen an Robin Hartwell, der Charlies Traum, etwas Besonderes zu schaffen, unterstützte; an unseren Beraterstab: Rick Gentile, Bo Ewald, Steve Bohlig, Bob Hawthorne, Yue-Chane Grace Hsing, Steve Inch, Inge Lise Hammer, Ed Villaume, Clay Yonce, Mike Benson, John Taylor, Keith Woods, Veronica Sive, Annemarie Osborne, Jack Stanton.

Wir danken Adventure Network International für den sicheren Transport zum Kontinent und die Bergung vom Ross-Eisschelf. Ebenso danken wir Don und Margie McIntyre, den Besitzern der *Sir Hubert Wilkins*, und der Crew.

Für ihre Vermittlung und ihr Engagement bei der Realisierung dieses Buches danken wir Laureen Rowland, unserer Literaturagentin bei der David Black Agency, und Marnie Cochran, unserer Herausgeberin bei Da Capo Press.

ANNS PERSÖNLICHER DANK GEHT AN:

Mom und Dad, die alle meine wilden Träume gefördert haben; Bill, Hunter, Carrie, Sarah, meine Geschwister, die mich nie im Stich gelassen haben; Andrew Bancroft-Howard, meinen Trainer; Alma, Maya, Morgan, Saman und Frank, die meine Zugskier angemalt haben. Greg Steiver, Jeff Heegaard, Fred Haberman und Sarah Bell Haberman – ihr habt mir geholfen, das Offensichtliche in Worte zu fassen. Außerdem: Will Steger, der mir als erster Zugang zu den großen Expeditionen verschafft hat; Greg Lais, Jan Malcolm, Kris Carlton, Rhonda Grider und Familie und die AWE-Familie, die das Fundament für diese Expedition und vieles mehr gelegt haben.

LIVS PERSÖNLICHER DANK GEHT AN:

Einar, meinen besten Freund, Trainings- und Gesprächspartner und die Liebe meines Lebens. Mom und Dad – danke für eine Kindheit, in der viel Raum für ein Leben unter freiem Himmel war, mit Geschichtenerzählen und Büchern, die meine Abenteuerlust geweckt haben. Jannicke, Linn und Birgitte – danke für eure große Unterstützung und Freundschaft. Sigmund, meinen Bruder, der stets zu mir gehalten hat.

CHERYL

Mein großer Dank geht an meine Mitautorinnen Ann und Liv. Ich fühle mich geehrt durch das Vertrauen, das sie mir entgegenbrachten, und freue mich, dass ich mithelfen durfte, die Geschichte dieser beiden faszinierenden Frauen zu erzählen, die mit ihren Abenteuern viel bewirkt haben. Weiter danke ich John, Stan, Ann und Charlie, die mit so viel Geduld und Humor meine ewigen Fragen über sich ergehen ließen. Außerdem bin ich zahlreichen Freunden und Kollegen dankbar, die mir bei der Arbeit an diesem Buch Feedback gegeben haben: John Dahle Jr., Fara Warner, Andrew Stevenson, Kevin F. Sherry, Lisa Baird, Denise Armstrong, Brent Mitchell, Alison Overholt und Kimberly DaSilva. Mein besonderer Dank geht an meine Lehrerin und Mentorin Sarah Robbins, die einige unschätzbare Gedanken beisteuerte. Ohne ihre Ermunterung vor vielen Jahren hätte ich niemals den Mut gehabt, Schriftstellerin zu werden. Ich danke meiner Familie und meinen Lieben: Meiner Mutter für ihre Liebe, Unterstützung und unendliche Großzügigkeit; meinem Vater für seine Ermutigung, sein Verständnis und dafür, dass er mich nach meiner Fasson glücklich werden lässt; meiner »Vizefamilie«, die weiß, von wem ich rede. Ich bin unendlich froh, dass es sie in meinem Leben gibt. Ich danke den Freunden, die mich während der Entstehung dieses Buches weit über ihre Freundespflichten hinaus unterstützt haben: Tony Rodriguez, Alex Zuccarelli, Georgina Ritchie, Dwan Wells Nadeau und meinem Bruder John.

Und schließlich danke ich Laureen Rowland – Freundin, Agentin, kreatives Gegenüber, Herausgeberin und Hüterin meines Nervenkostüms. War echt klasse, *chica*. Ich freue mich auf weitere Projekte mit dir.

Ausrüstungsliste

AUSRÜSTUNG

3-Personen-Zelt (Hilleberg Keron) mit Ersatzstangen und Pflöcken
1-Mann-Not-Bivvy (einwandiges Zelt) für Reparaturen
2 Schlafsäcke (Mountain Hardware), 2 Isomatten und 2 Campingsäcke
2 Schlitten (Fjellpulken AS)
2 Paar Titan-Zugstangen

8 Segel (Fischer)
- 2 Sturmsegel (4 qm)
- 2 Segel (11 qm)
- 2 Segel (15 qm) mit Flap (Segelerweiterung)
- 2 Nasa-Segel (32 qm)

2 Paar Segelskier (K2)
2 Paar Skier (Madshus) zum Ziehen
2 Paar Skistiefel (Mødre, maßgefertigt)
2 Paar Telecuffs (Hartplastik-Man schetten zum Verstärken von Touren-Skistiefeln; Granite Gear)
2 Paar Skistöcke (Swix)
2 Ersatzstöcke
4 Paar Nylonfelle (Ascension)
Skifellkleber
Flaggen (Norwegen, USA, Südafrika, Australien, Tibet)
Tibetischer Gebetsschal

KLETTERAUSRÜSTUNG

1 Leichtmetallschaufel
1 Eisaxt/-hammer (Grivel, 55 cm)
2 Seile à 30 m
4 Titan-Eisschrauben
2 Seilrollen
2 Seilhalterungen
2 Schneeanker
2 Paar Steigeisen
8 Karabiner

TECHNIK/KOMMUNIKATION

2 Hand-GPS (Magellan 315)
Gerät zur Übermittlung fester Funksignale (Argos)
* Kombigerät für GPS-Navigation und Satellitenkommunikation (E-Mail; Magellan)
2 Nadelkompasse (Suunto)
2 Multifunktionsuhren (Suunto X-Lander und Suunto Vektor) mit Höhenmesser, Barometer und Kompass
2 Windmessgeräte
* 1 Satellitentelefon
* 2 Funksprechgeräte (Motorola T 289)
* Laptop (Apple Powerbook G3)
* Mini-DV-Kamera mit Knopflochmikrofon (Sony)

* Geräte lassen sich mit Solarenergie aufladen

3 Kameras (Yashica, Nikon 35T, Minox)
Solarpanel
Thermometer mit Celsius/Fahrenheit-Skala
Handbetriebener Generator (Continuum)
Batterien, Batterieladegerät, Anschlusskabel, Filme, Landkarten, Luftaufnahmen und Pläne

Reparaturausrüstung

Multi-Funktionswerkzeug (Leatherman)
Ersatzteile für Skibindung
Nähzeug (Stoff, Nadeln etc.)
Ersatzteile für Kocher
Draht
Isolierband
Schlittenersatzteile (Schrauben etc.)
Reißverschluss-Schieber
Ersatzteile für Segel
Gelenkverbindung für Zeltreparatur
Fallschirmseil
Epoxy-Kleber

Persönliche Gegenstände (pro Person)

Lotion
Feuchtigkeitstücher
Zahnpasta, Zahnbürste, Zahnseide
Messer
Feuerzeug, wasserfeste Sturmzündhölzer
Sunblocker, Lippenschutz
1 Paar Knieschützer
Buch, Tagebuch, Kugelschreiber
Postkarten zum Verschicken am Südpol
Fragebogen der University of Minnesota

Kleidung und Zubehör

Jacke und Hose aus Gore-Tex (Norrøna)
Lange Unterhemden und Unterhosen (Brynje, Devold, Patagonia)
Fleecehemd (Patagonia)
Daunenjacke, -weste, -hose, -stiefel
Socken: atmungsaktive Unterziehsocken mit Schweißkontrolle, Wolle
Winddichte Mützen (zum Segeln), Wollmützen (zum Ziehen), Balaklawa-Mütze, Ohrenschützer
Neopren-Schutzmasken
Handschuhe, Überhandschuhe, Pulswärmer
Gletscherbrille (Bollé)
Schutzbrille mit Gesichtsschutz (Carrera)
Fellstiefel (Steger)

Küche

5 Thermosflaschen (1,5 l)
1 Isolierkochtopf (»The Willy Pot«, 3 l)
2 MSR XGKII-Kocher mit Topfauflage
White Gas (gasolinartiger Brennstoff für große Höhen und extreme Kälte; 30 l)
20 Sigg-Brennstoffflaschen (1,5 l)
2 Wasserflaschen (Nalgene, 1 l)
2 tiefe Essteller, 2 Thermosbecher, 2 Löffel
Küchenbeutel: Gewürze, Gasanzünder, Zündhölzer, Schneebesen
Toilettenpapier

Menü-Beispiel

Frühstück:
Je 2 Becher Kaffee-Kakao-Mischung
Eine Schale Hafergrütze mit Nüssen, Trockenfrüchten und 1 TL Öl

Mittagessen:
Je 1 Tafel Schokolade (200 g)
Je 1 Energieriegel mit hohem Nährwert
Mandeln und Cashewnüsse
Heiße Energiedrinks

Abendessen:
Je 1 Tasse Suppe
Je 1 Dose zerstoßene Pringles (185 g)
Je 1 Beutel Real-Turmat-Trockenmenü (Fisch mit Kartoffeln und Pasta waren unsere Lieblingssorten)
Mehrere Becher Kakao oder Tee

Reiseapotheke und Verbandszeug

Zythromycin – Breitbandantibiotikum gegen Lungen- und Blasenentzündungen
Duracef – Breitbandantibiotikum, besonders für Hautinfektionen
Cipro – Antibiotikum
Fucidin-Salbe – Antibiotische Salbe für Hautinfektionen
Fluconazole – Pilzinfektionen
Lanzo – gegen Verdauungsstörungen oder Nebenwirkungen anderer Medikamente
Immodium – Durchfallmittel
Vicoidin ES – starkes Schmerz- und Betäubungsmittel
Celebrex – entzündungshemmend/schmerzstillend
Dispril – Schmerzmittel bei Erfrierungen
Petidin – starkes Schmerzmittel
Persantin – schwere Erfrierungen
Tylenol ES – leichtes Schmerzmittel
Spersadex – Augentropfen
Kloramf-Salbe – Augeninfektionen
Tobrex – Augenverletzungen oder Schneeblindheit
Silvadene-Salbe – Verbrennungen und Erfrierungen
Labiosan – Lippenbalsam
Zinkoxydsalbe – Lippen- und Gesichtsschutz
Dermabond – steriler Wundverband
Betadin Wundlösungspads
Alkoholpads
Hydrocortisonsalbe
A&D-Wundsalbe
Gazepads in verschiedenen Größen
Gazebinden
Leukoplast
Elastische Bandage
Elastischer Klebeverband
Ohrstöpsel